DEUS E O ALCANCE DA RAZÃO

ERIK J. WIELENBERG

DEUS E O ALCANCE DA RAZÃO

C. S. Lewis, David Hume e Bertrand Russell

EDITORA
IDÉIAS&
LETRAS

Diretor Editorial:
Marcelo C. Araújo

Editores:
Avelino Grassi
Edvaldo Manoel de Araújo
Márcio F. dos Anjos

Coordenação Editorial:
Ana Lúcia de Castro Leite

Tradução:
Guilherme Rodrigues Neto

Copidesque:
Maria Isabel de Araújo

Revisão:
Leila Cristina Dinis Fernandes

Diagramação:
Juliano de Sousa Cervelin

Capa:
Junior Santos

Coleção Subjetividade Contemporânea

Título original: *God and the reach of reason – C. S. Lewis, David Hume, and Bertrand Russell*

EDITORA IDÉIAS & LETRAS

Rua Padre Claro Monteiro, 342 — Centro
12570-000 — Aparecida-SP
Tel. (12) 3104-2000 — Fax. (12) 3104-2036
Televendas: 0800 16 00 04
vendas@ideiaseletras.com.br
www.ideiaseletras.com.br

Dados Internacionais de Catalogação na Publicação (CIP)
(Câmara Brasileira do Livro, SP, Brasil)

Wielenberg, Erik J.
Deus e o alcance da razão: C. S. Lewis, David Hume e Bertrand Russell / Erik J. Wielenberg. - Aparecida, SP: Idéias & Letras, 2010. - (Coleção Subjetividade Contemporânea)

Título original: *God and the reach of reason.*
Bibliografia.
ISBN 978-85-7698-074-2

1. Hume, David, 1711-1776 2. Lewis, C. S. 1898-1963 3. Russell, Bertrand, 1872-1970 4. Teologia filosófica I. Título. II. Série.

10-11428 CDD-210.92

Índices para catálogo sistemático:
1. Teologia filosófica 210.92

Para Jake e Henry

"Existe evidência tanto favorável quanto contrária à proposição cristã de que mentes perfeitamente racionais, operando honestamente, podem avaliar de maneiras distintas."

C. S. Lewis, 1955

Sumário

Agradecimentos

Venho acumulando muitas obrigações de gratidão no curso da escritura deste livro e da reflexão em torno das questões aqui discutidas. As sementes do livro foram semeadas enquanto me preparava, no outono de 2002, para ministrar um curso introdutório na Universidade DePauw. O curso pretendia introduzir os estudantes à filosofia por meio de textos de C. S. Lewis, e escolhi Hume e Russell como as principais figuras para uma oposição a Lewis. Sou grato aos alunos do curso, bem como àqueles que participaram, no outono de 2004, de uma versão modificada do mesmo curso. Versões preliminares de algumas das ideias deste livro foram apresentadas em um Colóquio na Universidade DePauw, em 22 de novembro de 2002, intitulado "C. S. Lewis versus os ateístas"; sou grato à audiência pelos comentários que recebi na ocasião. Outro material foi apresentado em uma reunião da Bertrand Russell Society, ocorrida em Chicago, em 27 de abril de 2006, durante o encontro da APA (Associação Americana de Filosofia), sob o título de "Bertrand Russell e C. S. Lewis: duas ervilhas em uma vagem?"; sou grato à audiência por seus proveitosos comentários. O rascunho inicial do livro foi concluído com a ajuda de uma licença da Universidade de DePauw, na primavera de 2005, e a revisão do manuscrito, que se deu durante o verão de 2006, contou com o auxílio de uma bolsa da mesma Universidade.

Muitas pessoas leram algumas ou todas as várias versões iniciais do livro, fornecendo comentários e críticas proveitosos. Dois leitores anônimos da Cambridge University Press produziram extensos e proveitosos relatórios; a versão final do livro foi significativamente melhorada por conta desses excelentes relatórios. Um desses leitores, inicialmente anônimos, revelou-se posteriormente ser Victor Reppert; o outro permanece anônimo (para mim). Andy Beck, meu editor em Cambridge, foi extremamente incentivador do projeto e encaminhou as coisas na direção correta em pontos cruciais. Daniel Story leu uma versão inicial completa do manuscrito, como parte de um estudo independente sobre a obra de C. S. Lewis, durante o outono de 2005.

Também sou grato a Girard Brenneman, Richard Cameron, Trent Dougherty, Jennifer Everett, Billy Lauinger, Luke Maring, Mark Murphy, James Olsen, Alexander Pruss, Karen Stohr e William Vallicella por seus comentários a diferentes partes do manuscrito. Steve Lovell foi bastante gentil em compartilhar comigo sua dissertação sobre a obra filosófica de C. S. Lewis; a dívida que tenho para com Lovell será óbvia ao leitor a partir de meus próprios esforços para tratar com as ideias de Lewis. Estou certo de que quase todos aqueles mencionados neste parágrafo discordam em alguns dos pontos do livro; de modo não surpreendente, a meus críticos mais desafiadores, devo as maiores dívidas.

A Universidade DePauw constitui um ambiente estimulante e encorajador no qual sou livre para prosseguir com meus interesses de pesquisa, onde quer que estes possam me levar. Sou grato a meus colegas do Departamento de Filosofia e aos estudantes que frequentaram meus cursos por participarem desse ambiente. Também agradeço ao corpo discente do Departamento de Filosofia da Universidade de Massachusetts, particularmente meu orientador, Fred Feldman, o excelente treinamento em filosofia que proveram em Amherst, de 1994 a 2000.

Por fim, agradeço a minha mãe, Peggy Wielenberg, e a minha esposa, Margaret, os vários gêneros de apoio, muito numerosos para descrevê-los. Sem o apoio delas, nada disso teria sido possível. Como sempre, a responsabilidade pelos erros que este trabalho certamente contém incide unicamente sobre mim.

Greencastle, Indiana

Introdução

Platão conta-nos que Sócrates, diante de sua execução em 399 a.C., declarou que "o único objetivo daqueles que se dedicam de uma maneira adequada à filosofia é a prática do morrer e da morte".[1] Escrevendo quase dois mil anos depois, Michel de Montaigne anotou que "toda sabedoria e raciocínio no mundo se resume a este ponto: ensinar-nos a não ter medo de morrer".[2]

Se a medida de um filósofo é a habilidade para encarar a morte sem medo, então Clive Staples Lewis (1898-1963), David Hume (1711-1776) e Bertrand Russell (1872-1970) foram realmente grandes filósofos. No penúltimo parágrafo de sua breve autobiografia, "My Own Life", David Hume relata que ele tem sido "atacado por uma doença nos intestinos" que se tem "tornado mortal e incurável".[3] Ele observa sobre seu estado mental:

> Tenho sofrido muito pouca dor por conta de minha doença; e, o que é mais estranho, apesar da grande deterioração de minha pessoa, nunca padeci de um forte enfraquecimento de meu espírito: tanto que, se tivesse que escolher um período de minha vida para novamente viver, seria tentado a apontar esta última fase.[4]

James Boswell, o biógrafo de Samuel Johnson, ficou simultaneamente fascinado e horrorizado pela tranquila aceitação de Hume de sua própria morte iminente. Isso era porque Boswell sabia que Hume não acreditava em uma vida após a morte. Boswell visitou Hume repetidamente enquanto este permanecia sobre seu leito de morte, questionando-o sobre o tópico da

---

[1] Plato, *Phaedo*, trad. G. M. A. Grube (Indianapolis: Hackett, 1977), 12, 64a.
[2] Michel de Montaigne, "That to Philosophize Is to Learn to Die", in Michel de Montaigne, *Essays* (Chicago: The Great Books Foundation, 1966), 2.
[3] David Hume, "My Own Life", in E. C. Mossner (ed.), *The Forgotten Hume* (New York: Columbia University Press, 1943), 9.
[4] Ibid.

aniquilação. A morte de Hume, em 25 de agosto de 1776, lançou Boswell em uma "uma crise mental, durante a qual ele mergulhou nas profundezas da degradação moral".[5] A morte de Hume talvez tenha pesado mais sobre Boswell do que sobre Hume.

C. S. Lewis também encarou a morte iminente como resultado de uma saúde debilitada; em uma de suas últimas cartas, ele expressou sentimentos marcadamente semelhantes àqueles expressos por Hume: "Sim, o outono realmente é a melhor das estações; e não estou seguro de que a velhice não é a melhor parte da vida".[6] O irmão de Lewis relata que Lewis enfrentou a morte "com valentia e tranquilidade", declarando que "fiz tudo o que quis fazer e estou pronto para ir".[7] Lewis morreu pacificamente no dia 22 de novembro de 1963; sua morte foi ofuscada na imprensa por conta do assassinato, no mesmo dia, de John F. Kennedy.[8]

Dos três pensadores que são enfocados neste livro, Bertrand Russell certamente foi o mais politicamente ativo. Ele escreveu cartas e artigos, fez discursos, iniciou uma escola, ganhou o Prêmio Nobel de Literatura e passou um tempo na prisão, incluindo seis meses durante o ano de 1918 por escrever um artigo contrário à guerra. Seu ativismo foi provocado pela eclosão da Primeira Guerra Mundial, em 1914, um evento que, de acordo com Russell, destruiu o "otimismo vitoriano" que circulava em sua época de juventude.[9]

No pós-escrito a sua autobiografia, Russell refletiu acerca de sua longa vida, observando que "meu trabalho está próximo ao seu fim, e o tempo chegou quando pude olhá-lo como um todo".[10] Fazendo uma avaliação de sua vida, Russell notou fracassos e vitórias. Mas suas observações finais indicam um otimismo subjacente:

[5] Ibid., 183.

[6] Walter Hooper (ed.), *Letters of C. S. Lewis*, revised edition (Orlando, FL: Harcourt, 1993), 509.

[7] Ibid., 45.

[8] Notavelmente, Aldous Huxley também morreu nesse dia.

[9] Bertrand Russell, *Autobiography* (London: Routledge, 2000), 726.

[10] Ibid., 727. Embora Russell tenha escrito essas palavras quando estava com oitenta anos de idade, ele ainda viveu por mais dezoito anos.

> Vivi na busca de uma visão tanto pessoal quanto social. Pessoal: apreciar o que é nobre, o que é belo, o que é cordial; permitir que momentos de discernimento possam oferecer sabedoria em tempos mais mundanos. Social: ver na imaginação a sociedade que deve ser criada, na qual indivíduos crescem livremente e onde o ódio, a ganância e a inveja morrem porque não existe nada para nutri-los. Creio nisso, enquanto o mundo, por todos os seus horrores, deixou-me inabalável.[11]

A busca de Russell por uma visão pessoal e social parece ter-lhe confortado em sua velhice; enquanto a morte lhe assomava, ele descreveu o seguinte em um ensaio intitulado "Como envelhecer":

> Uma existência humana individual deveria ser como um rio – pequeno no início, contido estreitamente dentro de sua orla e a precipitar apaixonadamente sobre seixos e corredeiras. Gradualmente o rio torna-se mais largo, as margens recuam, suas águas fluem de maneira mais tranquila até que, por fim, sem qualquer ruptura visível, tornam-se fundidos com o mar, e sem sofrimento perdem seu ser individual. O homem que, na velhice, puder ver sua vida desse modo, não sofrerá do medo da morte, desde que as coisas que aprecia continuem.[12]

Uma característica comum às mortes de Hume, de Lewis e de Russell é que foram mortes *filosóficas*. Com isso quero dizer que cada um desses pensadores enfrentou sua morte armado com uma visão compreensiva acerca da natureza dos seres humanos e de seu lugar no universo, visão essa cuidadosamente desenvolvida e considerada durante um longo período de tempo. Ainda que essas visões de mundo fossem bastante diferentes entre si. A concepção de Lewis repousava em uma versão bastante tradicional do cristianismo, centrada em um Deus pessoal que criou, ama e interage com seres humanos. Hume e Russell rejeitaram, ambos, a noção de um Deus pessoal e amoroso, admitindo, na melhor das hipóteses, uma divindade distante, em

---

[11] Ibid., 728.

[12] Bertrand Russell, "How to Grow Old", in *Portraits from Memory* (New York: Simon & Schuster, 1965), 52-53.

grande medida incognoscível, que não se intromete nos assuntos humanos. Lewis percebeu nossas vidas terrestres simplesmente como uma minúscula (mas importante) fração de nossa existência total, enquanto Hume e Russell consideraram essas vidas como tudo o que nós possuímos. Curiosamente, Lewis passou muitos anos no campo Hume-Russell antes de converter-se ao cristianismo no início de seus trinta anos de idade.

Lewis, Hume e Russell eram (entre outras coisas) filósofos, e cada um ofereceu argumentos a favor de sua concepção de mundo e contrários a concepções rivais. Este livro é um exame filosófico de alguns desses argumentos, com particular ênfase nos de Lewis. Este livro é sobre o sofrimento, a moralidade, a razão, a felicidade, os milagres, a fé e Deus. Ele versa sobre as concepções de três grandes pensadores acerca de profundas e importantes questões.

Hume e Russell são gigantes na tradição filosófica ocidental. A obra de Hume intitulada *Diálogos sobre a religião natural* é amplamente considerada um dos trabalhos mais importantes em filosofia da religião na tradição ocidental. Na introdução a um recente livro dedicado a examinar criticamente as concepções de Hume sobre a religião, os editores observam que "desde sua época até a nossa, a vasta maioria dos ataques filosóficos contra a racionalidade do teísmo carregam um inconfundível aroma humeano".[13] O lugar de Russell no panteão dos filósofos ocidentais é similarmente bem estabelecido, ainda que sua grande reputação seja devida mais a suas contribuições em lógica e em filosofia da matemática do que a seu trabalho em filosofia da religião. O caso de Lewis, entretanto, é um pouco diferente. Embora seus trabalhos de ficção e de apologética cristã sejam extensamente lidos e adorados, seus escritos têm sido em grande parte (mas não completamente) ignorados

[13] James F. Sennett & Douglas Groothius (eds.), *In Defense of Natural Theology: A Post-Humean Assessment* (Downers Grove, IL: InterVarsity Press, 2005), 9. Para um notável exemplo recente acerca da influência de Hume, cf. Richard Dawkins, *The God Delusion* (New York: Houghton Mifflin, 2006). O argumento ateu central do livro, o "Ultimate 747 Gambit", deve muito à Parte IV dos *Diálogos sobre a Religião Natural* de Hume.

pelos filósofos contemporâneos. De todo modo, seus escritos cristãos têm recebido relativamente pouca atenção de filósofos profissionais em relação a sua *competência profissional.* E isso apesar da ampla evidência de que filósofos cristãos contemporâneos estão familiarizados com o trabalho de Lewis e, com efeito, de que alguns têm sido por ele dramaticamente influenciados. Por exemplo, Peter van Inwagen, proeminente filósofo cristão contemporâneo, escreve que, "como muitas outras pessoas, eu descobri primeiramente o que o cristianismo *é* a partir dos textos de Lewis".[14] Inwagen chega a dizer que foi por meio de Lewis que ele primeiramente percebeu que "o cristianismo era uma coisa séria e de um alto nível intelectual".[15] Qualquer que seja a razão para o relativo esquecimento de Lewis na filosofia contemporânea, creio que ela esteja equivocada, e um de meus objetivos neste livro é mostrar que o trabalho filosófico de Lewis é merecedor de séria atenção.

Segue um breve panorama do que está por vir. O primeiro capítulo enfoca o desafio que o sofrimento coloca para a crença em Deus e o modo como esse desafio é formulado por Hume nos *Diálogos sobre a religião natural* e tratado por Lewis em *O problema do Sofrimento.* Irei argumentar que, enquanto a resposta de Lewis ao desafio é incompleta de certo modo, essa resposta é nova e possui uma riqueza e sutileza que não têm sido amplamente apreciadas. Buscarei mostrar essa riqueza defendendo, contra uma variedade de objeções, a solução de Lewis ao problema da dor.

O segundo capítulo examina os três principais argumentos de Lewis para a existência de um Poder Superior. Esses argumentos baseiam-se na natureza humana. Como Descartes, Lewis pensa que podemos compreender Deus na medida em que nos compreendemos primeiramente a nós mesmos. Ele sustenta que seres humanos possuem conhecimento de verdades morais objetivas, podem argumentar e têm um desejo que nada no mundo pode satisfazer. Cada um desses aspectos da natureza humana constitui o ponto de partida de um argumento a favor da existência de um Poder Superior. Hume e Russell

[14] Peter van Inwagen, "Quam Dilecta", in *God and the Philosophers: The Reconciliation of Faith and Reason*, ed. Thomas V. Morris (Oxford: Oxford University Press, 1994), 33.
[15] Ibid.

aparecem nesse capítulo principalmente como críticos dos argumentos teístas de Lewis. Sugiro, entretanto, que alguns dos mais sérios desafios para os argumentos de Lewis procedem do campo relativamente novo da psicologia evolutiva, e explicarei como a psicologia evolutiva pode ser esboçada a fim de resistir à defesa de Lewis favorável à existência de um Poder Superior.

O terceiro capítulo é semelhante ao primeiro, na medida em que enfoca um desafio posto por Hume junto com uma resposta direta para esse desafio por parte de Lewis. Nesse caso, o foco é sobre os milagres e o testemunho. Hume argumenta, de modo aproximado, que o testemunho (de certo tipo) nunca nos proporciona uma boa razão para acreditar que um milagre ocorreu. Uma implicação óbvia desse resultado é que não seria razoável acreditarmos que a ressurreição de Cristo realmente aconteceu com base no Novo Testamento do Evangelho; assim, o argumento de Hume atinge diretamente o coração do cristianismo. Lewis critica o argumento de Hume e tenta mostrar que a ressurreição tem suficiente plausibilidade inicial de que o testemunho poderia fornecer evidência suficiente em favor de sua ocorrência. Após elucidar cuidadosamente o raciocínio de Hume e de Lewis em relação a essas questões, argumento que, enquanto Lewis expõe uma importante fraqueza no argumento de Hume, o próprio argumento de Lewis falha, porque depende de sua suposição a favor da existência de um Poder Superior, e essa suposição não é particularmente forte (de acordo com o que argumento no segundo capítulo). O capítulo conclui com uma discussão das implicações de tudo isso para o famoso "trilema" de Lewis.

O quarto capítulo envolve mais exposição do que os três capítulos iniciais e enfoca algumas surpreendentes áreas de acordo entre os três pensadores. Dá-se substancial atenção na circunscrição das concepções gerais de Hume acerca da religião, particularmente nos *Diálogos sobre a religião natural*. Argumento que, apesar de suas posições bastante diferentes em relação ao valor do cristianismo, os três pensadores sustentam concepções semelhantes acerca da importância em seguir a evidência e acerca das dificuldades humanas frente à realização dessa recomendação. A seguir, mostro que todos os três rejeitam o argumento do desígnio e reconhecem o potencial da religião organizada para a violência. Hume e Russell são favoráveis ao abandono do dogma tradicional (inclusive do dogma cristão) a fim de se evitar a violência religiosa, enquanto Lewis sustenta que a solução para o problema repousa em um entendimento adequado do próprio cristianismo.

Lewis recebe maior atenção neste livro, com Hume bastante próximo, em segundo lugar, e Russell em um distante terceiro lugar. Isso não porque penso que as conclusões de Lewis são corretas; como o esboço do livro anteriormente apresentado deveria ter deixado claro, penso que a defesa de Lewis em favor do cristianismo é malsucedida. Meu principal objetivo aqui é colocar em conversação esses três grandes pensadores, esclarecendo não somente as concepções de cada um, mas também a qualidade de seus diferentes argumentos. Se empenho aqui maior atenção às concepções de Lewis, é porque, em parte, creio que, dos três, suas concepções receberam o tratamento filosófico menos sério. Mas este livro não é meramente para aqueles interessados na obra de Lewis, Hume ou Russell; é para qualquer interessado em pensar seriamente e em pensar de modo rigoroso sobre Deus. Estudamos os grandes pensadores não somente para aprender sobre eles, senão também para aprender a partir deles. Como disse Lewis em um contexto diferente: "As coisas tolas que esses grandes homens dizem eram tão tolas então como o são agora: os sábios são tão sábios agora como o eram então".[16]

Nós começamos com o sofrimento.

[16] Walter Hooper (ed.), *The Collected Letters of C. S. Lewis, Volume II: Books, Broadcasts, and the War 1931-1949* (New York: HarperCollins, 2004), 20-21.

1

O amor de Deus e o sofrimento da humanidade

1. O problema

Domingo, 26 de dezembro de 2004, um terremoto ao largo da costa ocidental da Ilha de Sumatra, na Indonésia, provocou um forte *tsunami* que atingiu, em seguida, vários países, matando mais de 200.000 pessoas. Os países mais duramente atingidos incluíam a Indonésia, a Tailândia, o Sri Lanka e a Índia. O *tsunami* atacou sem qualquer alarme, ou muito pouco. Populações foram varridas da face da terra e famílias inteiras foram lançadas ao mar. As vítimas estavam tão assoladas que pouca tentativa foi feita para identificar a maioria dos cadáveres. Em vez disso, os corpos eram rapidamente enterrados em valas comuns.

Na sequência do desastre, um dos tópicos para os quais as mídias populares voltaram sua atenção foi o problema do mal, um problema que filósofos e teólogos refletem há mais de dois milênios. O problema do mal é frequentemente colocado como uma questão: Se existe um Deus todo-poderoso, onisciente e perfeitamente bom, então por que o mundo contém os diversos males que ele encerra? O problema pode ser colocado de modo mais forte, como um desafio: se *existisse* um Deus todo-poderoso, onisciente e perfeitamente bom, então o mundo *não deveria* conter os diversos males que contém. Portanto, não existe esse Deus. Um artigo de uma página publicado em 10 de janeiro de 2005 no *Newsweek*, intitulado "Incontáveis almas clamam a Deus", sugere que o desastre provocado pelo *tsunami* constituiria evidência que esse Deus não existe e termina do seguinte modo:

> Famílias inteiras, comunidades inteiras, incontáveis passados e futuros foram obliterados por essa força perturbadora do *tsunami*. Não é milagre

algum que inúmeras vozes, de Sumatra a Madasgacar, clamem a Deus. O milagre, se algum existir, poderia ser o fato de muitos ainda acreditarem.[1]

O *tsunami* de 2004 tem precedente. No primeiro dia do mês de novembro do ano de 1755, um terremoto atingiu a cidade portuguesa de Lisboa, uma das maiores e das mais belas cidades da Europa na época. A esse tremor, como aquele na costa da Ilha de Sumatra, seguiram-se grandes *tsunamis*, bem como extensos incêndios que duraram por dias. Mais de 100.000 pessoas perderam suas vidas em consequência do terremoto de Lisboa.

O terremoto ganhou notoriedade na obra satírica escrita por Voltaire em 1759, *Cândido*, na qual se contam as desventuras de Cândido e seu companheiro Pangloss. O último é um filósofo que afirma persistentemente que nosso mundo é o melhor de todos os mundos possíveis, não obstante os vários horrores que os dois experimentam.[2] O fictício Pangloss representa o filósofo Leibniz, que realmente sustenta que nosso mundo é o melhor de todos os mundos possíveis.[3] Voltaire pretende ilustrar o absurdo dessa proposição no *Cândido*, e o terremoto de Lisboa é oferecido como evidência nessa consideração. Leibniz pensa que nosso mundo deve ser o melhor de todos os mundos possíveis porque um Deus perfeito deve criar o melhor de todos os mundos possíveis. Assim, o escárnio de Voltaire à asserção leibniziana de que este é o melhor de todos os mundos possíveis pode ser visto basicamente como um escárnio à ideia de que existe um Deus perfeito.

Tanto Hume quanto Lewis atacaram o problema do mal.[4] A primeira obra de Lewis sobre apologética cristã, *O problema do Sofrimento*, é dedicada

---

[1] Kenneth L. Woodward, "Countless Souls Cry Out to God", *Newsweek*, 10/1/2005, 37.

[2] Voltaire, *Candide*, trad. de L. Bair (New York: Bantam Books, 1959), 29. Entre os mais interessantes desses horrores está a separação de uma nádega de vários personagens.

[3] G. W. Leibniz, *Theodicy*, trad. de E. M. Huggard (LaSalle, IL: Open Court, 1985), 128.

[4] Russell também discutiu o problema do mal, embora provavelmente não seja correto dizer que ele tenha realmente "brigado" com isso; sua concepção (pelo menos algumas vezes) parecia ser a de que o mal em nosso mundo estabelece decisivamente a inexistência do Deus tradicional do monoteísmo. Cf., por exemplo, seu ensaio de 1939, Russell, "The Existence and Nature of God", in *Russell on Religion*, ed. L. Greenspan and S. Andersson (New York: Routledge, 1999), 94. Cf., também, cap. 4, seção 3.3.

ao tratamento do problema, e, na discussão de Lewis, existe claramente uma resposta direta à apresentação que Hume faz do problema nas partes X e XI dos *Diálogos Sobre a Religião Natural*. Embora o foco deste capítulo seja a tentativa de Lewis para resolver o problema do mal, será útil examinar inicialmente a apresentação que Hume faz do problema.

2. A apresentação humeana do problema

Hume trabalhou nos *Diálogos sobre a religião natural* por um período de mais de trinta anos. Por insistência de seus amigos, muitos dos quais leram um rascunho da obra no início da década de 1750, Hume não a publicou durante sua vida. Seus amigos temiam que, por causa da natureza controversa dos *Diálogos*, a publicação tivesse um efeito nocivo na vida e na reputação de Hume. Hume tinha boas razões para seguir seriamente o conselho de seus amigos. Os textos sobre religião que Hume publicou durante sua vida atraíram a ira de muitos de seus contemporâneos religiosos. Como consequência de seus escritos sobre religião, ele foi recusado, em 1752, para a cadeira de lógica na Universidade de Glasgow e, durante os cinco anos posteriores, a Igreja da Escócia tentou excomungá-lo.[5] Entretanto, Hume determinou em seu testamento que os *Diálogos* fossem publicados postumamente; o livro teve sua primeira edição em 1779, três anos após sua morte.[6]

Os *Diálogos* consistem de uma extensa discussão entre três personagens, Cleantes, Filo e Demea, registrada por Panfilo, estudante de Cleantes, para Hérmipo, colega de Panfilo. Como o título sugere, o tópico da discussão é a religião natural – a religião baseada unicamente na razão humana, sem a ajuda da revelação divina ou de outra operação sobrenatural. Grande parte da discussão centra-se sobre aquilo que a razão humana sozinha pode determinar acerca da existência e da natureza de Deus. Cada um dos três personagens principais tem uma concepção distinta acerca dessas questões, e

---

[5] J. C. A. Gaskin, *Hume's Philosophy of Religion*, 2ª ed. (Atlantic Highlands, NJ: Humanities Press International, 1988), 5.
[6] David O'Connor, *Hume on Religion* (New York: Routledge, 2001), 5.

um deles, Filo, chega a questionar completamente a existência de Deus. Isso constitui presumivelmente a menor parcela daquilo que tornou o livro tão controverso aos olhos dos amigos de Hume.

Determinar as concepções próprias de Hume com base nos *Diálogos* é uma tarefa difícil. Em particular, existe farta discussão sobre se algum dos três personagens fala por Hume e, nesse caso, qual deles. Uma concepção popular é a de que Filo seja o porta-voz de Hume.[7] Entretanto, mesmo que isso seja correto, mais trabalho é necessário para determinar exatamente quais são as concepções de Hume, porquanto circunscrever as concepções de Filo constitui, por si só, um problema não menos complicado.

No quarto capítulo, passaremos a explorar a difícil tarefa de determinar as concepções próprias de Hume nos *Diálogos*, mas no momento podemos seguramente evitar essa tarefa pelas seguintes razões: nas partes X e XI dos *Diálogos*, o problema do mal é colocado por Demea e Filo. O desafio que aqui se coloca nunca é satisfatoriamente respondido nos *Diálogos* nem, com efeito, em qualquer texto de Hume. Isso sugere que Hume considerava que o problema do mal constituía um sério desafio, um desafio para o qual ele não tinha resposta satisfatória alguma. Além disso, é a discussão do problema do mal nessas duas seções dos *Diálogos* que prepara a cena para *O problema do Sofrimento*. Nosso interesse, então, está em entender o problema conforme ele aparece nos *Diálogos* e avaliar a resposta que Lewis oferece ao problema. A questão acerca da concepção própria de Hume sobre o problema pode seguramente ser posta de lado, pelo menos por ora.

Nas partes precedentes às partes X e XI dos *Diálogos*, dois tipos de argumentos a favor da existência de Deus são discutidos. Cleantes defende um tipo de argumento do desígnio (denominado "o argumento *a posteriori*"), enquanto Demea defende um argumento cosmológico (denominado "o argumento *a priori*"). Filo, fazendo o papel do cético, critica ambos os argumentos, juntando forças alternadamente com Demea ou Cleantes, a de-

[7] Cf., por exemplo, A. J. Ayer, *Hume: A Very Short Introduction* (Oxford: Oxford University Press, 2000), 32.

pender do tópico. De modo geral, Filo finge compartilhar as concepções de Demea. Embora se torne suficientemente claro tanto para Cleantes quanto para o leitor atento que o acordo aparente de Filo com Demea seja puro fingimento, esse fato não é reconhecido por Demea até a Parte XI.

Tendo visto seu argumento cosmológico ser submetido a uma rigorosa crítica nas mãos de Cleantes e Filo na Parte IX, Demea começa a Parte X com um novo ataque. Ele sugere que é uma "consciência da [sua própria] imbecilidade e miséria antes que [...] qualquer raciocínio" o que leva as pessoas a acreditarem em Deus.[8] Essa sugestão induz Filo a fazer a seguinte observação irônica: "Eu estou realmente persuadido [...] de que o melhor e o único método de conduzir todos a um sentido adequado de religião consiste exatamente na representação da miséria e da maldade dos homens".[9] Ainda que Demea e Filo concordem que a reflexão sobre o sofrimento humano conduzirá a um "sentido adequado de religião", eles discordam acerca do que exatamente seja esse "sentido adequado". Demea pensa que essa reflexão conduzirá à reverência e à submissão a Deus, enquanto Filo pensa que essa reflexão levará a duvidar completamente da existência de um Deus bom. Entretanto, Demea não reconhece a ironia do comentário de Filo, tomando-o, em vez disso, como um acordo direto com sua própria concepção.

O comentário de Filo inicia uma extensa discussão acerca dos diversos males do mundo. A colorida descrição de Demea acerca da vida humana é como segue:

> Creia-me, Filo, a terra inteira está amaldiçoada e corrompida. Uma guerra perpétua está deflagrada entre todas as criaturas vivas. A necessidade, a fome e a privação estimulam os fortes e corajosos: o medo, a ansiedade e o terror agitam os fracos e irresolutos. O ingresso na vida humana angustia o recém-nascido e seus miseráveis pais: a fraqueza, a impotência e o tormento acompanham cada fase da vida, que termina, por fim, em agonia e horror.[10]

---

[8] David Hume, *Dialogues Concerning Natural Religion* (Indianapolis: Hackett, 1998), 58.
[9] Ibid.
[10] Ibid., 59.

De particular interesse é a consideração feita por Filo das implicações filosóficas desse sofrimento:

> Não é o mundo, considerado em geral e do modo pelo qual nos aparece nesta vida, diferente, pois, daquilo que um homem ou um ser igualmente limitado deveria esperar, previamente, de uma Divindade muito poderosa, sábia e benevolente? Somente um estranho preconceito levaria a afirmar o contrário. E disso concluo que, por mais consistente que o mundo possa ser com a ideia dessa Divindade – dadas certas suposições e conjeturas –, ele jamais será capaz de nos proporcionar uma inferência concernente a sua existência. A consistência não é negada, de modo algum, somente a inferência.[11]

Nessa passagem, Filo parece sugerir que o significado filosófico do sofrimento no mundo é que este provê a base de uma objeção decisiva ao argumento do desígnio formulado por Cleantes. Cleantes argumenta que podemos inferir a existência de Deus a partir de certas características observáveis do mundo. Mas o Deus do monoteísmo tradicional é onipotente, onisciente e moralmente perfeito. O ponto de Filo é que a presença do sofrimento no mundo impede efetivamente a inferência de um Criador moralmente perfeito a partir de um universo observável. Mas Filo contém-se em afirmar que a presença do sofrimento é inconsistente com a existência desse Deus. Isso poderia levar-nos a concluir que a posição de Filo é a de que não podemos inferir, a partir do sofrimento que observamos, que Deus não existe. Entretanto, outras passagens indicam que essa conclusão seria bastante precipitada. Por exemplo, no início da parte X, Filo tem o seguinte para dizer:

> Seu poder, admitamos, é infinito; tudo o que ela [a Divindade] quer é executado. Mas nem o homem e nem qualquer outro animal são felizes; portanto, ela não quer sua felicidade. Sua sabedoria é infinita; ela jamais se engana na escolha dos meios para determinado fim. Mas o curso da natureza não tende para a felicidade humana ou animal; portanto, esse curso

[11] Ibid., 69.

> não foi estabelecido com esse propósito. Não existem, em todo o âmbito do conhecimento humano, inferências mais certas e infalíveis do que essas. Em que aspecto, então, sua benevolência e misericórdia se assemelhariam à benevolência e misericórdia humanas?[12]

Filo sugere, nessas linhas, que um Deus onipotente e onisciente seguramente deveria ter poder e sabedoria suficientes para nos fazer felizes, se assim Ele desejar. Todavia, não somos felizes, então Deus não deve desejar nossa felicidade. Filo vai ainda mais longe e observa que nenhum raciocínio humano é mais certo do que esse. Implicitamente, pois, ele dá um passo adicional: um Deus bom *deveria* desejar nossa felicidade. Segue-se que não existe um Deus que seja onipotente, onisciente e bom. Parece que Filo está sugerindo que nós *podemos* inferir a inexistência do Deus tradicional do monoteísmo a partir da presença do sofrimento no mundo.

Algumas considerações que Filo faz posteriormente na parte XI apoiam essa interpretação. Filo introduz "*quatro* hipóteses [...] concernentes às primeiras causas do universo".[13] As quatro hipóteses são: (i) uma primeira causa perfeitamente boa; (ii) uma primeira causa perfeitamente má; (iii) duas primeiras causas (conjuntamente), uma perfeitamente boa e a outra perfeitamente má; e (iv) uma primeira causa moralmente indiferente. Somente a primeira hipótese é consistente com o monoteísmo tradicional; a terceira hipótese corresponde ao dualismo, uma concepção declarada herética de acordo com o cristianismo, e, como veremos, discutida em certa extensão por Lewis.[14]

Refletindo acerca da mistura de bem e mal no universo, Filo rejeita as primeiras duas hipóteses, sugerindo que é improvável que as primeiras causas puras devessem produzir esses "fenômenos misturados". Ele rejeita a terceira hipótese com base na "uniformidade e regularidade das leis gerais" em nosso universo; a ideia parece ser a de que uma luta cósmica entre as primeiras causas boas e as primeiras causas más produziria um universo significativamente

---

[12] Ibid., 63.
[13] Ibid., 75.
[14] Cf. cap. 2, seção 2.3.

menos ordenado que o nosso. Por um processo de eliminação, Filo conclui que a quarta hipótese "parece ser, de longe, a mais provável".[15]

Assim, Filo parece sustentar igualmente que, (i) até onde podemos conhecer, o sofrimento é consistente com a existência de Deus, e que (ii) podemos inferir, com base na presença do sofrimento no mundo, que Deus não existe. Está Filo contradizendo a si mesmo? Não; (i) e (ii) são compatíveis. Algumas vezes pode ser razoável induzir não-q a partir de p, mesmo embora p e q sejam logicamente consistentes. Suponha, por exemplo, que p = "amanhã você irá lançar uma moeda exatamente cem vezes (e você não lançará amanhã nenhuma outra moeda)" e que q = "amanhã você tirará 'cara' cem vezes". Ainda que p e q sejam compatíveis, eu posso razoavelmente inferir não-q a partir de p, porque p torna q bastante improvável. E a posição de Filo parece ser a de que, embora a presença do sofrimento no mundo possa ser compatível com a existência de Deus, ela torna improvável a existência de Deus. Isso é evidente a partir da conclusão de Filo de que a quarta hipótese "é, de longe, a mais provável".

Há outro importante desdobramento da posição de Filo. Na primeira parte dos *Diálogos*, Filo registra seus receios acerca da viabilidade da religião natural:

> Quando dirigimos nossas especulações para as duas eternidades, antes e depois do estado atual das coisas; para a criação e formação do universo; para a existência e as propriedades dos espíritos; para os poderes e as operações de um Espírito universal onipotente, onisciente, imutável, infinito e incompreensível, que existe sem ter um começo nem um fim. Devemos manter-nos bastante afastados de qualquer tendência ao ceticismo, por menor que seja, para não ficarmos apreensivos de que estamos ultrapassando em muito o alcance de nossas faculdades [...]. Somos como estrangeiros em um país estranho a quem tudo parece suspeito, e que a todo o momento se corre o risco de transgredir as leis e os costumes das pessoas com quem eles encontram e conversam. Não sabemos em que

[15] Ibid. Logo após Filo alcançar essa conclusão, Demea reconhece as verdadeiras cores de Filo; não muito depois disso, Demea abandona inteiramente a conversação.

medida deveríamos confiar em nossos métodos usuais de raciocínio em relação a esses assuntos.[16]

Essas e outras considerações mostram que a discussão de Filo acerca do sofrimento humano, nas partes X e XI dos *Diálogos*, é empreendida no contexto do ceticismo em relação à capacidade da razão humana para nos dizer algo sobre a existência e a natureza de Deus.

Para entender a posição de Filo em sua totalidade, precisamos entender que seu principal oponente é Cleantes. Cleantes sustenta que a razão humana pode dizer-nos muito pouco sobre a existência e a natureza de Deus, e que o que ela nos diz é que o universo foi criado por um Deus poderoso, sábio e bom. Filo critica ambos os aspectos da posição de Cleantes, argumentando que não deveríamos dar muito crédito aos resultados do raciocínio humano quando este trata da religião – mas em relação ao âmbito em que a razão é confiável, esta nos diz que o Deus do monoteísmo não existe.[17]

A presença e a interação desses dois aspectos da posição de Filo talvez estejam mais claras nas seguintes linhas:

> Por que existiria, afinal, qualquer miséria no mundo? Não por acaso, certamente. De alguma causa, então, provém. Será proveniente da intenção da Divindade? Mas ela é perfeitamente benevolente. Será contrária a sua intenção? Mas ela é onipotente. Nada pode abalar a solidez desse raciocínio, tão conciso, tão claro, tão decisivo, a menos que se declare que esses assuntos excedem toda a capacidade humana, e que nossos padrões habituais de verdade e de falsidade não são a eles aplicáveis; um tópico sobre o qual venho continuamente insistindo.[18]

---

[16] Hume, *Dialogues*, 7.

[17] Para uma caracterização adequada da estratégia de Filo, cf. O'Connor, *Hume on Religion*, 189-190. O fato de a posição de Filo envolver esses dois "caminhos" esclarece por que defensores e críticos do problema do mal encontraram apoio nas palavras de Filo. Para uma crítica do problema do mal que segue pelo caminho cético, cf. Stephen J. Wykstra "The Humean Obstacle to Evidential Arguments from Suffering: On Avoiding the Evils of 'Appearance'", *International Journal for Philosophy of Religion* 16 (1984), 73-93. Para uma defesa do problema do mal que segue pelo segundo caminho, o caminho ateu, cf. Paul Draper, "Pain and Pleasure: An Evidential Problem for Theists", *Nous* 23 (1989), 331-350.

[18] Hume, *Dialogues*, 66.

Talvez, então, podemos expor a versão de Filo do problema do mal do seguinte modo:

O Problema do Sofrimento

1. Se Deus existe, então Ele é onipotente, onisciente e moralmente perfeito.
2. Se Deus é moralmente perfeito, então Ele deseja que não exista sofrimento no mundo.
3. Se Deus é onipotente e onisciente, então Ele pode fazer com que não exista sofrimento no mundo.
4. Logo: Se Deus é onipotente, onisciente e moralmente perfeito, então não existe sofrimento no mundo (a partir de 2 e 3).
5. Mas existe sofrimento no mundo.
6. Portanto, Deus não existe (a partir de 1, 4 e 5).

A primeira premissa é uma consequência do entendimento tradicional sobre o Deus do monoteísmo; onipotência, onisciência e perfeição moral são atributos centrais desse Deus. A quinta premissa parece fora de dúvida, enquanto a quarta é inferida (mais ou menos) a partir das premissas dois e três.[19] Assim, parece que as premissas substantivas são a dois e a três.

Filo tem pouco a dizer em defesa da segunda premissa, mas ele oferece um tipo de argumento para a terceira, a alegação de que um Deus onipotente e onisciente poderia criar um universo livre de sofrimento. Na parte XI, Filo descreve "*quatro* circunstâncias das quais dependem todos ou a maior parte dos males que molestam as criaturas sensíveis". Ele sugere que "nenhuma delas aparece minimamente à razão humana como necessária ou inevitável" – embora verdadeiro para sua dupla estratégia, ele adverte que "conhecemos tão pouco para além da vida comum, ou mesmo acerca da vida comum, que, com respeito à economia do universo, não existe conjectura alguma, mesmo

[19] Digo "mais ou menos" porque, no sentido estrito, requer-se um princípio adicional, algo como o seguinte: Se Deus quer que p seja o caso, e Deus pode causar p, então Deus causa p.

que desvairada, que não possa ser justificável, nem qualquer conjectura, mesmo plausível, que não possa estar equivocada".[20]

Os quatro fatores que Filo cuidadosamente indica como as causas de todos ou da maior parte do sofrimento existente no universo, os quais um Deus onipotente e onisciente poderia facilmente nos eximir, são os seguintes: (i) a dor (ademais do prazer) opera como um motivo "para incitar todas as criaturas à ação"; (ii) o mundo é governado por leis gerais da natureza; (iii) a natureza é econômica, em que cada criatura é dotada com capacidades naturais adequadas e suficientes para sobreviver, mas não o bastante para evitar a miséria; (iv) a "feitura imprecisa" do mundo, que parece mais com um esboço do que com um projeto terminado.[21] Há muito mais para se dizer sobre cada uma dessas quatro circunstâncias – de modo que retornaremos a elas adiante –, mas por ora será suficiente considerar de que modo supõe-se que elas sustentam a versão de Filo do problema do sofrimento. De acordo com Filo, existe uma alternativa viável e livre-de-sofrimento a cada uma das quatro circunstâncias, uma alternativa que um Deus todo-poderoso e onisciente deveria conhecer e que poderia ter implementado. Se isso estiver correto, e as quatro circunstâncias produzirem todo o sofrimento do mundo, então a terceira premissa do problema do sofrimento fica estabelecida.

Filósofos contemporâneos tendem a traçar uma distinção entre o problema *lógico* do mal e o problema *evidencial* ou *probabilístico* do mal.[22] Na versão lógica, a existência do mal é incompatível com a existência do Deus do monoteísmo tradicional, enquanto a versão evidencial envolve somente a afirmação mais fraca de que os males de nosso mundo, enquanto compatíveis com a existência de Deus, constituem *evidência* contrária à existência de Deus. Uma vez que a posição de Filo parece ser a de que o sofrimento é compatível com a existência de Deus, embora conte como evidência contrária, somos tentados a interpretá-lo como oferecendo uma versão meramente

---

20 Hume, *Dialogues*, 69.
21 Ibid., 69-73.
22 Cf., por exemplo, *The Problem of Evil: Selected Readings*, ed. Michael L. Peterson (Notre Dame, in: University of Notre Dame Press, 1992), 3.

evidencial do problema do mal. Entretanto, creio que o argumento que Filo efetivamente oferece – o argumento que formulei acima – seja uma versão lógica do problema do mal. Mas, se é assim, por que Filo não conclui que o sofrimento no mundo *prova decisivamente* que Deus não existe? A resposta repousa em sua dupla estratégia. Filo apresenta uma prova dedutiva da inexistência de Deus que se baseia na presença do sofrimento (o viés ateu), mas se recusa a endossar a prova como certa, pois ele tem sérias dúvidas acerca da confiabilidade da razão humana nesse campo (o viés cético). Ele procura colocar Cleantes sobre os cornos de um dilema: ou admite que a razão humana seja incerta quando aplicada ao problema da existência e da natureza de Deus (e, portanto, abandona seu argumento do desígnio), ou admite que a presença do sofrimento prove que um Deus perfeito não existe (e, portanto, abandona seu teísmo).

Os escritos de Lewis contêm respostas tanto para o aspecto cético quanto para o aspecto ateístico da posição de Filo. Examinaremos, em primeiro lugar, a resposta de Lewis ao aspecto que depende do problema do sofrimento, o aspecto ateístico. Examinaremos a resposta de Lewis ao aspecto cético nos capítulos 2 e 3. Para contestar o aspecto ateístico, Lewis argumenta que, logo que entendermos adequadamente a onipotência e a bondade de Deus, e também a real natureza da felicidade humana, veremos que não é de todo surpreendente ou improvável que Deus permita (e até mesmo cause) o sofrimento humano. Elaborar essa conjectura é o projeto central de *O Problema do Sofrimento*, ao qual nos voltamos agora.

3. A tentativa de Lewis para resolver o problema

3.1. Introdução

Nascido em Belfast, Irlanda, em 29 de novembro de 1898, Lewis foi criado como cristão, mas abandonou logo a crença cristã, durante seu internato na Inglaterra. Segundo seu próprio registro, ele desenvolveu, ainda na escola, a noção de que "a religião em geral, apesar de completamente falsa, era um crescimento natural, um tipo de tolice endêmica na qual a humanidade tende a errar".[23] Com a idade de dezessete anos, Lewis escreve a Arthur Greeves, seu amigo íntimo, "não creio em religião" e retrata o cristianismo, em particular, como "uma mitologia entre muitas, porém uma que nos aconteceu termos sido nela educados".[24] O retorno de Lewis ao cristianismo foi um processo gradual e complexo. Em suas cartas e em sua obra autobiográfica, *Surpreendido pela Alegria* [*Surprised by Joy*], Lewis menciona a influência de H. V. V. Dyson e J. R. R. Tolkien. Em uma carta de 1946, Lewis enumera os principais fatores em sua conversão: a filosofia, o crescente conhecimento de literatura medieval, os escritores George MacDonald e G. K. Chesterton e o debate com seu amigo Owen Barfield.[25] Em uma carta escrita em uma período bastante próximo a sua conversão (1934), Lewis descreve sua "rota", que vai "do materialismo ao idealismo, do idealismo ao panteísmo, do panteísmo ao teísmo e do teísmo para o cristianismo".[26] O processo culminou com um famoso passeio ao jardim zoológico, em fins de setembro de 1931, quando Lewis tinha trinta e dois anos de idade: "Quando partimos para o passeio, eu não acreditava que Jesus Cristo fosse o Filho de Deus, e, quando chegamos ao zoológico, eu acreditava".[27] Por volta de um mês depois, quase exatamente quinze anos após escrever a Arthur Greeves que ele era um ateu, Lewis descreve sua nova concepção do cristianismo em outra carta a Greeves: "A história de Cristo é, simplesmente, um mito verdadeiro, um mito que opera em nós do mesmo modo que outros, mas com esta enorme diferença: *ele realmente ocorreu*".[28]

O Problema do Sofrimento, publicado em 1940, foi o primeiro longo trabalho de Lewis em apologética cristã. Sugeri que o livro fosse inspirado pelas partes X e XI dos *Diálogos* de Hume. Entretanto, Lewis não faz qual-

[23] C. S. Lewis, *Surprised by Joy: The Shape of My Early Life* (New York: Harcourt, 1955), 63. Esta obra biográfica descreve, em certo detalhe, o afastamento e o posterior retorno de Lewis ao cristianismo.
[24] Walter Hooper (ed.), *Letters of C. S. Lewis*, revised edition (Orlando, FL: Harcourt, 1993), 52.
[25] Walter Hooper (ed.), *The Collected Letters of C. S. Lewis, Volume II: Books, Broadcasts, and the War 1931-1949* (New York: HarperCollins, 2004), 702-703.
[26] Ibid., 145.
[27] Lewis, *Surprised by Joy*, 237.
[28] Hooper (ed.), *Letters*, 288. A primeira carta para Greeves foi escrita em 12 de outubro de 1916, a segunda, em 18 de outubro de 1931.

quer menção de Hume ou dos *Diálogos* em parte alguma de *O Problema do Sofrimento*. Qual é, então, minha evidência para a alegada conexão entre as duas obras?

Há dois tipos de evidência. Primeiro, existe o que poderíamos chamar de evidência externa – evidência exterior aos próprios textos. Lewis estudou e serviu como tutor de filosofia em Oxford, e realmente planejou tornar-se professor de filosofia antes de desviar-se para literatura inglesa em 1925.[29] Os *Diálogos* de Hume têm sido longamente considerados uma das grandes obras em filosofia da religião; que Lewis pudesse ter estudado filosofia em Oxford, em um nível avançado, sem tê-los lido é quase impossível. Sabemos, a partir das próprias palavras de Lewis, que ele leu, pelo menos, *algumas* obras de Hume; em junho de 1924, ele fez o seguinte registro em seu diário: "Comecei [a ler] Hume: muito apreciei a perfeita claridade, a facilidade, a humanidade e a tranquilidade de seu estilo. Esse é o modo apropriado para escrever filosofia".[30] Parece evidente que isso estabelece, no mínimo, que Lewis provavelmente leu os *Diálogos*, mas não que, necessariamente, *O Problema do Sofrimento* seja uma resposta à obra de Hume. Para estabelecer essa afirmação adicional, devemos considerar as próprias obras. Como veremos, *O Problema do Sofrimento* contém respostas para muitos pontos específicos que surgem nos *Diálogos*. Além disso, as apresentações do problema do sofrimento, nas duas obras, são notavelmente semelhantes. Por exemplo, na parte XI dos *Diálogos*, Filo diz:

> Olhe para o universo a nosso redor. Que imensa profusão de seres, animados e organizados, sensíveis e ativos! [...] Observe, porém, mais de perto essas existências dotadas de vida, os únicos seres merecedores de consideração. Quão hostis e destrutivas umas às outras! Quão insuficientes, todos eles, para dispor a própria felicidade! Quão desprezíveis e odiosos para o espectador! Tudo isso não nos apresenta senão a ideia de uma natureza cega, impregnada por um grande princípio vivificador, que verte de

[29] Ibid., 212.
[30] C. S. Lewis, *All My Road Before Me: The Diary of C. S. Lewis, 1922-1927* (New York: Harvest Books, 2002), 332.

seu regaço sua prole defeituosa e degenerada, sem qualquer discernimento ou cuidado maternal![31]

Logo após essas observações, Filo chega a sua conclusão de que a hipótese de que as primeiras causas do universo são moralmente indiferentes é, "de longe, a mais provável".[32]

O capítulo que inicia *O Problema do Sofrimento* começa assim: "Não muitos anos atrás, quando eu era um ateu, se alguém me perguntasse 'Por que você não acredita em Deus?', minha resposta teria seguido mais ou menos assim...".[33] Note os paralelos entre a explicação de Lewis a respeito de seu passado de ateísmo e a fala de Filo citada acima:

> Olhe para o universo em que vivemos [...]. O que é ela [a vida] enquanto passa? É organizada de tal modo que todas as suas formas somente podem viver por meio da predação umas das outras. Nas formas inferiores, esse processo envolve somente a morte, mas nas formas superiores surge uma nova qualidade, denominada de consciência, que as capacita a sofrer dor. As criaturas provocam dor ao nascer, e vivem infligindo dor, e na dor a maior parte morre [...]. Se você me pedir para acreditar que essa é a obra de um espírito benevolente e onipotente, replico que toda evidência aponta na direção oposta. Ou não existe espírito por trás do universo, ou existe um espírito indiferente ao bem e ao mal, ou, então, um espírito perverso.[34]

Por fim, considere o próprio relato de Lewis sobre o problema do sofrimento e note sua semelhança com a descrição que Filo fornece do problema, a qual citei na seção anterior:

> "Se Deus fosse bom, ele desejaria fazer suas criaturas perfeitamente felizes, e, se ele fosse onipotente, poderia fazer tudo o que quisesse. Mas as cria-

[31] Hume, *Dialogues*, 74.
[32] Ibid., 75.
[33] C. S. Lewis, *The Problem of Pain* (New York: HarperCollins, 2001), 1.
[34] Ibid., 1-3.

turas não são felizes. Portanto, a Deus falta ou bondade, ou poder, ou ambas essas coisas". Em sua forma mais simples, esse é o problema do sofrimento.[35]

Lewis observa que há três conceitos-chave subjacentes ao coração do problema: onipotência divina, bondade divina e felicidade humana. De acordo com Lewis, existem modos populares, embora falsos, de entender cada um desses três conceitos, bem como modos menos populares, mas corretos, de entendê-los. O problema do sofrimento repousa em concepções populares. Uma vez que essas concepções são defectivas, o problema do sofrimento se desvanece, e logo que obtemos uma compreensão precisa dos três conceitos, veremos como o problema pode ser resolvido. A razão de por que a maioria das pessoas considera o problema da dor convincente (pelo menos inicialmente) é que elas aceitam (ao menos implicitamente) a compreensão popular, mas falsa, da onipotência, da bondade e da felicidade. Portanto, na explanação da solução de Lewis para o problema do sofrimento, é essencial distinguirmos os modos verdadeiros e falsos de entender cada um dos conceitos. Começaremos, como faz Lewis, com a onipotência divina.

3.2. A onipotência divina

A maioria das pessoas, quando solicitada, pela primeira vez, a definir onipotência, vem com algo do tipo: a onipotência é a capacidade para fazer qualquer coisa. Essa concepção possui uma base bíblica: "Para Deus, todas as coisas são possíveis".[36] Existe, todavia, uma longa e gloriosa tradição, de acordo com a qual essa definição deve ser um tanto qualificada, e Lewis pertence a essa tradição. A tradição remonta ao grande teólogo do século XIII, Tomás de Aquino, que sustentava que "nada que implique uma contradição cai sob o domínio da onipotência de Deus".[37]

---

[35] Ibid., 16.
[36] Mateus 19,26.
[37] Thomas Aquinas, *Summa Theologica* (New York: Benziger Brothers Inc., 1947), 139, I, q. 25, a. 4.

Um exemplo popular de algo que existe para além dos limites da onipotência é a criação de um quadrado redondo. Uma vez que formas redondas possuem exatamente zero ângulo, e formas quadradas possuem exatamente quatro ângulos, um quadrado redondo deveria ter precisamente zero ângulo e também precisamente quatro ângulos. Isso parece ser claramente impossível. Nem mesmo Deus poderia criar essa forma. Entretanto – e isso é crucial –, a incapacidade de Deus para criar essa forma não indica uma falta de poder da parte de Deus; antes, a noção de criar um quadrado redondo não faz sentido. Lewis classifica coisas como quadrados redondos como "intrinsecamente impossíveis" e coloca a questão sobre a onipotência do seguinte modo:

> Sua onipotência significa um poder para fazer tudo o que é intrinsecamente possível, e não para fazer o que é intrinsecamente impossível. Você pode atribuir-lhe milagres, mas não absurdos. Isso não é um limite ao Seu poder [...]. Permanece verdadeiro que *todas* as coisas são possíveis a Deus: as impossibilidades intrínsecas não são coisas, senão não entidades.[38]

É importante evitar certo tipo de confusão aqui. Sugere-se, às vezes, que Deus poderia criar um quadrado redondo simplesmente mudando os significados dos termos "redondo" e "quadrado". Por exemplo, se Deus mudasse o significado de "redondo" de modo que signifique aquilo que a palavra "verde" correntemente significa, então fazer um quadrado redondo seria um problema sem dificuldades.

Todavia, tornar a *sentença* "existe quadrado redondo" verdadeira não é exatamente igual a fazer, de fato, um quadrado redondo. Quando consideramos se Deus poderia fazer um quadrado redondo, estamos considerando se Deus poderia fazer uma forma que fosse redonda (dado o significado vigente de "círculo") e também quadrada (dado o significado vigente de "quadra-

---

[38] Lewis, *Problem of Pain*, 18. A linguagem de Lewis aqui é próxima àquela de Ralph Cudworth, platônico de Cambridge do século XVII, que declarou "que aquilo que implica uma contradição é uma não entidade e, portanto, não pode ser o objeto do poder divino". Ralph Cudworth, *A Treatise Concerning Eternal and Immutable Morality*, ed. S. Hutton (Cambridge: Cambridge University Press, 1996), 25.

do"). E, dado o significado vigente desses termos, parece claro que Deus não poderia fazer um quadrado redondo. Ele poderia manipular a linguagem de tal modo a fazer com que a sentença "existe um quadrado redondo" torne-se verdadeira, mas ainda Ele teria malogrado em criar algum círculo quadrado.[39]

Sugere-se, às vezes, que quadrados redondos são impossíveis apenas devido às leis atuais da lógica e que, desde que Deus é o criador dessas leis, Ele poderia alterá-las de tal modo que quadrados redondos pudessem ser possíveis. Minha concepção é a de que essa sugestão realmente não faz sentido e está fundada no erro de tomar muito literalmente a expressão "leis da lógica". Além disso, a proposta parece ter algumas implicações práticas que os teístas poderiam considerar problemáticas. Considere, por exemplo, a promessa divina. Teístas comumente pensam que podem contar com as promessas de Deus no seguinte sentido: se Deus prometeu que alguma situação que p não irá ocorrer, então podemos estar seguros de que p não ocorrerá. Porém, se Deus pode alterar as próprias regras da lógica conforme Ele considere conveniente, então as promessas de Deus nada garantem, desde que Ele poderia simplesmente mudar as regras de lógica de modo que, por exemplo, realizar p seja perfeitamente consistente com a manutenção da promessa de não realizar p. Assim, teístas que pensam que podemos confiar nas promessas de Deus deveriam rejeitar a concepção de que Deus pode modificar a lógica conforme Ele considere conveniente.

Temos aqui, então, a primeira distinção entre um entendimento popular, mas falso, de um conceito e o verdadeiro entendimento desse conceito. O entendimento popular e falso sobre a onipotência é o de que a onipotência é a capacidade para produzir absolutamente qualquer situação, inclusive situações intrinsecamente impossíveis. E, de acordo com Lewis, o entendimento correto acerca da onipotência é o de que ela consiste na capacidade de produzir qualquer situação que seja intrinsecamente possível.[40]

---

[39] Lewis, *Problem of Pain*, 18.

[40] Em última instância, essa definição pode não ser tampouco adequada, mas suas deficiências não são pertinentes a nossa discussão. Para um exame do conceito de onipotência que realça algumas das deficiências da análise de Lewis sobre a onipotência, cf. Erik Wielenberg, "Omnipotence Again", *Faith and Philosophy* 17:1 (January 2000), 26-47.

Com esse entendimento da onipotência, Lewis procura estabelecer que a classe das situações intrinsecamente impossíveis inclui o seguinte: que existe uma sociedade de almas livres na qual nenhuma alma pode infligir sofrimento a uma outra alma. O argumento de Lewis a favor dessa asserção pode ser interpretado consistindo em dois passos principais. Cada um desses passos consiste em uma suposta implicação ou conexão necessária entre duas situações, p e q, nas quais p implica q, de tal modo que é intrinsecamente impossível afirmar p sem que q também seja afirmado. As duas conexões necessárias são estas:

Conexão necessária 1: Se existe uma sociedade de almas livres, então também *deve* haver um ambiente relativamente independente e regulado por leis que encerra essa sociedade de almas livres.

Conexão necessária 2: Se existe um ambiente relativamente independente e regulado por leis que encerra uma sociedade de almas livres, então as almas livres que pertencem à sociedade *devem* ser capazes de infligir sofrimento mutuamente.

As duas conexões necessárias implicam, conjuntamente, a desejada conclusão de Lewis:

Conclusão: Se existe uma sociedade de almas livres, então as almas livres que pertencem à sociedade *devem* ser capazes de infligir sofrimento mutuamente.

Uma sociedade de almas livres consiste em um grupo de almas com certas propriedades. Cada alma possui a capacidade de agir livremente, reconhece a distinção entre si mesma e outras almas e é capaz de interagir com outras almas até certo ponto. Um ambiente relativamente independente e regulado por leis é um ambiente compartilhado por várias almas livres que não estão sob o controle completo de qualquer uma delas, e que, em vez disso, se comportam de acordo com algum conjunto de leis sem exceção (ou quase sem exceção), que não podem ser modificadas pelas almas.

Surgem duas questões concernentes à primeira conexão necessária. Por que uma sociedade de almas livres requer um *ambiente*? E por que o ambiente compartilhado deve ser independente e regulado por leis? A resposta de Lewis para a primeira questão é que, sem um ambiente compartilhado, as almas poderiam interagir mutuamente somente se fosse possível que "mentes desnudas 'se encontrem' ou se percebam uma à outra".[41] Entretanto, argumenta Lewis, isso não é possível, pois esse encontro somente poderia realizar-se se uma alma pudesse tornar-se diretamente consciente dos pensamentos de uma outra alma. O problema é que isso deixaria cada alma sem nenhum modo de distinguir os pensamentos que se originam em si mesma dos pensamentos que se originam em outras almas. Cada alma encontrar-se-ia a si mesma em confronto com uma multidão de pensamentos, mas não teria modo algum de saber quais (se algum) foram produzidos por outros agentes livres.[42] Portanto, nenhuma alma estaria em posição de saber que *existem* agentes livres distintos de si mesma.

Em relação à segunda questão, Lewis argumenta que a única alternativa a um "campo neutro", com uma "natureza fixa", seria um ambiente que estivesse inteiramente sob o controle de um único agente livre.[43] Sob essas circunstâncias, somente o agente controlador teria a capacidade de agir livremente, uma vez que nenhum outro agente seria capaz, seja como for, de influenciar o ambiente. Assim, um ambiente fixo é requerido se *todas* as almas na sociedade tiverem a capacidade de ação livre.

Em defesa da segunda conexão necessária (que almas livres em um ambiente estável devem ser capazes de infligir sofrimento mutuamente), Lewis argumenta que um ambiente independente e regulado por leis torna possível o conflito entre as diferentes almas livres, e que isso conduz, por sua vez, à possibilidade destas infligirem sofrimento uma à outra:

---

[41] Lewis, *Problem of Pain*, 20.
[42] Ibid., 21.
[43] Ibid., 22.

> Se alguém que viaja em uma direção está descendo uma colina, outra pessoa que segue na direção oposta estará subindo o monte. Se até mesmo uma rocha estiver onde eu quero que esteja, ela não poderá, exceto por coincidência, encontrar-se onde você quer que ela esteja. E isso [...] deixa o caminho aberto para um grande mal, o da competição e da hostilidade. E, se almas são livres, é impossível evitar que tratem desse problema por meio da competição, em vez da cortesia. E uma vez que promovam realmente a hostilidade, poderão então explorar a natureza fixa da matéria a fim de se magoarem mutuamente. A natureza permanente da madeira, que nos capacita a usá-la como suporte, também nos permite usá-la para golpear nosso vizinho na cabeça.[44]

Com isso, chegamos a uma dessas aludidas ocasiões em que Lewis responde diretamente a um ponto dos *Diálogos* de Hume. Descrevi brevemente, na seção anterior, as quatro circunstâncias que, de acordo com Filo, dão conta da maior parte ou de todo o sofrimento no mundo e que um Deus onipotente poderia ter evitado. A segunda dessas circunstâncias é a de que o mundo é governado por leis gerais da natureza. Filo sustenta que, em vez de instituir o mundo de modo que este siga leis gerais da natureza, Deus poderia ter criado um mundo "governado por volições particulares".[45] A sugestão aqui é que Deus poderia interferir de alguma maneira indetectável sempre que Ele visse eventos que, desdobrados de certo modo, se não controlados, levariam ao sofrimento. Diz Filo:

> Um ser [...] que conhecesse os princípios secretos do universo poderia facilmente, por meio de volições particulares, direcionar todos esses acidentes para o bem da humanidade e tornar o mundo inteiro feliz, sem se revelar em nenhuma dessas operações. Uma frota cujos propósitos fossem benéficos à sociedade poderia encontrar sempre um vento favorável; príncipes benevolentes poderiam desfrutar de boa saúde e de uma vida longa; pessoas nascidas para o poder e para o exercício da autoridade poderiam ser constituídas com bom temperamento e disposições virtuosas.[46]

---

[44] Ibid., 23-24.
[45] Hume, *Dialogues*, 70.
[46] Ibid.

A resposta de Lewis para a sugestão de Filo é a de que se Deus frequentemente interferisse de modo suficiente para impedir *qualquer* agente de causar sofrimento a outro, então a liberdade para escolher entre o certo e o errado deveria desaparecer completamente:

> Esse mundo seria um mundo em que ações erradas seriam impossíveis e no qual, portanto, a liberdade da vontade seria vazia; mais ainda, se o princípio fosse levado a sua conclusão lógica, os maus pensamentos seriam impossíveis, pois a massa cerebral que usamos para pensar se recusaria a funcionar quando tentássemos formá-los. Toda matéria na vizinhança de um homem malvado estaria sujeita a sofrer alterações imprevisíveis.[47]

O que Lewis tem a oferecer, nesse ponto, é uma versão da defesa da vontade livre, uma das soluções mais antigas e populares que se propõe para o problema do mal.[48] Um princípio essencial da abordagem de Lewis é o de que uma sociedade de almas livres que não são capazes de infligir sofrimento mutuamente constitui uma impossibilidade intrínseca. Desse modo, não está no domínio do poder de Deus criar essa sociedade mais do que criar um quadrado redondo. Se Deus cria uma sociedade de agentes livres, Ele torna possível, pois, o sofrimento.

Neste ponto, gostaria de assinalar duas deficiências naquilo que Lewis, por enquanto, expressou como uma questão que permanece a ser respondida. Nenhuma das deficiências é decisiva, e Lewis fornece uma resposta no momento devido. Se menciono agora essas coisas, é para mostrar que Lewis

---

[47] Lewis, *Problem of Pain*, 24-25. Lewis enfatiza que Deus pode e interfere na natureza em certas ocasiões (sustentar o contrário seria negar a ocorrência de milagres); o que ele pretende rejeitar é a noção de que Deus poderia interferir de tal modo a prevenir todo sofrimento. Essa passagem deixa claro que Lewis está assumindo uma explicação libertária da livre vontade, de acordo com a qual S executa livremente um ato A somente se S puder executar uma ação diferente de A.

[48] A defesa da vontade livre remonta a Agostinho, pelo menos; cf. seu *On Free Choice of the Will*, trad. de T. Williams (Indianapolis: Hackett, 1993). O desenvolvimento contemporâneo mais bem conhecido da defesa da vontade livre foi provavelmente realizado por Alvin Plantinga. A defesa de Plantinga foi publicada diversas vezes; para uma apresentação, cf. "The Free Will Defense", cap. 2 de *The Analytic Theist: An Alvin Plantinga Reader*, ed. J. F. Sennett (Grand Rapids, MI: Eerdmans, 1998), 22-49.

tem mais trabalho para fazer aqui, pelo menos se ele pretende levar em consideração *todo* o sofrimento humano no mundo.[49]

Uma distinção é frequentemente traçada entre mal *moral* e mal *natural*. Como nosso foco é sobre o sofrimento, podemos distinguir entre sofrimento moral (sofrimento que é o resultado de ações humanas livres) e sofrimento natural (sofrimento que não é o resultado dessas ações livres; isso deve incluir o sofrimento causado por desastres naturais, como o terremoto de Lisboa de 1755 e o *tsunami* indonésio de 2004). Essa distinção nos permite perceber a primeira deficiência no que Lewis disse até o momento: ele tratou apenas do sofrimento moral. Porém ele nada disse que pudesse explicar por que Deus deveria permitir o sofrimento natural.

A segunda deficiência consiste em que aquilo que Lewis disse até o momento não parece ainda suficiente para considerar todo o sofrimento moral que encontramos em nosso mundo. Para entender esse ponto, considere o recente fenômeno de uma sala de bate-papo na Internet. Uma sala de bate-papo é um ambiente compartilhado e neutro que permite a vários agentes livres reconhecer a existência de outros agentes livres e interagir com eles. Agentes que interagem nesse ambiente podem infligir, uns aos outros, alguns tipos de dor: eles podem frustrar mutuamente seus desejos, insultar um ao outro, induzir mutuamente vários tipos de dor emocional. Mas nenhum agente livre nesse ambiente pode, por exemplo, causar a emissão de choques elétricos no teclado de outro usuário, atirar facas a partir do monitor de outro usuário ou incendiar outro usuário. Mas no mundo atual, agentes livres podem (e assim fazem às vezes) eletrocutar-se, apunhalar-se e incendiar-se uns aos outros. O ponto é que é possível existir uma sociedade de almas livres sem que seja possível para elas infligir *esses* tipos de sofrimento umas às outras. Assim, esses tipos mais extremos de sofrimento parecem permanecer, até o momento, sem explicação.

[49] Para uma discussão da natureza precisa dos objetivos de Lewis em *The Problem of Pain*, cf. a última seção deste capítulo.

Por fim, vai aqui uma questão para Lewis: se uma sociedade de almas livres requer a possibilidade do tipo de sofrimento que encontramos em nosso mundo, por que Deus simplesmente não elimina totalmente a sociedade de almas livres? Outro modo de colocar essa questão é assim: o que é tão notável em uma sociedade de almas livres que a torna *merecedora* de todo sofrimento?

Para ver como Lewis poderia responder a essas várias inquietações, devemos examinar o restante de sua solução ao problema do sofrimento. Dois dos três conceitos-chave envolvidos no problema restam ser discutidos: a bondade divina e a felicidade humana. Seguindo novamente a ordem da apresentação de Lewis, retornaremos a sua análise da bondade divina.

3.3. Bondade divina e felicidade humana

A discussão de Lewis acerca da bondade divina em *O problema do sofrimento* centra-se no amor de Deus para com a humanidade. Embora Lewis não pense que amor seja o único aspecto da bondade de Deus, é aquele que é mais pertinente ao problema do sofrimento. O que faz o sofrimento humano tão problemático é a suposição de que Deus nos ama. Para explicar o amor de Deus para com a humanidade, Lewis estabelece, primeiro, uma distinção entre amor genuíno e mera afabilidade. A finalidade primária da afabilidade, de acordo com o entendimento de Lewis, consiste em uma existência aprazível. Ser afável a alguém é reduzir seu sofrimento ou aumentar seu prazer. O modo popular de pensar a bondade divina é como uma afabilidade. Essa falsa concepção da bondade divina supõe a bondade de Deus corresponder a nada mais que Seu desejo de que os humanos vivam suas vidas terrestres de modo confortável e aprazível. Conforto e prazer constituem, pois, a concepção popular, embora falsa, sobre a felicidade humana:

> Queremos [...] não tanto um Pai Celestial, mas um avô celestial – uma benevolência senil que, como dizem, "apreciasse ver os jovens se divertindo" e cujo plano para o universo fosse simplesmente que se pudesse, de verdade, dizer no final de cada dia: "todos aproveitamos bastante". Não são muitos os que, devo admitir, formulariam uma teologia exatamente

nesses termos, mas uma concepção não muito diferente espreita por trás de muitas mentes.[50]

Dizer que Deus é bom é dizer que Ele nos ama, o que equivale a dizer que Sua principal finalidade em relação a nós é que vivamos vidas terrestres aprazíveis, confortáveis: "A afabilidade [...] não se preocupa se seu objeto torna-se bom ou mal, provê apenas que escape ao sofrimento".[51]

Mas, diz Lewis, a genuína bondade divina envolve amor antes que afabilidade. Para explicar a natureza da bondade divina, Lewis examina quatro tipos de amor. Embora nenhum desses quatro tipos corresponda perfeitamente ao amor de Deus para com a humanidade, a ideia é que essas aproximações imperfeitas possuem certas características que poderiam jogar alguma luz sobre a natureza do amor de Deus para com a humanidade. Os quatro tipos de amor são: (i) o amor de um artista por sua criação, (ii) o amor de alguém por um animal (por exemplo, o amor de um homem para com seu cão), (iii) o amor de um pai para com seu filho, e (iv) o amor de um homem por uma mulher.

Um elemento comum a todos os quatro tipos de amor é que aquele que ama deseja que o objeto de seu amor seja de certo modo. De modo mais específico, aquele que ama deseja que o amado seja perfeito: "O amor [...] exige o aperfeiçoamento do amado".[52] É importante notar que o amor *não* é uma condição para a perfeição do amado; com efeito, o amor precede a perfeição do objeto amado e persiste mesmo que o objeto amado (como ocorre frequentemente ou, talvez, mesmo sempre) nunca se torne perfeito. Uma consequência desse aspecto do amor é que, se o objeto amado não for perfeito, aquele que ama desejará que o amado se aproxime da perfeição tanto quanto possível. Consequentemente, aquele que ama pode tentar transformar o objeto de seu amor.

Dois aspectos desse processo de transformação merecem destaque. O primeiro é que o objeto amado bem pode não entender o escopo do proces-

---

[50] Lewis, *Problem of Pain*, 31-32.
[51] Ibid., 32.
[52] Ibid., 38.

so de transformação imposto sobre ele. O segundo (e relacionado) aspecto é que a transformação pode requerer o sofrimento por parte do amado:

> A grandiosa pintura de sua vida – o trabalho que [o artista] ama [...], ao qual se aplicará intensamente – deveria *provocar*, sem dúvida, muita preocupação à pintura, se esta tivesse sensibilidade. Podemos imaginar uma pintura sensível depois de ter sido apagada, raspada e recomeçada pela décima vez, desejando não passar de um simples esboço que se faz num breve momento.[53]

De modo análogo, porque Deus nos ama, Ele deseja que nos tornemos tão próximos da perfeição quanto possível. Isso significa que cada um de nós precisa ser transformado; e, como a pintura sensível imaginada por Lewis, percebemos a transformação como dolorosa. O exemplo da pintura pode ser enganoso de um modo importante: poderia dar a impressão de que a transformação se dá inteiramente em vista do interesse daquele que ama. Afinal de contas, uma grande pintura beneficia principalmente seu artista; a própria pintura parece ganhar pouco com o negócio! A felicidade do amado ficou completamente fora da consideração de Lewis acerca do amor? A resposta é negativa. Lewis escreve que, "quando formos aquilo que Ele pode amar sem impedimento, seremos de fato felizes".[54] Mas o que vem a ser tornar-se o tipo de ser que Deus pode amar sem impedimento? Uma importante diferença entre nós e uma pintura consiste precisamente em que nós somos capazes de estabelecer uma relação pessoal com nosso Criador. Diferentemente da pintura, nós podemos amar o Artista remoto – e creio que a concepção de Lewis é a de que o amor a Deus é precisamente o que nos faz merecedores do amor de Deus: "Deus quer nosso bem e nosso bem é amá-lo".[55] Amar a Deus requer esforço para se tornar como Ele (em certos aspectos): "Somos convidados a 'revestir-nos de Cristo', a nos tornarmos como Deus [...]. Ser Deus, ser como Deus e compartir de

---

[53] Ibid., 34-35.
[54] Ibid., 41.
[55] Ibid., 46.

Sua bondade em atenção às criaturas, e ser miserável – essas são as únicas três alternativas".[56] A sugestão final é a de que devemos amar a Deus *livremente*. Deus não deseja um amor coagido, mas, antes, um amor oferecido livremente. Amar a Deus livremente é a verdadeira felicidade humana. Em *As cartas de Screwtape*, obra de ficção de Lewis, o diabo Screwtape explica algumas dessas ideias a seu sobrinho Wormwood:

> Ele realmente deseja preencher o universo com uma grande quantidade de réplicas repugnantes de Si mesmo – criaturas cuja vida, em sua escala em miniatura, será qualitativamente como a Sua própria, não porque Ele as absorveu, mas porque elas desejam livremente conformar-se a Ele... Mas você percebe agora que o Irresistível e o Indisputável são as duas armas que a própria natureza de Seu projeto lhe proíbe de usar. Ignorar meramente a vontade humana [...] seria para Ele inútil. Ele não pode arrebatar. Ele pode somente solicitar.[57]

Isso completa a análise de Lewis dos três conceitos-chave envolvidos no problema do sofrimento. O quadro seguinte sumariza as concepções de Lewis acerca desses conceitos:

	Falsa Concepção	Verdadeira Concepção
Onipotência divina	Habilidade para fazer absolutamente qualquer coisa	Habilidade para fazer qualquer coisa que seja intrinsecamente possível
Bondade divina	Desejo de que os humanos tenham uma falsa felicidade	Desejo de que os humanos tenham uma verdadeira felicidade[58]
Felicidade humana	Vida terrestre aprazível, confortável	Amar livremente a Deus e se esforçar para se tornar "como Cristo"

[56] Ibid., 46-47.
[57] C. S. Lewis, *The Screwtape Letters* (New York: Touchstone, 1996), 4, carta VIII.
[58] Como notei acima, isso é apenas um componente da bondade divina.

Estamos agora preparados para ouvir a resposta de Lewis à questão que formulei no final da seção anterior: o que é tão notável em uma sociedade de almas livres que a torna *merecedora* de todo sofrimento? A resposta é que somente almas *livres* são capazes de alcançar a genuína felicidade. Esse é o grande bem que faz uma sociedade de almas livres ser vantajosa, mesmo se causar enorme sofrimento como consequência.[59]

Estamos agora também preparados para ouvir a explicação de Lewis acerca do sofrimento natural. A essência dessa explicação é que o sofrimento natural é uma das ferramentas que Deus utiliza para nos transformar, para nos cutucar em direção à genuína felicidade humana, deixando intacta, entretanto, nossa liberdade. O sofrimento natural desempenha uma função "corretiva ou terapêutica".[60] A discussão sobre os quatro tipos de amor sugere que a transformação do amado pelo amante pode ser dolorosa, mas precisamos ainda saber por que, exatamente, a conversão de seres humanos em mais "semelhantes a Cristo" requer, algumas vezes, que eles sofram. Como observa Lewis: "Nem todo remédio tem gosto desagradável: mas se o tem, que seja um dos fatos desagradáveis dos quais deveríamos querer conhecer a razão".[61] A função do sofrimento em nossa transformação é o tópico da próxima seção.

3.4. Os três usos que Deus faz do sofrimento

Escreve Lewis:

> Quando as almas se tornam perversas, elas certamente [...] ferem-se umas às outras; e isso talvez explique a maior parte dos sofrimentos humanos. Mas perdura, de todo modo, muito sofrimento que não pode ser atribuído a nós mesmos. Mesmo que todo sofrimento fosse causado pelo

---

[59] Lewis diz também que "a vontade livre de criaturas racionais" é boa em si mesma; Lewis, *Problem of Pain*, 63.
[60] Ibid., 85.
[61] Ibid., 87.

ser humano, ainda assim desejaríamos saber a razão para a enorme tolerância por parte de Deus em relação à tortura que os indivíduos maldosos infligem a seus semelhantes.[62]

Nessa passagem, Lewis reconhece implicitamente a distinção entre sofrimento moral e sofrimento natural. Para justificar o sofrimento natural, Lewis descreve três modos nos quais Deus poderia utilizar o sofrimento para nos cutucar em direção à genuína felicidade.

O primeiro uso no qual Deus algumas vezes aplica o sofrimento é para conseguir que reconheçamos nossas deficiências morais. Pertence ao amor a Deus a obediência às leis morais que Ele instituiu para a humanidade. Uma pessoa que não percebe que está violando as regras da moralidade jamais se esforçará para obedecê-las. Entre os componentes da corrupção moral está a cegueira em relação à própria corrupção: "Erro e pecado possuem, ambos, essa propriedade, quanto mais profundo são eles, menos sua vítima suspeita de sua existência".[63] A dor pode funcionar como um tipo de despertador, estimulando a pessoa corrupta a engajar-se num autoexame que pode levá-la a reconhecer sua corrupção:

> A dor insiste em ser notada. Deus sussurra em nossos prazeres, fala em nossa consciência, mas grita em nossa dor: ela é seu megafone para despertar um mundo surdo. Um homem mau, mas feliz, é alguém que não tem a mínima noção de que seus atos não são "responsáveis", de que não estão de acordo com as leis do universo.[64]

A passagem indica que a dor constitui apenas um dos instrumentos da caixa de ferramentas de Deus e pode mesmo ser, em alguns casos, a única eficaz: "Sem nenhuma dúvida, a dor como o megafone de Deus é um instrumento terrível... Mas ela fornece a única oportunidade que o homem mau pode dispor para seu melhoramento".[65]

---

62 Ibid., 86.
63 Ibid., 90.
64 Ibid., 91.
65 Ibid., 93.

Lewis descreve um segundo uso da dor como segue:

> Deus, que nos criou, sabe o que nós somos e que nossa felicidade está nele. Porém nós não a buscamos nele enquanto Ele nos permitir qualquer outro recurso no qual ela ainda possa ser plausivelmente procurada. Enquanto aquilo que chamamos de "nossa própria vida" permanecer agradável, não iremos entregá-la a Ele. O que então Deus pode fazer em nosso benefício senão tornar "nossa vida" menos agradável e remover as fontes plausíveis da falsa felicidade?

Imagine uma criança que adora jogar videogame. Essa criança adora tanto jogar videogame que ela não pensa em nada mais; ela está totalmente feliz por jogar videogame até que os pais chegassem à casa. Suponha ainda que você sabe que a criança seria mais feliz e levaria uma vida mais completa se ela deixasse seu videogame de lado e empregasse suas energias em outra atividade. Uma maneira de induzi-la a fazer isso seria destruir o videogame. Se você pudesse, de alguma maneira, tornar o videogame enfadonho ou desagradável a ela, isso deveria motivá-la a procurar satisfação em outro lugar.

A ideia de Lewis é que os seres humanos são semelhantes a essa criança jogando videogame. Tendemos a procurar a felicidade e a realização nas coisas terrestres, mas não buscamos a felicidade em Deus. Um dos perigos da vontade livre é que dela podemos fazer um mau uso: "A partir do momento em que uma criatura torna-se consciente de Deus como Deus e de si mesmo como mesmo, a terrível alternativa de escolher, como o centro de gravidade, entre Deus ou si mesmo torna-se a ela disponível".[66] Deus sabe que nossa verdadeira felicidade encontra-se Nele, porém Ele vê que nunca a Ele retornaremos se permanecermos felizes com as coisas terrestres. Ele precisa de uma maneira de nos empurrar para longe das coisas terrestres sem eliminar nossa vontade livre. A ideia de Lewis é que Deus pode realizar isso utilizando o sofrimento para deteriorar as coisas terrestres por nós. Isto nos liberta da ilusão de que as coisas terrestres encerram felicidade real e nos inclina a

---

[66] Ibid., 70.

olhar para outras coisas. O filósofo contemporâneo Peter van Inwagen, que desenvolveu extensamente e de modo convincente esse veio particular do pensamento de Lewis, coloca a questão da seguinte maneira:

> Um componente essencial e importante do plano de Deus para a Redenção [...] consiste em tornar-nos *insatisfeitos* com nosso estado de separação em relação a Ele [...] simplesmente por nos permitir "viver com" as consequências naturais dessa separação e por tornar tão difícil nos iludirmos a nós mesmos sobre o tipo de mundo em que vivemos: um mundo horroroso.[67]

Diferentemente do primeiro uso do sofrimento, esse segundo uso não é somente aplicável para o completamente corrupto: "Essa ilusão da autossuficiência pode ser mais forte em algumas pessoas muito honestas, amáveis e moderadas, e então, sobre essas pessoas, o infortúnio deve cair".[68] Se essa afirmação for plausível, a concepção de Lewis torna-se bastante poderosa, uma vez que permite a Lewis justificar o sofrimento daqueles que menos parecem merecê-lo. E esse é, seguramente, um dos tipos mais problemáticos de sofrimento:

> Ficamos perplexos em ver a desgraça tombando sobre pessoas decentes, inofensivas e honradas [...]. Como posso dizer com suficiente ternura o que precisa ser dito? [...] A vida para essas pessoas e suas famílias se interpõe entre elas e o reconhecimento de suas necessidades; Deus lhes torna essa vida menos agradável.[69]

Essa ideia está associada com a advertência de Jesus ao jovem rico, segundo a qual "um rico dificilmente entrará no reino dos céus [...]. É mais

---

[67] Peter van Inwagen, "The Magnitude, Duration, and Distribution of Evil: A Theodicy", in *God, Knowledge, and Mystery: Essays in Philosophical Theology* (Ithaca NY: Cornell University Press, 1995), 110.
[68] Lewis, *Problem of Pain*, 96.
[69] Ibid., 94-95. O próprio Lewis poderia cair dentro dessa categoria; para um relato autobiográfico de seu sofrimento, cf. C. S. Lewis, *A Grief Observed* (New York: HarperCollins, 2001).

fácil passar um camelo pelo buraco de uma agulha do que um rico entrar no reino de Deus".[70] A riqueza tende a produzir satisfação com a vida terrestre e constitui, assim, um dos principais obstáculos para buscar a felicidade em Deus. Como Screwtape aconselha Wormwood: "A prosperidade entrelaça o homem ao mundo. Ele tem a impressão de que está 'encontrando seu lugar nele', enquanto, na realidade, está encontrando seu lugar Nele".[71]

Lewis também sugere que o entendimento dessa função da dor possa ajudar-nos a entender a mistura particular de prazer e de dor que encontramos neste mundo:

> Nunca estamos seguros, mas temos copiosa alegria e algum êxtase. Não é difícil saber a razão. A segurança que desejamos nos ensinaria a descansar o coração neste mundo, o que seria um obstáculo a nosso retorno a Deus: uns poucos momentos de amor feliz, uma bela paisagem, uma sinfonia, um alegre encontro entre amigos, um banho ou uma partida de futebol não possuem essa tendência. Nosso Pai nos refresca na jornada fornecendo algumas agradáveis estalagens, mas não nos encoraja a confundi-las com nosso lar.[72]

A terceira função do sofrimento é a mais complexa das três. Em sua explicação, Lewis recorre ao princípio de que "escolher envolve saber que você escolhe". De modo mais preciso, o princípio de Lewis parece afirmar o seguinte: uma pessoa escolhe *livremente* x pela razão r somente se ela souber que escolhe x pela razão r. Lewis aplica esse princípio do seguinte modo:

> Não podemos saber, pois, que estamos agindo, em qualquer condição e primariamente, em razão de Deus, a não ser que o conteúdo da ação seja contrário a nossas inclinações ou (em outros termos) penoso, e o que não sabemos que estamos escolhendo, não podemos escolher. O ato completo da rendição do "eu" a Deus exige, portanto, o sofrimento.[73]

---

[70] Mateus 19,23-24.
[71] Lewis, *Screwtape Letters*, 101, carta XXVIII.
[72] Lewis, *Problem of Pain*, 116. Essas observações sobre a ausência de segurança podem ter sua origem na perda de segurança que Lewis sentiu diante da morte de sua mãe quando ele ainda era uma criança; cf. *Surprised by Joy*, 21.
[73] Lewis, *Problem of Pain*, 97-98.

A ideia envolvida aqui talvez seja mais bem explicada por via de um exemplo. Irei empregar um exemplo peculiar a meus próprios prazeres, mas estou seguro de que o leitor poderá adaptar o exemplo conforme seus próprios prazeres. Suponha que Deus ordenou-me que passasse o dia jogando o videogame Halo 2 do X-Box e bebendo uísque com guaraná. Suponha que eu obedecesse. Posso estar seguro de que executei o ato prescrito porque foi ordenado por Deus? (Nesse exemplo, x = jogar Halo 2 e r = Deus ordenou-me que jogasse Halo 2.) Suspeito que Lewis dissesse que a resposta é negativa pela seguinte razão: o que me ordenaram fazer é algo que descubro ser bastante aprazível, e, assim, sou inclinado a desconsiderar se penso que teria sido ordenado por Deus. Portanto, mesmo se obedeço, não posso saber se não executei a ação porque ela era aprazível, antes que comandada por Deus. Assim, segue do princípio de Lewis de que não é o caso de que eu executei o ato livremente porque foi comandado por Deus.[74] Seria, pois, enganoso descrever isso como um caso em que me rendi a Deus, apesar do fato de ter feito o que Deus ordenou.

Para ilustrar como a dor pode permitir-nos saber que estamos executando uma ação porque ela é ordenada por Deus, Lewis discute a descrição do Antigo Testamento da obrigação de Isaac, em que Deus ordena que Abraão mate seu único filho. Esse é seguramente um comando que traria, em seu cumprimento, uma imensa dor e nenhum prazer para Abraão; entretanto, ele continua a obedecer ao comando, até Deus suspender o processo no último momento.[75] Nesse exemplo, Abraão pode estar seguro de que ele executou a ação porque ela foi ordenada por Deus, pois não existe qualquer outro motivo plausível. O caso de a ação ser tão penosa para se realizar faz com que Abraão possa executar livremente a ação porque ela é ordenada por Deus.[76]

---

[74] Isso não quer dizer que não existe qualquer ação que realizei livremente. Poderia ser o caso de que o beber e o jogar videogame fossem feitos livremente. O que não seria realizado livremente é beber e jogar videogame *porque essas coisas foram ordenadas por Deus.*
[75] Gênesis 22,12.
[76] Lewis, *Problem of Pain*, 100-101.

Isso completa a solução de Lewis ao problema do sofrimento.[77] Desse modo, consideremos novamente nossa formulação inicial do problema:

O Problema do Sofrimento

1. Se Deus existe, então Ele é onipotente, onisciente e moralmente perfeito.
2. Se Deus é moralmente perfeito, então Ele deseja que não exista sofrimento no mundo.
3. Se Deus é onipotente e onisciente, então Ele pode fazer com que não exista sofrimento no mundo.
4. Logo: Se Deus é onipotente, onisciente e moralmente perfeito, então não existe sofrimento no mundo (a partir de 2 e 3).
5. Mas existe sofrimento no mundo.
6. Portanto, Deus não existe (a partir de 1, 4 e 5).

O que diria Lewis acerca desse argumento? A resposta para essa questão depende de como interpretamos a segunda premissa. De modo mais preciso, precisamos saber se, de acordo com a segunda premissa, a perfeição moral de Deus implica que ele queira um mundo destituído de sofrimento *mais do que Ele quer qualquer outra coisa*. Se a premissa for interpretada desse modo mais forte, então Lewis deveria recusá-la. A posição de Lewis é a de que existe pelo menos um bem que é mais importante do que um mundo livre de sofrimento, um bem que poderia requerer que o mundo, de fato, contivesse sofrimento. Esse grande bem é, claro, a genuína felicidade humana, e vimos por que razão mesmo um Deus onipotente pode ser incapaz de produzir esse bem sem permitir também o sofrimento humano. Porque o bem é *tão* bom, Deus se esforçará para produzi-lo mesmo que Ele tiver de empregar o sofrimento como um meio para alcançá-lo. Lewis pode, é claro, conceder

[77] Bem, quase; Lewis também discute o sofrimento animal, mas nossa discussão é limitada ao sofrimento humano.

que Deus deseja que haja tão *pouco* sofrimento no mundo quanto for consistente com a promoção da genuína felicidade humana. Se a segunda premissa for interpretada de modo a sustentar que isso é tudo o que a perfeição moral requer, então Lewis pode aceitá-la. Porém se a premissa for assim interpretada, ela não é suficientemente forte para apoiar a quarta premissa. Assim, aos olhos de Lewis, a segunda premissa é falsa ou muito fraca para apoiar a quarta premissa; de qualquer modo, o argumento fracassa.[78]

Mas permanece um fio solto: no final da seção anterior, sobre a questão da onipotência, mencionei o problema sugerido pela sala de bate-papo na Internet. O problema para a concepção de Lewis era que parecia possível existir uma sociedade de almas livres em que as almas não poderiam infligir mutuamente os tipos de sofrimento extremo que, em nosso mundo, elas são capazes de infligir umas às outras. Como Lewis pode explicar, então, essa característica de nosso mundo?[79]

Talvez Lewis empregasse sua explicação do sofrimento natural para responder a essa questão. Pode ser que existam casos que requeiram tipos extremos de sofrimento natural. Por exemplo, talvez existam pessoas que retornarão a Deus (e, consequentemente, para a genuína felicidade) somente se sofrerem dor extrema. Chamemos essas pessoas de "casos difíceis".

Vimos por que razão, de acordo com Lewis, uma sociedade de almas livres requer a existência de um ambiente regulado por leis. Desde que é (tipicamente) por meio dessas leis que Deus inflige o sofrimento natural, se Deus controlar adequadamente os casos duros, as leis que governam o ambiente devem permitir a ocorrência do sofrimento extremo. Mas se as leis permitem esse sofrimento, isso abre a possibilidade de alguns dos agentes livres no interior do ambiente explorarem essas leis para infligir sofrimento extremo em outros. Temos um exemplo simples que ilustra o ponto: se Deus pode usar o fogo para infligir dor

---

[78] É interessante notar que a segunda premissa é a premissa na qual Filo parece ter menos confiança.

[79] Lewis indica seu conhecimento da dificuldade na última sentença da passagem que citei no início da presente seção.

por meio de erupções vulcânicas e incêndios florestais, então os seres humanos podem dominar as leis relativas ao fogo e explorar essas leis para queimar outros seres humanos. Talvez a existência de casos difíceis explique por que não vivemos em um ambiente semelhante a uma sala de bate-papo na Internet: esse ambiente não permitiria a Deus lidar com os casos difíceis ao mesmo tempo em que deixa intacta a vontade livre dos agentes nesse ambiente.

Se a solução de Lewis para o problema do sofrimento tiver sido bem-sucedida, todo o sofrimento humano natural deve ser explicável em termos das três funções descritas nesta seção. Essa questão constitui o principal tópico da penúltima seção deste capítulo, em que consideraremos algumas objeções à solução de Lewis para o problema do sofrimento. Porém, antes de retornar a essa tarefa, será útil considerar uma ilustração literária de algumas das ideias de Lewis. Essa incursão trará as ideias de Lewis à vida, assim como ajudará a estimular nossa compreensão da diferença entre como o sofrimento humano aparece quando visto à luz do falso entendimento acerca da onipotência, da bondade e da felicidade, e como aparece quando visto à luz do correto entendimento desses conceitos.

4. O caso de Ivan Ilich

A magnífica novela de Leon Tolstoi, *A morte de Ivan Ilich*, apresenta um estudo de caso de pelo menos duas ou três funções que Lewis atribui ao sofrimento natural. O romance reconta a vida e a morte de Ivan Ilich. Tolstoi escreve que Ivan viveu uma vida "muito simples e comum – e bastante horrível".[80] Durante a maior parte de toda a sua vida adulta, Ivan esteve principalmente preocupado em promover sua carreira jurídica, alcançar sucesso financeiro e organizar sua vida de modo a preenchê-la com seus prazeres favoritos. Entre esses últimos, o mais notável é o prazer de um bom jogo de carteado.[81] Tolstoi deixa claro que, no curso de sua trajetória, Ivan se dedi-

[80] Leo Tolstoy, *The Death of Ivan Ilich*, trad. de L. Solotaroff (New York: Bantam Books, 1981), 49.

[81] Note o conselho de Screwtape a Wormwood: "Assassinar não é melhor que jogar cartas, se a trapaça pode ser feita no jogo de cartas. Por certo, a estrada mais segura para o Inferno é gradual – o declive suave, macio sob os pés, sem viradas súbitas, sem placas que indiquem o caminho". Lewis, *Screwtape Letters*, 54, carta XII.

ca a alguns comportamentos moralmente questionáveis. Essa é uma consequência de certa falta de reflexão por parte de Ivan. Ele simplesmente adota as crenças e os valores da classe social à qual ele deseja pertencer.

Ivan tem alguma suspeita de que o que ele está fazendo não é muito correto, mas consegue deixar de lado esses sentimentos de inquietude:

> Quando estudante, ele havia feito coisas que, naquela época, lhe pareciam extremamente desprezíveis, o que levava a sentir-se enojado consigo mesmo; mas depois, quando viu que pessoas de alta posição não apresentavam qualquer escrúpulo nessas ações, ele não mais conseguiu considerá-las boas, senão que tratou de esquecê-las e de não mais se perturbar quando as lembrasse.[82]

Uma das melhores ilustrações da orientação de Ivan em relação à vida é sua decisão de se casar:

> Ivan Ilich não tinha nenhuma intenção clara de se casar, mas quando a jovem por ele se apaixonou, ele disse para consigo: "Ora, por que não hei de casar-me?" [...] Ivan Ilich se casou por duas razões: o casamento dava-lhe prazer e, ao mesmo tempo, era o que pessoas de alta posição consideravam correto.
>
> E, assim, Ivan Ilich casou-se.[83]

Ivan é, em poucas palavras, um "homem mau, feliz, [...] sem a menor suspeita de que suas ações não são 'responsáveis', de que elas não estão de acordo com as leis do universo".[84] Justo quando tudo ficou bem disposto para Ivan, ele é ferido com a queda de uma escada, e, com o decorrer do tempo, torna-se claro que ele está sofrendo de uma doença crônica e, por fim, fatal. Uma das primeiras consequências da doença é que ela aniquila o maior prazer de Ivan, o prazer do carteado. Tolstoy descreve o desalento de

---

[82] Tolstoy, *Death of Ivan Ilich*, 50-51.
[83] Ibid., 55-56.
[84] Lewis, *Problem of Pain*, 91.

Ivan ao final de uma noite de jogatina, desfalecido por sua doença: "Após a ceia, seus amigos se foram, deixando Ivan Ilich sozinho, com a ideia de que sua vida tinha sido envenenada e que estava a envenenar a vida dos outros, e que, longe de diminuir, esse veneno penetrava cada vez mais profundamente em todo o seu ser".[85]

À medida que a doença de Ivan progride, ela priva-o completamente de sua aptidão para experimentar prazer, deixando-o isolado e só. Pela primeira vez em sua vida, Ivan reflete sobre sua vida. Finalmente, ele alcança uma terrível conclusão:

> "E se toda a minha vida, toda a minha vida consciente, *não tiver sido uma coisa real?*" Ocorreu-lhe que aquilo que antes lhe parecia completamente inconcebível – que ele não teria vivido sua vida como deveria – talvez fosse afinal verdade. Ocorreu-lhe que seus impulsos imperceptíveis para revoltar-se contra aquilo que as pessoas de alta posição consideravam como bom, vagos impulsos que ele já havia dominado, talvez tivessem sido a realidade, e tudo o mais falso. E seus deveres profissionais, seus hábitos de vida, sua família, os valores sustentados pelas pessoas na sociedade e em sua profissão – todas essas coisas poderiam não ter sido reais. Ele tentou defender para si mesmo todas essas coisas, e subitamente tornou-se ciente da insubstancialidade de todas elas.[86]

Nessa passagem, Ivan descobre os defeitos morais em seu caráter. Em outro momento, encontramos uma descrição da descoberta que faz Ivan da quantidade de verdadeira felicidade que sua vida abarcou:

> E em sua imaginação começou a recordar os melhores momentos de sua vida prazerosa. Mas, estranhamente, todos esses momentos de sua vida prazerosa pareciam agora completamente diferentes do que haviam sido no passado – tudo, exceto as primeiras recordações da infância [...]. Logo que se deparou com o período que havia produzido o atual Ivan Ilich, todas as aparentes alegrias de sua vida desapareceram diante de sua visão

[85] Tolstoy, *Death of Ivan Ilich*, 83.
[86] Ibid., 126-127.

e se transformaram em algo trivial e sórdido. E quanto mais se afastava da infância, e mais se aproximava do presente, mais essas experiências alegres lhe pareciam triviais e questionáveis.[87]

A doença e o sofrimento de Ivan realizam duas das funções descritas por Lewis. Ivan descobre que, ao longo de sua vida adulta, ele tem cambaleado para baixo em direção à imoralidade e à miséria. Em suas últimas poucas horas de vida, Ivan luta com essas descobertas: "Sim, tudo isso simplesmente *não era a coisa real.* Mas não importa. Eu ainda posso ter *a coisa real* – eu posso. Mas o que *é* a coisa real?"[88] Ele percebe que sua prolongada doença e sofrimento estão torturando sua família (ele passou seus últimos três dias de vida gritando). Ao cabo, torna-se claro para ele que existe um modo de redimir-se a si mesmo e a sua vida arruinada – um modo para tornar sua vida "a coisa real":

> E subitamente tornou-se claro para ele que aquilo que lhe havia oprimindo, e que não queria deixar-lhe, estava desaparecendo de repente, de uma só vez – dos dois lados, dos dez lados, de todos os lados. Ele sentia pena deles, ele tinha de fazer algo para não lhes ferir. Salvá-los desse sofrimento e também a si mesmo. "Que bom e que fácil", pensou ele.[89]

E, assim, Ivan realiza a primeira ação genuinamente altruística de sua vida adulta: ele se deixa ir e se permite morrer de modo a terminar o sofrimento de sua família. Com esse ato, Ivan encontra a redenção.[90] Há também a sugestão de que ele descobre que a real felicidade não repousa absolutamente nas coisas terrestres. No curso de sua doença, Ivan é incomodado por um opressivo medo da morte. Mas, no final, após ele decidir permitir-se morrer a fim de poupar sua família de mais sofrimento, ele já não teme mais

[87] Ibid., 119.
[88] Ibid., 132.
[89] Ibid., 133.
[90] Note o paralelo entre a morte de Ivan e a morte de Cristo: depois de sofrer por um longo período (três dias – nenhuma coincidência, seguramente), Ivan morre pelos outros.

a morte: "Procurou por seu habitual medo da morte e não pôde encontrá-lo. Onde a morte estava? Que morte? Não havia medo porque não havia morte. Em vez da morte estava a luz".[91] Sugiro que Ivan já não mais teme a morte porque ele percebeu que a verdadeira felicidade não repousa nas coisas terrestres, mas em outro lugar, além desta vida.[92]

Consideremos, por um momento, como alguém que aceita as concepções populares, embora falsas, acerca da onipotência, da bondade divina e da felicidade humana poderia entrever o ordálio de Ivan. Justo quando Ivan finalmente alcança a felicidade (uma vida confortável, aprazível), ele é acometido por uma doença incurável que lentamente sorve todo o prazer de sua vida. Que tipo de Deus deixaria isso acontecer? Um Deus onipotente pode fazer qualquer coisa, e um Deus que amasse Ivan não deixaria acontecer essa coisa a ele. Assim, Deus deve ser ou um brincalhão desajeitado ou então não deve gostar muito de Ivan. Quando Ivan, pela primeira vez no romance, pensa em Deus, após a doença tê-lo acometido, ele alcança a última conclusão:

> Chorou por causa de seu desamparo, de sua terrível solidão, da crueldade dos homens, da crueldade de Deus, da ausência de Deus. "Por que fizeste vós tudo isso? Por que Vós me levastes a isto? Por que Vós me torturais assim? Por quê? [...] Continuai, então! Batei-me novamente! Mas para quê? O que é que vos fiz?"[93]

Quando visto a partir dos olhos de alguém na posse de concepções equivocadas acerca da onipotência, da bondade e da felicidade, o sofrimento de Ivan pode parecer como uma forte evidência contrária à existência de Deus. Mas para alguém com um entendimento correto desses conceitos (e do caráter de Ivan), o sofrimento de Ivan não constitui absolutamente evidência alguma contra a existência

---

[91] Ibid.

[92] As duas funções da dor ilustradas pelo caso de Ivan Ilich são também ilustradas por certos episódios das *Chronicles of Narnia*, de Lewis. Para uma discussão acerca dessas ideias, cf. Erik Wielenberg, "Asian the Terrible: Painful Encounters with Absolute Goodness", in *The Chronicles of Narnia and Philosophy*, ed. Greg Bassham and Jerry Walls (Chicago: Open Court, 2005), 221-230.

[93] Tolstoy, *Ivan Ilich*, 118.

de Deus. Com efeito, Lewis sustentaria que, uma vez que entendemos corretamente esses conceitos, veremos que é justamente porque Deus ama Ivan que Ele permite-lhe sofrer. A solução de Lewis para o problema do sofrimento, se bem-sucedida, faz mais do que reconciliar o amor de Deus com o sofrimento humano; ele ilustra como o sofrimento humano realmente flui a partir do amor divino. A bondade de Deus não é a bondade paternal senil que somente está preocupada em fazer você *sentir-se* bem. Antes, é a bondade genuína e terrível que está preocupada em fazer você *tornar-se* bom. Talvez isso seja a razão de Lewis descrever repetidamente o amor de Deus pela humanidade como uma "cortesia intolerável".[94]

De acordo com Lewis, o que é verdadeiro do sofrimento de Ivan é também verdadeiro de todo o sofrimento humano. Filo vê a distribuição de prazer e de dor no mundo como evidência contrária à existência de Deus; Lewis a vê exatamente como deveríamos caso entendêssemos corretamente os conceitos fundamentais. Para a pergunta retórica de Filo, "Não é mundo, considerado em geral e do modo pelo qual nos aparece nesta vida, diferente, pois, daquilo que um homem, ou um ser igualmente limitado, deveria esperar, *previamente*, de uma Divindade muito poderosa, sábia e benevolente?", a resposta de Lewis seria: "Ora, realmente não".[95]

Na discussão inicial deste capítulo acerca dos *Diálogos* de Hume, mencionei brevemente as "quatro circunstâncias" de Filo – as quatro fontes evitáveis de sofrimento no mundo. Já examinamos as concepções de Lewis concernentes à segunda dessas características, "a regulação do mundo por leis gerais".[96] As outras três circunstâncias são as seguintes: (i) a dor (ademais do prazer) opera como um motivo "para incitar todas as criaturas à ação"; (iii) a natureza é econômica, em que cada criatura é dotada com capacidades naturais adequadas e suficientes para sobreviver, mas não o bastante para evitar a miséria; (iv) a "feitura imprecisa" do mundo, que parece mais com um esboço do que com um projeto terminado.[97]

---

[94] Lewis, *Problem of Pain*, 33.
[95] Hume, *Dialogues*, 69.
[96] Ibid., 70.
[97] Ibid., 69-73.

Penso que agora podemos considerar o modo como Lewis responderia à sugestão de Filo de que um Deus onipotente e bom deveria ter evitado essas três circunstâncias. Em relação à primeira circunstância, Filo parece assumir que a única maneira que a dor pode ser benéfica seria operar como um motivo para executar uma ação que contribui para o conforto ou segurança de alguém (por exemplo, motivando-a a colocar sua mão longe de uma chama). Lewis empreende grande esforço para descrever as outras funções benéficas da dor; se Lewis estiver certo, a suposição de Filo está simplesmente equivocada. Em relação à terceira circunstância, vimos por que razão, de acordo com Lewis, um Deus que nos ama poderia não querer que nos puséssemos demasiadamente confortáveis neste mundo. O que Filo considera como uma desnecessária parcimônia que nos impede desnecessariamente de alcançar segurança e conforto duradouros, Lewis considera como um dos instrumentos de Deus por nos cutucar em direção à genuína felicidade. Por fim, em relação à quarta circunstância, podemos observar que, de modo a avaliar acuradamente a qualidade da feitura do mundo, deve-se conhecer qual é o propósito principal do mundo.[98] Assumindo que o objetivo do mundo é produzir vidas confortáveis e plenas de prazer para seus habitantes, Filo espanta-se com o ordinário artesanato do mundo. Lewis sugeriria que, desde que compreendemos que o objetivo do mundo é prover um ambiente em que almas livres podem esforçar-se em direção à genuína felicidade, aquilo que se vê como marcas de um artesanato inferior será reconhecido como traços de maestria da parte do Artista.

5. A incompletude da solução de Lewis

Talvez a discussão crítica mais extensa do trabalho de Lewis em apologética cristã seja o livro de John Beversluis, *C. S. Lewis e a Busca pela Religião Racional* [*C. S. Lewis and the Search for Rational Religion*]. Beversluis dedica um capítulo ao *O Problema do Sofrimento*, e iremos começar nosso exame

[98] De acordo com o apontamento de um de meus alunos, Loren Faulkner.

crítico da solução de Lewis para o problema do sofrimento considerando algumas das objeções mais interessantes que Beversluis oferece nesse capítulo.

Tenho enfatizado que uma parte importante da abordagem de Lewis é que a genuína felicidade humana envolve amar *livremente* a Deus. Nas palavras de Screwtape, Deus "não pode arrebatar. Ele pode somente solicitar".[99] Mas Beversluis sugere que o uso da dor severa, por parte de Deus, para levar os seres humanos a se renderem a Ele, equivaleria a arrebatar antes que a uma mera solicitação:

> Considere o caso de verdadeiros pecadores irremediáveis que não querem retornar a Deus exceto em reação à dor – dor prolongada e excruciante. E daí se eles finalmente retornam a Deus como resultado? Terão feito isso livremente? Não. Uma analogia pode ajudar. Eu lhe solicito uma informação que sei que você possui. Você recusa. Por isso, inflijo dor em você até que você me conte tudo aquilo que desejo saber. Você concedeu essa informação livremente? De modo algum. Foi a dor que o submeteu. O mesmo é verdadeiro de pecadores atormentados pela dor que finalmente retornam a Deus como resultado de suas dores [...]. Nesses casos, fomos reduzidos a uma única alternativa, e uma única alternativa não é absolutamente uma alternativa.[100]

A objeção aqui é a de que a explicação de Lewis seria internamente incoerente. Por um lado, Lewis afirma que a genuína felicidade humana envolve o retorno livre em direção a Deus. De outro lado, Lewis afirma que Deus utiliza o sofrimento como um instrumento para produzir a genuína felicidade humana. O problema, de acordo com Beversluis, é que o uso do sofrimento para conseguir que retornemos a Deus implica que esse retorno não é feito livremente. Portanto, utilizar o sofrimento para produzir a genuína felicidade humana é intrinsecamente impossível e, consequentemente, Deus não pode fazer isso.

---

[99] Lewis, *Screwtape Letters*, 41, carta VIII.
[100] John Beversluis, C. S. *Lewis and the Search for Rational Religion* (Grand Rapids, MI: Eerdmans, 1985), 113.

Essa objeção fracassa porque o modo que Deus utiliza o sofrimento, no modelo de Lewis, é bastante diferente do modo como o sofrimento é utilizado no exemplo de Beversluis. Em suma, a analogia de Beversluis não é muito análoga. No caso de Beversluis, está evidente para o sofredor que existem apenas duas opções: revelar a informação ou sofrer dor extrema. Concordo com Beversluis que alguém que revela alguma informação sob essas circunstâncias não o faz livremente. A "escolha" que esse alguém enfrenta é bastante semelhante à "escolha" que alguém enfrenta quando confrontado com um assaltante armado que diz "seu dinheiro ou sua vida": não constitui, absolutamente, escolha alguma.

Entretanto, o caso do homem pecador que experimenta o sofrimento natural não é semelhante a esse, em absoluto. Pois (tipicamente) não está assim tão claro a esse homem que as duas únicas opções são render-se ao Deus cristão ou sofrer dor extrema. Deus não está diretamente presente ao sofredor do modo que o torturador, no exemplo de Beversluis, está diretamente presente à pessoa de quem ele pretende extrair a informação. A situação que o homem pecador enfrenta é muito mais ambígua e, por conseguinte, existem muitas opções disponíveis para ele. Render-se ao Deus do cristianismo é apenas uma delas; existe uma multidão de outros supostos deuses a quem ele poderia voltar-se. Outra opção seria simplesmente sustentar que Deus não existe; que o universo é governado por forças cegas, que a vida tende a ser dolorosa – e que é exatamente assim que as coisas são, por puro acaso. E ainda outra opção seria concluir que existe um Deus, mas que Ele não é particularmente bom.[101]

Recorde-se a observação de Screwtape de que "o Irresistível e o Indisputável são as duas armas que a própria natureza de Seu projeto lhe proíbe de usar"; porque a presença de Deus não é indisputável, Ele pode utilizar a dor do modo descrito por Lewis sem tornar a rendição a Ele irresistível.[102]

---

[101] O próprio Lewis considera essa possibilidade em *A Grief Observed*, 29-30.
[102] Lewis, *Screwtape Letters*, 41, carta VIII.

No exemplo de Beversluis, o uso da dor pelo torturador assinala o *término* da deliberação do sofredor acerca do que fazer. A dor torna claro que realmente existe apenas uma opção disponível. De outro modo, a utilização da dor por parte de Deus frequentemente assinala o *início* da deliberação do sofredor.[103] Podemos perceber isso no caso de Ivan Ilich. Ivan move-se irrefletidamente pela vida até ficar doente. A doença estimula a reflexão acerca de sua vida e de como ele poderia mudá-la – reflexão que não deveria, de outro modo, ter ocorrido. Poderíamos mesmo ir adiante e dizer que o sofrimento de Ivan *aumenta* seu nível de liberdade, desde que a vida que ele vivia antes do sofrimento fosse, em todo caso, uma vida sem muita deliberação. De qualquer modo, o sofrimento de Ivan inicia um processo de autoexame que não se limita a um único resultado possível. Ainda que Ivan eventualmente retorne a Deus, seu sofrimento não o *compele* a esse retorno.

Uma objeção mais desafiadora posta por Beversluis era a de que a concepção de Lewis conflita com nosso conhecimento da real distribuição de prazer e de dor:

> Algumas pessoas que não sofrem parecem longe de Deus, enquanto outros que sofrem parecerem próximo a Ele. Existem ateus prósperos e crentes enfermos [...], quanto mais você sofre, mais distante de Deus você está; e quanto menos você sofre, mais próximo você está. Finalmente, quanto mais você sofre, mais Deus o ama, e quanto menos você sofre, menos Deus o ama, uma vez que são aqueles que amamos que castigamos, enquanto àqueles a quem somos indiferentes permitimos a felicidade, de um modo contemptível e alheado.[104]

---

[103] Concernente a isso, o uso que Deus faz da dor é similar ao uso que Sócrates faz da perplexidade. Sócrates declaradamente levava seu interlocutor a um estado de perplexidade, de modo que este deveria reconhecer sua própria ignorância em relação a certa questão e, assim, motivar-se-ia a procurar a resposta correta à questão. Mas o estado de perplexidade não impõe uma resposta particular ao interlocutor; antes, inicia (idealmente) um processo de reflexão no qual o interlocutor é um agente, um processo que não é limitado a um único resultado possível.

[104] Beversluis, *Search for Rational Religion*, 117.

Há, com efeito, uma quantidade de objeções envolvidas nessa passagem; irei focar apenas uma delas.[105] Considere a observação de Beversluis a propósito dos "ateus prósperos". Parece certamente ser o caso de que existe uma profusão de pessoas no mundo que não somente viraram suas costas a Deus, mas também à moralidade e que, todavia, vivem suas vidas em relativo conforto e tranquilidade, sem nunca terem enfrentado o tipo de sofrimento que Ivan (ou Lewis, em relação ao problema) enfrentou. Na última sentença da passagem citada, Beversluis nos faz lembrar da observação de Lewis de que "é para aqueles que não nos importamos que exigimos felicidade em qualquer condição".[106] O que devemos fazer, então, daqueles entre nós que estão corrompidos mas felizes (no sentido popular)? Deus parece estar a lhes permitir que chafurdem na falsa felicidade, presumivelmente ao custo da genuína felicidade. Como sugere Beversluis, e também as próprias palavras de Lewis, isso parece indicar que Deus não os ama; mas se Ele os ama, não deveria Ele usar Seu megafone da dor para despertá-los? Se esse raciocínio estiver correto, segue-se que Deus não ama todos os seres humanos, e isso é difícil de reconciliar com o entendimento de Lewis acerca da bondade de Deus.[107] Ironicamente, a solução de Lewis para o problema do sofrimento pode gerar o problema do sofrimento *não suficiente.*

O problema do sofrimento não suficiente é desafiador. Para desenvolver uma resposta lewisiniana, precisaremos operar um desvio. Examinaremos duas outras objeções endereçadas à concepção de Lewis e consideraremos como Lewis poderia tê-las respondido. As ideias desenvolvidas no curso dessa discussão nos proporcionarão os elementos de que precisamos para tratar do problema do sofrimento não suficiente. Segue a primeira das duas outras objeções a Lewis.

---

[105] Para uma boa defesa da solução de Lewis ao problema do sofrimento frente a outras objeções sugeridas por essa passagem, cf. James Petrik, "In Defense of C. S. Lewis's Analysis of God's Goodness", *International Journal for Philosophy of Religion* 36 (1994), 45-56.

[106] Lewis, *Problem of Pain*, 32.

[107] Com efeito, a asserção de que Deus não ama todos os humanos parece golpear o coração do próprio cristianismo.

De acordo com Lewis, Deus algumas vezes utiliza a dor para cutucar Suas criaturas em direção à verdadeira felicidade. Isso sugere que "o sofrimento é bom" e que, consequentemente, deveria "ser perseguido, em vez de evitado".[108] De modo mais específico, o sofrimento dos *outros* é bom para *eles*. Não nos mandaram amar nossos semelhantes?[109] E amá-los não implica em procurar o bem deles? Portanto, deveríamos infligir sofrimento em nossos semelhantes, particularmente os corrompidos entre nós que vivem confortavelmente.[110] Fazendo isso, estaríamos fazendo "o bom trabalho de Deus".

Em *O Problema do Sofrimento*, Lewis salienta que "o sofrimento não é bom em si mesmo".[111] A dor é intrinsecamente má (má em sua própria natureza); a concepção de Lewis o compromete apenas com a alegação de que a dor, algumas vezes, é *instrumentalmente* boa (em razão do que ela pode conduzir). De modo mais específico, a dor algumas vezes leva à genuína felicidade; não obstante, ela permanece intrinsecamente má. Em *Uma Dor Observada* [*A Grief Observed*], Lewis escreve que, "se existe um Deus bom, então essas torturas são necessárias. Pois certamente nenhum Ser moderadamente bom poderia infligi-la ou permiti-la se não o fosse".[112] Porque a dor é intrinsecamente má, ela deveria ser aplicada sobre o outro somente quando houvesse uma razão muito boa para assim fazer; por exemplo, quando conduz o outro à genuína felicidade. Isso significa que existem certas restrições acerca de quando é permissível fazer o outro sofrer; em particular, se você não está suficientemente seguro de que algum bem resultaria de fazer o outro sofrer, então você não deveria levar o outro a sofrer.[113]

Em *Mero Cristianismo*, Lewis declara que "duas coisas estão envolvidas quando um homem faz uma escolha moral. Uma é o ato de escolher. A outra são os diferentes sentimentos, impulsos etc. que seu equipamento psicológi-

---

[108] Ibid., 110.
[109] Mateus 22,39.
[110] Lewis parece considerar esse tipo de objeção (cf. *Problem of Pain*, 110-12); todavia, francamente, penso que ele poderia ter mais bem elaborado uma resposta a isso.
[111] Ibid., 110.
[112] Lewis, *Grief*, 43.
[113] Essa é apenas uma condição necessária da permissibilidade de infligir sofrimento ao outro.

co lhe apresenta e que constituem a matéria-prima de sua escolha".[114] Não temos muito a dizer acerca da "matéria-prima" com a qual devemos lutar, e, de acordo com Lewis, "o mau material psicológico não é um pecado, mas uma doença".[115] Certamente, não temos todos nós a mesma matéria-prima, e isso gera dificuldade no ato de avaliar o caráter dos outros:

> Seres humanos julgam-se mutuamente por meio de suas ações externas. Deus os julga por suas escolhas morais [...]. Quando um homem pervertido desde sua juventude e ensinado que a crueldade é o correto faz uma ínfima bondade, ou se contém de alguma crueldade que poderia ter cometido, assim se arriscando, talvez, em ser zombado por seus companheiros, ele poderia, aos olhos de Deus, estar fazendo mais do que você e eu faríamos se déssemos a própria vida a um amigo [...]. Isso é a razão de os cristãos serem recomendados a não julgar. Nós percebemos apenas os resultados das escolhas que um homem faz a partir da matéria-prima. Mas Deus absolutamente não o julga a partir dessa matéria-prima, mas pelo que ele fez com ela.[116]

O resultado disso é o de que existe uma disparidade entre o conhecimento que um ser humano pode ter do caráter de um outro e o conhecimento que Deus pode ter do caráter desse outro. Com efeito, a posição de Lewis parece ser a de que *somente* Deus pode ter um entendimento completo e preciso acerca do caráter de alguém. E isso significa que somente Deus pode conhecer exatamente qual é o efeito que o sofrimento teria sobre o caráter de uma determinada pessoa em um determinado momento. Em particular, somente Deus pode conhecer se o sofrimento seria suficiente para cutucar alguém em direção à genuína felicidade. Essa disparidade entre nosso conhecimento e o conhecimento de Deus, junto com o princípio de que é moralmente permissível levar outra pessoa a sofrer somente se você está razoavelmente seguro de que isso trará boas consequências, implica que nunca

---

[114] C. S. Lewis, *Mere Christianity* (New York: HarperCollins, 2001), 89.
[115] Ibid., 91.
[116] Ibid.

é moralmente permissível a um ser humano levar um outro humano a sofrer para cutucá-lo em direção à genuína felicidade. James Petrik, comparando Deus a um cirurgião, nota o seguinte:

> Um procedimento cirúrgico que um cirurgião treinado pode realizar de modo benevolente seria considerado uma abominação moral se eu (um professor de filosofia cirurgicamente inepto) executar o procedimento em meu porão... No mesmo veio, pode-se dizer que a razão de por que seria abominável para seres humanos permitir regularmente o tipo de sofrimento que, de acordo com Lewis, é permissível a Deus permitir é a de que o desenvolvimento espiritual e moral de um indivíduo constitui uma ocupação extremamente complexa [...]. Assim, permitir intensificar o sofrimento de modo a efetuar uma transformação moral ou espiritual é agir com ignorância despreocupada. Por certo, Deus não opera sob essa ignorância; portanto, pode bem ser permissível a Deus permitir intensificar o sofrimento para efetuar transformações de caráter, embora não seja permissível a seres humanos assim operarem.[117]

Quando chega a utilizar a dor como instrumento para a promoção da genuína felicidade, Deus sabe o que está fazendo; nós não. Essa é a razão de por que é permissível a Deus utilizar a dor de maneiras nas quais não nos é permitido utilizar. Assim, a solução de Lewis ao problema do sofrimento não o compromete com a concepção de que nos é permissível infligir sofrimento em nossos semelhantes de modo a lhes conduzir de volta a Deus.

Essa resposta nos provê com algumas, mas não todas, das ideias que iremos necessitar para tratar com o problema do sofrimento não suficiente. Para alcançar o restante das ideias que necessitamos, devemos considerar a resposta de Lewis a certa objeção à doutrina do inferno. Considere a passagem seguinte:

> Uma forma mais simples da mesma objeção consiste em dizer que a morte não deveria ser o término, que deveria existir uma segunda oportuni-

[117] Petrik, "Defense of C. S. Lewis's Analysis", 51-52. Lewis também compara Deus a um cirurgião (assim como a um dentista) em A *Grief Observed*, 43.

> dade. Creio que, se um milhão de oportunidades tivesse qualquer probabilidade, elas seriam dadas. Mas um professor sempre sabe, mesmo quando os alunos e os pais não sabem, que é realmente inútil fazer um estudante refazer um determinado exame. O fim deve algum dia chegar, e não é preciso uma fé muito forte para crer que a onisciência sabe quando deve ser esse dia.[118]

Já discutimos aqueles "verdadeiros pecadores irremediáveis" que retornarão a Deus somente se sofrerem extremo sofrimento. Mas existe outra categoria de pecadores que deve ser considerada. Essa categoria contém aqueles que, em qualquer circunstância, não se renderiam *livremente* a Deus. Lewis observa que "a dor, enquanto o megafone de Deus, é um instrumento terrível; ela pode levar à rebelião final e impenitente".[119] Se existem tais incorrigíveis, Deus deveria reconhecê-los e saberia que lhes infligir sofrimento seria inútil. Porque a dor é intrinsecamente má, Deus se abstém de infligi-la naqueles que Ele sabe que isso não vai ajudar. Isso poderia explicar por que Ele permite que algumas pessoas chafurdem na falsa felicidade. Ele sabe que não há nada que Ele possa fazer por eles.

Suponha que você conhece quase nada de medicina ou tampouco de biologia humana, ou de fisiologia. Você poderia ficar perplexo diante das ações de um médico em um posto de atendimento; por que ele ignora alguns pacientes e trata de outros? O que justifica o diferente tratamento que ele proporciona a diferentes pacientes? As respostas a essas questões estariam para além de você. Suponha agora que você *pensa* conhecer algo sobre medicina, embora tenha muitas falsas opiniões nesse campo. Dadas essas circunstâncias, você poderia vir a duvidar da bondade ou da competência do médico: por que ele ignora totalmente aquele paciente quando ele poderia tê-lo ajudado? Por que ele desperdiça seu tempo naquele que claramente é um caso perdido? Essas dúvidas estariam baseadas no não entendimento da situação.

---

[118] Lewis, *Problem of Pain*, 126.

[119] Ibid., 93. Na realidade, Lewis estava preocupado com a existência do sofrimento que não parecia funcionar como deveria. Em uma carta de 1954, ele escreveu: "Conheço egoístas em quem o sofrimento parece produzir apenas ressentimento, ódio, blasfêmia e mais egoísmo. Eles são o problema real". Hooper, *Letters*, p. 441.

Uma coisa em que o ser humano é notadamente mal é em avaliar o caráter, não apenas o caráter dos outros, mas também o caráter de si próprio. Nossa inabilidade para avaliar a natureza de nosso próprio caráter e de nossas motivações é um tema central do romance de Lewis, *Até Termos Face* [*Till We Have Faces*], no qual encontramos a seguinte passagem:

> Quando chegar para você a hora em que você será finalmente forçado a proferir o discurso que mentiu no âmago de sua alma durante anos, o qual você, todo esse tempo, como um tolo, tem repetido inúmeras vezes, você não falará acerca de jogos de palavras. Sei bem por que os deuses não falam abertamente conosco, nem nos permite contestar. Até que a palavra puder ser extraída de nós, *por que razão eles deveriam ouvir o murmúrio que pensamos que queremos significar*? Como eles podem nos encontrar face a face senão até que tenhamos faces?[120]

Nosso entendimento inadequado de nós mesmos e dos outros tem sido insistentemente frisado por inúmeros filósofos e é amplamente sustentado pela pesquisa contemporânea em psicologia.[121] Apesar disso, a disposição para produzirmos juízos acerca do caráter dos outros é algo que talvez não possamos suspender. Parece fazer parte da natureza humana a formação de convicções significativamente inadequadas acerca do caráter daqueles ao nosso redor. Isso pode ajudar a explicar por que poderíamos considerar o sofrimento natural espantoso e por que o consideraríamos como uma evidência contrária à existência de um Deus bom – mesmo que tivéssemos um entendimento preciso da onipotência divina, da bondade divina e da felicidade humana. Como o médico ignorante que pensa conhecer algo sobre a medi-

---

[120] C. S. Lewis, *Till We Have Faces* (New York: Harcourt, 1984), 294; grifos meus.

[121] Cf., por exemplo: Peter Goldie, *On Personality* (New York: Routledge, 2004), cap. 3; Immanuel Kant, *The Metaphysics of Morals*, trad. de M. Gregor (Cambridge: Cambridge University Press, 1996), 155; R. E. Nisbett & T. D. Wilson, "Telling More than We Can Know: Verbal Reports on Mental Processes", *Psychological Review 84* (1977), 231-259; e R. Nisbett & L. Ross, *Human Inference: Strategies and Shortcomings of Social Judgment* (Englewood Cliffs, NJ: Prentice-Hall, 1980), especialmente 195-227. Um livro recente e acessível, que resume muito da evidência relevante da psicologia, é Cordelia Fine, *A Mind of Its Own: How Your Brain Distorts and Deceives* (New York: Norton, 2006).

cina e, por conseguinte, dúvida da bondade ou da competência do médico, somos os ignorantes quando se trata do caráter humano e, por conseguinte, tendemos a duvidar da bondade ou da competência de Deus. Porque essa dúvida está fundada na ignorância, ela é injustificada. De modo mais preciso, a existência de incorrigíveis, junto com nossa inabilidade para identificá-los, pode levar-nos (equivocadamente) a duvidar da existência (ou da bondade) de Deus. Deus emprega o terrível tratamento da dor naqueles casos em que será efetivo, e abstém-se nos casos em que não o será. Porque somos ineficientes juízes de caráter, somos mal equipados para distinguir os dois tipos de casos, mesmo em relação a nós mesmos. Essa me parece ser a melhor resposta que Lewis teria disponível para o problema do sofrimento não suficiente.[122]

Retornemos ao evento discutido no início deste capítulo – o *tsunami* indonésio de 2004. Poderia a solução de Lewis ao problema do sofrimento explicar adequadamente eventos desse tipo? Para responder a essa questão, devemos focar-nos exclusivamente no sofrimento produzido por esse evento antes que sobre as mortes que causou, visto que o principal projeto de Lewis em *O Problema de Sofrimento* é explicar o sofrimento, antes que a própria morte.[123] Poderia o sofrimento causado pelo *tsunami* de 2004 ser plausivelmente interpretado como um cutucão de Deus na humanidade para empurrá-la em direção à genuína felicidade?

A sequência abrupta do evento parece tornar improvável uma resposta afirmativa a essa questão. Como resultado do *tsunami*, milhões de pessoas sofreram. A extensão e a natureza desse sofrimento pareciam depender de um número inacreditavelmente alto de variáveis. Acreditamos realmente que todo esse sofrimento foi distribuído de um modo tal que cada um recebeu

---

122 Até onde sei, Lewis nunca desenvolveu explicitamente a linha de pensamento aqui esboçada, embora seus componentes básicos estejam presentes em seus textos. Em um ensaio escrito muitos anos após a publicação de *O Problema do Sofrimento* e *Mero Cristianismo*, Lewis desenvolve a ideia de que o cristianismo prediz que as atividades de Deus, muitas vezes, *parecer-nos-ão* más (cf. cap. 4, seção 2.2). A resposta que ofereci aqui para o problema do sofrimento não suficiente aparece, nesse sentido, no ensaio tardio de Lewis.

123 Cf. a carta XXVIII of *The Screwtape Letters* para alguns dos pensamentos de Lewis acerca da morte.

precisamente a quantidade correta de dor requerida para a promoção da genuína felicidade?[124] Francamente, isso é difícil de engolir.[125]

Por outro lado, ofereci uma explicação de por que essa asserção poderia parecer-nos improvável até mesmo se fosse verdadeira – a saber, nossa incompetência para avaliar o caráter. De que maneira nós poderíamos continuar a investigar essa asserção? A tarefa seria imensa; requereria o exame de longo prazo (presumivelmente por toda a vida) acerca do impacto do sofrimento em cada indivíduo afetado pelo *tsunami*. Para estabelecer que a concepção de Lewis não é capaz de explicar todo esse sofrimento, precisaríamos encontrar pelo menos um exemplo de sofrimento que não promova, de modo algum, a genuína felicidade. Dado a dificuldade de avaliar o caráter dos outros, é difícil ver como poderíamos estar seguros de que tenhamos encontrado esse exemplo. Assim, enquanto a alegação de que o sofrimento causado pelo *tsunami* consistiu no trabalho de um mestre cirurgião e de que nem um ínfimo de sofrimento fracassou em promover a genuína felicidade me parecerem como implausíveis, eu não sei como transformar esse sentido de implausibilidade em uma objeção decisiva à solução de Lewis ao problema do sofrimento.

Todavia, existe outro tipo de sofrimento que merece consideração: o sofrimento de crianças. uma das mais famosas discussões filosóficas acerca desse tipo de sofrimento encontra-se em um antológico capítulo do romance de 1880 de Fyodor Dostoevsky, *Os Irmãos Karamazov*, intitulado "Revolta". O capítulo consiste em uma discussão entre dois dos irmãos Karamazov, Ivan e Aliosha. Ivan descreve uma série de horrendos exemplos de sofrimento infantil. Um dos exemplos mais fortes aparece na seguinte passagem:

---

124 Note que não me refiro à quantidade de sofrimento requerida para a promoção da genuína felicidade *de um indivíduo*; a concepção de Lewis não requer que um dado sofrimento de um indivíduo promova a felicidade genuína desse indivíduo. Discutirei adiante esse ponto com maior detalhe.

125 Como o próprio Lewis, creio, reconheceria: "É tão [muito] difícil acreditar que o trabalho de toda a criação, que o próprio Deus condescendeu a compartilhar, poderia ser necessário no processo de tornar criaturas finitas (com vontades livres) em, bem, Deuses". Hooper (ed.), *Letters*, 440.

> E, assim, esses refinados pais sujeitavam sua menininha de cinco anos de idade a todos os tipos de tortura. Açoitavam-na, espezinhavam-na, sem qualquer motivo. Seu corpo vivia todo coberto de feridas. Imaginaram, por fim, um novo refinamento de crueldade. Sob o pretexto de que a criança havia defecado em sua cama [...], esfregavam-lhe os próprios excrementos no rosto, obrigando-lhe a comê-los. E foi a própria mãe que fez isso! E então a mãe deixou sua pequena filha trancada fora de casa, até o amanhecer, na noite gélida do inverno [...]. Imagine a pobre criança, incapaz de compreender o que lhe acontece, no frio e na escuridão, a bater com seus pequeninos punhos em seu peito ofegante e a derramar lágrimas inocentes, chamando o "Senhor Jesus" em seu socorro? [...] Diga-me, você compreende o propósito desse absurdo? Quem precisa disso e por que isso foi criado?[126]

Em cada um dos exemplos de Ivan, crianças sofrem em mãos de adultos. Talvez esse sofrimento pudesse ser explicado pela justificação da vontade livre. Todavia, existe uma profusão de crianças suportando sofrimento natural – sofrimento que não é o resultado da ação humana livre, mas de doença ou desastre natural. Considere, por exemplo, a recente leucodistrofia metacromática infantil. Consiste de uma desordem genética que afeta o desenvolvimento da bainha de mielina, a capa de gordura que atua como um isolante elétrico ao redor da fibra nervosa. Crianças com essa doença têm dificuldades para caminhar após o primeiro ano de vida. À medida que a doença progride, os sintomas tipicamente incluem a cegueira, a rigidez muscular, convulsões, dificuldade para engolir, paralisia e demência. Eventualmente, as crianças afligidas pela doença permanecem acamadas, tornam-se cegas e entram em um estado vegetativo, morrendo geralmente por volta da idade de dez anos.[127] Doenças infantis como essa, que atacam impiedosamente os mais inocentes e desamparados entre nós, constituem talvez um dos tipos mais horrorosos

---

[126] Fyodor Dostoevsky, *The Brothers Karamazov*, trad. de A. H. MacAndrew (New York: Bantam Books, 1981), 291.

[127] Informação sobre leucodistrofia metacromática é encontrada em www.ninds.nih.gov/disorders/metachromatic_leukodystrophy/metachromatic_leukodystrophy.htm. Acessado em 4/01/2007.

de mal natural. Poderia a solução de Lewis ao problema do sofrimento dar conta desse tipo de sofrimento?

O problema é que a solução de Lewis não pode começar com a observação de que, em crianças de pouca idade, o sofrimento não poderia desempenhar quaisquer das três funções descritas na tentativa de explicar o sofrimento natural. Isso pela simples razão de que a dor somente pode desempenhar aquelas três funções em indivíduos que possuem uma compreensão adequada de certos conceitos fundamentais (Deus, retidão moral e iniquidade, por exemplo), e crianças suficientemente novas não são capazes de compreender esses conceitos. Crianças muito novas não podem entregar-se livremente a Deus pela mesma razão de que elas não podem jogar xadrez: simplesmente falta a elas o requerido equipamento cognitivo. Portanto, é difícil ver como o sofrimento poderia cutucá-los em direção à genuína felicidade.

Poder-se-ia sugerir que talvez exista um intervalo temporal significativo entre o sofrimento e o retorno a Deus. Sofrer enquanto criança, mesmo o sofrimento esquecido, talvez possa conduzir posteriormente a uma rendição a Deus. Essa é uma sugestão interessante. Contudo, mesmo que concedêssemos, isso não resolveria completamente o problema. Pois existem algumas crianças que sofrem e então morrem sem mesmo adquirir o necessário equipamento cognitivo para entregar-se a Deus. Parece claro que esse tipo de sofrimento não poderia contribuir à genuína felicidade de suas jovens vítimas.

Em sua defesa da explicação de Lewis acerca da bondade divina contra as objeções de Beversluis, Petrik sugere que "algum sofrimento pode existir em vista do desenvolvimento espiritual de outra pessoa que não o próprio sofredor".[128] Agostinho, o teólogo do quinto século, recorre a essa ideia do sofrimento infantil, observando que, "desde que Deus realiza algum bem para corrigir adultos por meio do sofrimento e da morte de crianças a eles queridas, por que não deveriam acontecer essas coisas?".[129] Embora Lewis tenha levantado explicitamente esse tipo de questão, existem sinais dela em

---

[128] Petrik, "Defense of C. S. Lewis's Analysis", 53.

[129] Augustine, *Free Choice*, 116.

seus escritos. Recorde-se sua observação concernente ao sofrimento aparentemente imerecido: "A vida para essas pessoas e suas famílias se interpõe entre elas e o reconhecimento de suas necessidades; Deus lhes torna essa vida menos agradável".[130] Lewis menciona particularmente a família como algo que pode operar como um obstáculo à genuína felicidade. Crianças devem obviamente entrar na categoria de família, e é difícil imaginar um modo mais efetivo de remover a doçura da vida de uma pessoa que o de permitir que suas crianças sofram e morram.

Poderia a vida plena de dor de uma criança que vive em agonia por poucos anos e então morre sem o menor vislumbre do entendimento do que lhe está acontecendo ser justificada pelos benefícios que essa vida (eventualmente) produz naqueles afetados pelo sofrimento da criança? Com efeito, que isso possa ser assim, é uma pílula amarga de se engolir. Próximo ao final de "Rebelião", Ivan apresenta a Aliosha um desafio:

> "Imagine que você fosse chamado para construir o edifício do destino humano, de tal modo que os homens finalmente fossem felizes e encontrassem paz e tranquilidade. Se você soubesse que, para atingir isso, você teria de torturar apenas uma única criatura, digamos, a pequena menina que desesperadamente batia seus punhos no relento, e que, sobre o peito impune dela, você poderia construir esse edifício, você concordaria em fazer isso? Diga-me, e não minta!"
>
> "Não, eu não concordaria", disse, suavemente, Aliosha.
>
> "E você considera aceitável a ideia de que aqueles que você está beneficiando com a construção desse edifício deveriam receber gratuitamente uma felicidade que repousa sobre o sangue de uma criança torturada, e que, uma vez recebida essa graça, deveriam continuar desfrutando-a eternamente?"
>
> "Não, eu não penso que isso seja aceitável", disse Aliosha [...].[131]

O ponto de Ivan é o de que não é moralmente permissível o sofrimento de crianças, mesmo que isso fosse o único meio de atingir a genuína felicida-

[130] Lewis, *Problem of Pain*, 94-95.
[131] Dostoevsky, *Brothers Karamazov*, 296.

de para o resto da humanidade.[132] Esse é um caso em que os fins fracassam em justificar os meios em razão da severidade do mal envolvido nos meios.

Suponha existir alguém que obterá a genuína felicidade se, e somente se, uma criança viver uma vida plena de dor durante poucos anos e depois morrer em agonia. À custa do sofrimento da criança, um Deus bom realizaria a genuína felicidade para essa pessoa?[133] Para responder a essa questão devemos confrontar o sofrimento da criança com a genuína felicidade do adulto. A resposta de Agostinho para a questão é afirmativa. Afinal de contas, a genuína felicidade dura para sempre, enquanto o sofrimento da criança é apenas temporário: "Uma vez que o sofrimento passou, será para as crianças como se elas nunca tivessem sofrido".[134] Considero que a resposta a essa questão seja negativa. Creio que, mesmo que a felicidade tivesse mais valor do que o sofrimento da criança, a justiça requer que a felicidade seja recusada, pois não é a criança que adquire o grande bem da felicidade, mas outra pessoa.[135] Uma pessoa cuja genuína felicidade somente pode ser adquirida por meio do sofrimento horroroso de uma criança não deveria receber a genuína felicidade.[136]

O leitor deve tirar sua própria conclusão sobre a questão. Se eu estiver certo, a solução de Lewis para o problema do sofrimento é incompleta porque ela não pode justificar todos os casos de sofrimento infantil. Esse ponto pode ser colocado de um modo um pouco mais preciso: se as explicações acerca do sofrimento humano, propostas por Lewis em *O Problema do Sofri-*

---

[132] Na realidade, a posição de Ivan parece ser a de que o sofrimento de crianças é tão mau que nada poderia possivelmente justificá-lo; cf., por exemplo, ibid., 295.

[133] Nesse ponto, o cristão pode apontar o sofrimento e a morte de Cristo como evidências de que a resposta para essa pergunta é "sim"; não sacrificou Deus seu próprio filho por causa da humanidade? Todavia, esse caso é complicado pelo fato de que a Criança que Deus sacrificou era realmente Ele Mesmo. Além disso, de todo modo, de acordo com a Segunda Oração da Eucaristia, foi uma morte que Ele aceitou livremente. Esses fatores tornam o sofrimento e a morte de Cristo bastante diferentes do sofrimento e da morte de uma criança teimosa, não divina.

[134] Augustine, *Free Choice*, 116-117.

[135] Cf. William Lane Craig & Walter Sinnott-Armstrong, *God? A Debate between a Christian and an Atheist* (Oxford: Oxford University Press, 2004), 92; e Marilyn McCord Adams, "Horrendous Evils and the Goodness of God", in Marilyn McCord Adams & Robert Merrihew Adams (eds.), *The Problem of Evil* (Oxford: Oxford University Press, 1990), 214.

[136] Para uma interessante proposta sobre como a posição de Lewis poderia ser modificada e estendida para tratar com o tipo de problema em discussão aqui, cf. Thomas Talbott, "C. S. Lewis and the Problem of Evil", *Christian Scholar's Review* 17 (September 1987), 36-51.

mento, fossem as únicas explicações para o sofrimento humano, então nosso mundo não deveria conter o tipo de sofrimento infantil que descrevi. Por outro lado, se Agostinho estiver certo, então a concepção de Lewis pode justificar esse tipo de sofrimento. Se Agostinho estiver com a razão, então o amor de Deus por nós poderia levá-lo a permitir o sofrimento e a morte de nossas crianças. E esse entendimento traz nova significação à seguinte passagem da obra de Lewis, *Uma Tristeza Observada* [*A Grief Observed*]:

> Quanto mais cremos que Deus fere apenas para curar, tanto menos podemos acreditar que existe qualquer lugar para se implorar por ternura. Um homem cruel poderia ser subornado – poderia cansar-se de sua infame brincadeira –, poderia ter uma disposição temporária de compaixão, assim como os alcoólatras têm momentos de sobriedade. Mas suponha que você se depare com um cirurgião cujas intenções são boas. Quanto mais amável e consciencioso for ele, mais inexoravelmente fará a incisura.[137]

6. Conclusão

Suponha que minha alegação de que a teoria de Lewis, em *O Problema do Sofrimento*, não pode ser responsável por certos tipos de sofrimento infantil esteja correta, qual seria o prejuízo para a totalidade do projeto de Lewis? Para considerar essa questão, é útil distinguir entre projetos menos ambiciosos e projetos mais ambiciosos que um teísta poderia empreender. Um tipo de projeto poderia ser chamado de uma *defesa*, isto é, a tarefa de mostrar que a existência do mal (ou de um tipo particular de mal) é *compatível* com a existência de Deus.[138] Um projeto mais ambicioso é o de prover uma *teodiceia*, isto é, a

---

[137] Lewis, *Grief Observed*, 43.

[138] A defesa de Alvin Plantinga da vontade livre é amplamente (embora não universalmente) considerada como uma defesa bem-sucedida. Esse quase consenso tem motivado muitos ateus contemporâneos a deixarem de defender versões lógicas do problema do mal e passarem para versões evidenciais. Para uma discussão crítica e interessante da defesa de Plantinga da vontade livre, cf. Quentin Smith, *Ethical and Religious Thought in Analytic Philosophy of Language* (New Haven, CT: Yale University Press, 1998), 148-157.

tarefa de prover uma explicação verdadeira (ou, pelo menos, plausível) da razão de por que Deus deveria permitir o mal (ou um tipo particular de mal). Um projeto ainda mais ambicioso é o de prover uma *teodiceia completa* – prover explicações reais (ou, pelo menos, plausíveis) para *todos* os males do mundo.

Algumas das observações de Lewis sugerem que ele está comprometido apenas com uma solução ao problema do sofrimento. Em certa passagem, ele diz que seu projeto consiste em "descobrir como, percebendo um mundo de sofrimento e estando convicto, com base em fundamentos bastante diferentes, que Deus é bom, podemos conceber, sem contradição, essa bondade e esse sofrimento".[139] Todavia, existe evidência suficiente de que Lewis, de fato, possui objetivos mais ambiciosos do que sugere essa passagem. Por exemplo, quando Lewis passa do tópico acerca do mal moral para o do mal natural, ele afirma que, "mesmo que todo o sofrimento fosse feito pelos seres humanos, deveríamos querer *conhecer a razão* para a enorme permissão para torturar seus próximos que Deus concede ao pior dos homens".[140] A passagem torna claro que Lewis pretende oferecer uma sugestão sobre a *verdadeira explicação* acerca de certos tipos de sofrimento. Além disso, a própria natureza da solução de Lewis para o problema do sofrimento sugere que ele pretende, pelo menos, uma teodiceia parcial; ele está claramente preocupado em oferecer uma explicação plausível sobre por que Deus poderia permitir o tipo de sofrimento que realmente encontramos no mundo. Existe alguma indicação de que Lewis se esforça até mesmo por uma teodiceia que abarca *todo* tipo de sofrimento. Por exemplo, ele oferece distintos tratamentos acerca do sofrimento daqueles no inferno, bem como do sofrimento animal, reconhecendo que esses tipos de sofrimento não podem ser explicados da mesma maneira que o sofrimento humano terrestre.[141]

Minha acusação de incompletude, se for razoável, mostra que Lewis não apresenta uma teodiceia que abarca todo sofrimento; a pertinência de minha crítica é compatível tanto com a alternativa de ele ter oferecido uma defesa bem-sucedida como também com a de ele ter provido uma

[139] Lewis, *Problem of Pain*, 27.
[140] Ibid., 86, grifos meus.
[141] Ibid., 119-147.

teodiceia que responde por alguns dos sofrimentos que encontramos no mundo. A acusação de incompletude sugere, porém, uma versão revisada do problema do sofrimento. Definamos *sofrimento natural infantil não aperfeiçoante da vítima* como o sofrimento de uma criança que não resulta de ação humana livre e que não contribui em nada para a genuína felicidade da criança que padece o sofrimento. (Como previamente notado, esse sofrimento pode contribuir para a genuína felicidade de outra pessoa.)

O problema do sofrimento infantil

1. Se Deus existe, então Ele é onipotente, onisciente e moralmente perfeito.
2. Se Deus é moralmente perfeito, então Ele quer que no mundo não exista sofrimento natural infantil não aperfeiçoante da vítima.
3. Se Deus é onipotente e onisciente, então Ele pode fazer com que no mundo não exista sofrimento natural infantil não aperfeiçoante da vítima.
4. Logo: Se Deus é onipotente, onisciente e moralmente perfeito, então no mundo não existe sofrimento natural infantil não aperfeiçoante da vítima (a partir de 2 e 3).
5. Mas no mundo existe sofrimento natural infantil não aperfeiçoante da vítima.
6. Portanto, Deus não existe (a partir de 1, 4, e 5).

Assim como anteriormente, (2) e (3) são premissas substantivas. Neste argumento, a premissa (5) também parece ser substantiva no sentido de que não é tão fora de dúvida como a versão original da premissa. O que devemos fazer com esse argumento?

Seria bastante conveniente lembrar a advertência de Filo de que "conhecemos tão pouco para além da vida comum, ou mesmo acerca da vida comum, que, com respeito à economia do universo, não existe conjectura alguma, mesmo que desvairada, que não possa ser justificável, nem qualquer conjectura que, mesmo plausível, não possa estar equivocada".[142] Talvez, por alguma razão desconhecida (para nós), nem mesmo um Deus onipotente e onisciente poderia impedir todo sofrimento natural infantil não aperfeiçoante da vítima. Lewis adverte-nos que frequentemente cometemos erros quando queremos determinar que coisas são intrinsecamente impossíveis.[143] Talvez o que parece ser um sofrimento natural infantil não aperfeiçoante da vítima, de algum modo e em algum aspecto não concebido por Lewis, possa contribuir para a genuína felicidade da criança.[144] Ou talvez esse sofrimento esteja relacionado a algum grande bem de um modo que não podemos compreender – um bem tão grande que, contrariamente à posição de Ivan Karamazov, justifica a existência do sofrimento.[145]

Nos dias de hoje, o sonho impetuoso de produzir uma prova ou refutação decisiva da existência de Deus – um argumento que obrigasse ao consentimento qualquer pessoa racional que pudesse entendê-lo – é amplamente considerado com um *mero* sonho. Em vez disso, teístas e ateus, de modo crescente, estão igualmente se voltando para argumentos de caso cumulativo – argumentos que utilizam um largo corpo de evidências e que pretendem mostrar que, consideradas todas as coisas, a posição de cada um é a mais razoável. Consideremos, portanto, o cristianismo tradicional como uma posição e a hipótese ateísta de Filo acerca de uma causa moralmente indiferente do universo como a outra. A mim me parece que a existência do sofrimento natural infantil não aperfeiçoante da vítima, ainda que *compatível* com ambas as posições, é menos surpreendente na suposição de que a hipótese ateísta de Filo está correta do que na suposição de que o cristianismo tradicional está correto. Penso, portanto, que esse sofrimento

---

[142] Hume, *Dialogues*, 69.

[143] Lewis, *Problem of Pain*, 19.

[144] Para uma proposta dentro dessas linhas, cf. Talbott, "Lewis and the Problem of Evil", 47-51.

[145] A possibilidade de uma justificação do mal que é conhecido por Deus, mas não por nós, chegou a ocupar um papel central nas discussões filosóficas contemporâneas acerca do problema do mal; essa ideia recebe atenção adicional no presente livro no cap. 2, seção 3, e no cap. 4, seção 2.

conta como evidência a favor da hipótese ateísta e contra o cristianismo tradicional.[146]

É evidente que, no contexto de argumentos de caso cumulativo, isso dificilmente decide a questão. Pode ser que exista evidência a favor do cristianismo tradicional que seja suficiente para superar a evidência contrária. De modo a investigar essa possibilidade, devemos considerar os argumentos positivos que Lewis oferece em defesa do cristianismo. Esses argumentos constituem o objeto dos próximos dois capítulos.

---

[146] Devo salientar que essa asserção é distinta da acusação de incompletude que dirigi acima contra *O Problema do Sofrimento*; do fato de que Lewis não explica e nem mesmo pode explicar tal sofrimento, dificilmente se segue que tal sofrimento não pode ser considerado a partir de uma abordagem cristã. Essa alegação também é altamente controversa, e não pretendo estabelecê-la aqui; sua discussão apropriada, por si mesma, iria requerer um projeto bastante extenso.

2

Para além da natureza

1. Introdução

De acordo com Lewis, "um homem sensato aceita ou rejeita um enunciado não porque ele queira ou não fazê-lo, mas porque a evidência lhe parece favorável ou desfavorável".[1] Essa declaração resume a abordagem de Lewis acerca da religião: seguir a evidência. O projeto subjacente aos escritos cristãos de Lewis é a defesa de que a evidência conduz ao cristianismo. No capítulo anterior, examinamos a tentativa de Lewis para mostrar que o sofrimento que encontramos no universo não constitui evidência decisiva contra a existência de Deus. Neste capítulo e no próximo, dirigiremos nossa atenção para a defesa positiva de Lewis em relação à verdade do cristianismo.

Será útil ver que essa defesa possui dois componentes principais. O primeiro componente consiste em argumentos favoráveis à asserção que afirma a existência, além do universo natural e físico que percebemos com nossos sentidos, de algum ser transcendente, um Poder Superior que criou o universo natural e que "se parece mais com uma mente do que com qualquer outra coisa que conhecemos".[2] Os textos de Lewis sugerem três principais argumentos favoráveis a essa conclusão ou a algo parecido. Como bem sabe Lewis, o estabelecimento dessa conclusão não estabelece a verdade do cristianismo, a qual acrescenta àquela asserção uma concepção particular acerca da natureza desse Poder Superior, bem como uma série de afirmações teológicas e históricas adicionais. O segundo componente da defesa positiva de Lewis a favor do cristianismo pretende atravessar pelo menos parte do caminho que leva ao estabelecimento da conclusão adicional de que o Poder Superior é

---

[1] C. S. Lewis, *Mere Christianity* (New York: HarperCollins, 2001), 138.
[2] Ibid., 25.

realmente o Deus do cristianismo e que o episódio histórico mais importante do Cristianismo, a ressurreição de Cristo, realmente ocorreu. O tópico do presente capítulo aborda o primeiro componente da defesa de Lewis em favor do cristianismo. Examinaremos o segundo componente no próximo capítulo.

Antes de considerarmos os argumentos de Lewis favoráveis à existência de um Poder Superior, devemos brevemente considerar sua explícita recusa de um tipo particular de argumento a favor desse Poder. O tipo de argumento que Lewis rejeita é uma das espécies mais antigas, mais populares e mais duradouras de argumentos teístas no mercado: o argumento do desígnio. Muitos pensaram que esse tipo de argumento é endossado pelo apóstolo Paulo nas seguintes linhas:

> Pois a ira de Deus se revela do céu contra toda impiedade e perversão daqueles que suprimem a verdade pela injustiça. Porquanto o que de Deus se pode conhecer é manifesto, porque Deus lhes manifestou. Porque os atributos invisíveis de Deus, assim como seu eterno poder e também sua própria divindade, claramente se reconhecem e são vistos, desde o princípio do mundo, através das coisas que Ele criou.[3]

Um elemento fundamental do argumento do desígnio é a ideia de que o universo observável possui certas características que indicam um desígnio inteligente operando em sua formação. Esse argumento se apresenta em diferentes versões e contou com muitos defensores. Como mencionei no primeiro capítulo, por meio do personagem Cleantes, Hume defende uma versão do argumento do desígnio nos *Diálogos Sobre a Religião Natural*, e esse argumento é objeto de severa crítica por parte de Filo e Demea. É interessante notar que Lewis tampouco é amigo do argumento do desígnio. No começo de *Mero Cristianismo*, Lewis escreve:

---

[3] Romanos 1,18-20. Nem todos entendem essa passagem como endossando argumentos a partir do desígnio. Para uma interpretação alternativa da passagem, cf. Caleb Miller, "Faith and Reason", in Michael J. Murray (ed.), *Reason for the Hope Within* (Grand Rapids, MI: Eerdmans, 1999), 135-164, especialmente 146-149.

> Desejamos saber se o universo é simplesmente o que é sem possuir causa alguma ou se existe um poder oculto que o faz ser o que ele é. Uma vez que esse poder, se existir, não pode ser um dos fatos observados, mas uma realidade que os produz, nenhuma mera observação dos fatos pode encontrá-lo [...]. Se houvesse um poder controlador fora do universo, ele não nos poderia mostrar-se a si mesmo como um dos fatos no interior do universo – não mais do que o arquiteto de uma casa pudesse realmente ser uma parede, uma escadaria ou uma lareira dessa casa.[4]

Essa recusa do argumento do desígnio é bastante ingênua; a ideia que está operando no argumento do desígnio não é que o criador do universo *seja* algum componente ou aspecto do universo. Antes, a ideia é a de que certos componentes ou aspectos do universo apontam para além deles mesmos e em direção a um criador; eles são *indicadores* de um criador. As razões que Lewis oferece-nos aqui para rejeitar o argumento do desígnio podem não ser particularmente convincentes, mas a passagem torna claro que Lewis rejeita, de fato, esse argumento. Ele alega que um criador não nos poderia revelar-se a si mesmo por meio de qualquer característica observável do universo, o que parece estar diretamente em conflito com a afirmação de Paulo de que a existência e a natureza de Deus podem ser "vistos através das coisas que Ele criou".

Uma preocupação mais razoável em torno ao argumento do desígnio aparece no capítulo inicial de *O Problema do Sofrimento*:

> Se o universo é tão mau [...], como foi possível a seres humanos atribuí-lo à diligência de um Criador sábio e bom? Os homens são tolos, talvez; mas não assim tão tolos [...]. O espetáculo do universo revelado pela experiência jamais poderia ter sido o fundamento da religião: deve ter sido algo a despeito do qual a religião, adquirida de uma outra fonte, sempre sustentou.[5]

---

4 Lewis, *Mere Christianity*, 24.

5 C. S. Lewis, *The Problem of Pain* (New York: HarperCollins, 2001), 3-4. Para observações semelhantes, cf. *Mere Christianity*, 29; e C. S. Lewis, *The Four Loves* (New York: Harcourt, Brace, 1960), 21.

Lewis parece endossar aqui a alegação de Filo de que, "por mais consistente que o mundo possa ser, permitindo certas suposições e conjeturas junto com a ideia dessa Divindade, jamais nos pode permitir uma inferência concernente à existência dessa Divindade".[6] Lewis percebe que o argumento do desígnio jamais poderia conduzir a um Poder Superior *bom*; com efeito, enquanto o argumento nada nos declara sobre os atributos morais do Poder Superior, permanece distante de um Poder bom. Ideias semelhantes podem ser encontradas em uma carta que Lewis escreveu em 1946:

> A perda prematura de minha mãe, grande infelicidade na escola, a sombra da última guerra e agora a experiência desta [guerra] tinham-me dado uma visão muito pessimista da existência. Meu ateísmo era baseado sobre ela: e ainda me parece que, em grande parte, nas cartas mais fortes de nossos inimigos está o curso atual do mundo [...]. Ainda penso que o argumento do desígnio seja o mais fraco possível para o teísmo, enquanto aquele que se pode chamar de "o argumento do não desígnio", o mais forte para o ateísmo.[7]

Lewis considera que para encontrar evidência de um Poder Superior deveríamos olhar não para o universo físico, mas, antes, para nós mesmos. O seguinte mote captura a tendência geral da abordagem de Lewis: a natureza humana não pode ser explicada unicamente por meio da Natureza. Lewis identifica três características da natureza humana que apontam para um Poder Superior: a moralidade humana, nossa capacidade racional e um tipo de desejo que ele designa "Alegria". Cada um desses aspectos da natureza humana constitui o ponto de partida de um argumento teísta. Para considerar esses argumentos, será útil ter em mente o conceito de um argumento de caso cumulativo que introduzi no final do capítulo anterior. Nenhum dos argumentos de Lewis pretende constituir uma prova decisiva de que exis-

---

[6] David Hume, *Dialogues Concerning Natural Religion*, 2ª ed. (Indianapolis: Hackett, 1998), 69. Sobre esse ponto de acordo entre Lewis e Hume, cf. cap. 4, seção 3.2.

[7] Walter Hooper (ed.), *The Collected Letters of C. S. Lewis, Volume II: Books, Broadcasts, and the War 1931-1949* (New York: HarperCollins, 2004), 747.

te um Poder Superior; em vez disso, Lewis se esforça para apresentar uma defesa cumulativa para a existência de um Poder superior por meio da força combinada dos três argumentos. Robert Holyer descreve a estratégia geral de Lewis do seguinte modo:

> Em sua estrutura mais geral, todos os seus argumentos consistem em tentativas para mostrar que a explicação teísta de certo fenômeno humano confere a esse fenômeno um melhor sentido do que a explicação dos rivais não teístas. É esse o argumento geral que Lewis desdobra nos casos específicos da saudade romântica, da moralidade e da razão humana [...]. Lewis parece estar a argumentar que esses três fenômenos humanos ocorrem, em sua maioria, no interior das casas, na visão cristã das coisas.[8]

Começaremos com o argumento da moralidade.

2. O argumento moral

2.1. Sobre a apresentação que Lewis faz do argumento

O primeiro livro de *Mero Cristianismo* dedica-se a expor o primeiro dos principais argumentos de Lewis a favor da existência de um Poder Superior. Um breve panorama de *Mero Cristianismo* será útil antes de considerarmos o argumento. O livro foi desenvolvido a partir de uma série de palestras pelo rádio que Lewis realizou de 1942 a 1944 pela BBC. No Prefácio a *Mero Cristianismo*, Kathleen Norris descreve habilmente o livro como "um trabalho de literatura oral, endereçado para pessoas na guerra".[9] Uma consequência é que a apresentação de Lewis foi, algumas vezes, simplificada ou condensada demasiadamente. Devemos manter isso em mente ao considerar o argumento moral de Lewis. A fim de prover a interpretação mais caridosa desse argumento, precisamos preencher algumas lacunas na apresentação de Lewis.

---

[8] Robert Holyer, "C. S. Lewis – The Rationalist?", *Christian Scholar's Review* 18:2 (1988), 148-167.
[9] Lewis, *Mere Christianity*, xvii.

O argumento moral baseia-se na existência de certos fenômenos morais. O primeiro desses fenômenos é o que Lewis chama "a Lei da Natureza". Quando Lewis fala sobre a Lei da Natureza nesse contexto, ele pretende falar do que denomino "verdades morais universais e objetivas". Considere, por exemplo, a afirmação de que é moralmente errado torturar crianças inocentes simplesmente para entretenimento. Denominar essa asserção moral de "universal" é dizer que ela se aplica a todos os seres humanos normais, quer a conheçam ou não. Denominar essa asserção de "objetiva" é dizer que sua verdade, de certo modo, é independente de emoções, crenças e convenções humanas. Por exemplo, a asserção não *se torna verdadeira* pelos fatos (se forem fatos) que (a) todos ou a maioria dos humanos normais apresentam certa reação emocional quando refletem sobre a tortura infantil realizada meramente por divertimento, (b) todos ou a maioria dos humanos normais pensam que essa tortura está errada ou é repreensível, ou (c) torturar crianças por divertimento está em conflito com costumes ou práticas estabelecidos em algumas ou em todas as culturas. O tipo de objetividade que tenho aqui em mente poderia ser caracterizado aproximadamente como segue: do mesmo modo que é um fato que a Lua tem 3.470 quilômetros km de diâmetro, indiferentemente do que alguém possa pensar sobre ela, de modo semelhante, a tortura infantil realizada meramente por divertimento é moralmente errada, indiferentemente do que alguém possa pensar sobre ela.

Lewis sugere não somente que existem fatos éticos universais e objetivos, mas também que a maioria de nós conhece pelo menos alguns desses fatos.[10] Esse fenômeno do conhecimento moral possui pelo menos dois componentes que se acrescem aos próprios fatos éticos. Existe um componente psicológico (nossas crenças morais) e um componente normativo (a garantia ou justificação informada por, pelo menos, algumas dessas convicções).

Na luz da afirmação anterior de Lewis, relativa ao argumento do desígnio, de que um Poder mais Superior não poderia revelar-se a si mesmo por meio de qualquer fato observável, podemos inferir que Lewis pensa que alguns fatos

[10] Ibid., 5.

éticos, pelo menos, não são conhecidos com base na observação. Isso certamente é plausível; parece improvável, por exemplo, que aprendemos que torturar bebês inocentes meramente por divertimento é errado por meio da observação dessa tortura e por perceber a maldade do ato por meio da percepção sensível. Com efeito, parece claro que não precisamos absolutamente observar esse tipo de tortura para saber que é iníquo. Esse conhecimento parece ser um exemplo de um conhecimento *a priori* (conhecimento que não depende da experiência). Lewis diz que "as pessoas pensam que todos conhecem [a Lei da Natureza] por natureza e não precisam ser ensinados [...]. E creio que estavam certas".[11] O que significa conhecer algo "por natureza"? Uma possibilidade é que Lewis queira dizer que o conhecimento moral é um conhecimento *inato*, um conhecimento que os seres humanos normais possuem quando nascem. Uma possibilidade mais provável, entretanto, é que Lewis queira dizer que cada ser humano normal, uma vez que entende conceitos como os de inocência, tortura e injustiça moral, pode vir a saber, simplesmente por refletir acerca dos conceitos relevantes, que a tortura da criança meramente por divertimento é torpe.[12] Lewis parece endossar essa segunda opção em seu trabalho posterior, *Milagres: Um Estudo Preliminar* [*Miracles: A Preliminary Study*]: "Creio que os princípios morais primários, dos quais todos os outros dependem, são percebidos racionalmente [...]. A racionalidade intrínseca desses princípios resplandece por sua própria luz".[13]

Por fim, há uma multidão de emoções morais associadas com nosso conhecimento desses fatos morais. Lewis fala de "um Algo que está dirigindo o universo, e que aparece em mim como uma lei urgindo-me a fazer o certo e fazendo-me sentir responsável e incomodado quando cometo injustiça".[14]

---

[11] Ibid.

[12] Diz Lewis, em outro lugar, que aprendemos alguns fatos morais "dos pais e dos professores, dos amigos e dos livros" (ibid., 12). Se interpretarmos a asserção de Lewis – que fatos morais são conhecidos "por natureza" – conforme sugeri, então não existe qualquer inconsistência aqui. Uma determinada proposição p pode ser tal que (i) *poderia* ser conhecida *a priori* e (ii) é efetivamente conhecida (por uma dada pessoa) com base no ensino. Muitas das verdades matemáticas têm essas duas características.

[13] C. S. Lewis, *Miracles: A Preliminary Study* (New York: HarperCollins, 2001), 54. Cf. também C. S. Lewis, "The Poison of Subjectivism", in *Christian Reflections* (Grand Rapids, MI: Eerdmans, 1995), 79.

[14] Lewis, *Mere Christianity*, 25.

Lewis faz alusão aqui a dois sentimentos, um dos quais é claramente a culpa e o outro o que poderíamos chamar um "senso de obrigação" – o sentimento de que se *deve* (moralmente falando) executar certa ação.

Se concedermos que os fenômenos há pouco descritos são reais, como nos moveremos de sua existência para a existência de um Poder Superior? Lewis explica a transição crucial do seguinte modo:

> Se existisse um poder controlador fora do universo, ele não nos poderia mostrar-se a si mesmo como um dos fatos no interior do universo [...]. O único modo no qual poderíamos esperar que ele nos mostrasse a si mesmo seria em nosso interior, como uma influência ou um comando que se esforça para nos induzir a nos comportarmos de um determinado modo. E é realmente isso o que encontramos dentro de nós mesmos. Deveria isso despertar nossas suspeitas? [...] Descubro que eu não existo por mim mesmo e que estou sujeito a uma lei; que alguém ou algo quer que eu me comporte de certo modo.[15]

Esse é um daqueles lugares em que precisamos preencher algumas lacunas da apresentação de Lewis. Parece tentador propor aqui uma interpretação não caridosa acerca das observações de Lewis, como creio que assim o faz John Beversluis em seu *C. S. Lewis e a Procura pela Religião Racional* [*C. S. Lewis and the Search for Rational Religion*]. Beversluis interpreta o argumento de Lewis possuindo a seguinte estrutura: (i) se existe um Poder Superior, então este deveria manifestar-se a si mesmo como um comando interno que nos impele a nos comportar moralmente; (ii) encontramos esse comando dentro de nós mesmos; (iii) portanto, existe um Poder Superior.[16] Como nota Beversluis, o argumento, formulado desse modo, é formalmente inválido, pois comete a falácia da afirmação do consequente.[17]

---

[15] Ibid., 24-25.

[16] John Beversluis, *C. S. Lewis and the Search for Rational Religion* (Grand Rapids, MI: Eerdmans), 50-51.

[17] A forma lógica do argumento é: (i) Se P, então Q; (ii) Q; (iii) portanto P. Essa é uma forma inválida de argumento, o que significa que a verdade das premissas não garante a verdade da conclusão.

Ora, pessoas inteligentes raramente cometem falácias lógicas simples desse tipo. Esse erro seria particularmente surpreendente vindo de Lewis, que recebeu um substancial treinamento em filosofia. A mim me parece que Beversuis provavelmente não formulou corretamente o argumento de Lewis e que deveríamos procurar uma melhor interpretação. E, com efeito, uma melhor interpretação está disponível. Para se entender a melhor interpretação, considere, por um momento, como as teorias científicas vêm a ser verificadas. Suponhamos que temos uma teoria científica, T, que faz para as predições P1, P2 e P3. Por meio da observação, P1 é confirmada. Isso é tomado como evidência a favor da verdade de T. Mas que tipo de raciocínio está sendo empregado aqui? O raciocínio, aparentemente, comete a falácia da afirmação do consequente: (i) se T for verdadeira, então P1 deve ser verdadeira; (ii) P1 é verdadeira; (iii) então, T é verdadeira. Devemos concluir, portanto, que esse método comumente empregado de confirmação de teorias científicas baseia-se em uma falácia lógica?

A resposta, felizmente, é não, pois existe uma maneira mais adequada de entender o que está acontecendo aqui. O raciocínio implícito que se emprega nesses casos é o da abdução ou inferência para a melhor explicação. O raciocínio é mais adequadamente formulado do seguinte modo: (i) P1 é verdadeira; (ii) a melhor explicação da verdade de P1 é a verdade de T; (iii) logo, T é verdadeira. Essa é uma forma de raciocínio perfeitamente respeitável e livre de falácia.

Com isso em mente, retornemos ao argumento de Lewis. Denominaremos de "fenômenos morais lewisianos" os três fenômenos morais sobre os quais o argumento se baseia. Considerando a lição que aprendemos acima, parece provável que o argumento moral de Lewis recorra ao seguinte raciocínio: (i) existem fenômenos morais lewisianos; (ii) um Poder Superior é a melhor explicação para esses fenômenos; (iii) logo, existe um Poder Superior. Lewis também considera que podemos conhecer alguns fatos importantes sobre a natureza desse Poder Superior. Supondo que o Poder Superior nos dá instruções por intermédio da Lei de Natureza, podemos inferir que o Poder "se parece mais com uma mente do que com qualquer outra coisa que conhecemos".[18] Além disso, o tipo de instrução que o Poder nos fornece revela algo sobre seu caráter:

> O Ser atrás do universo está intensamente interessado na conduta correta – em justiça, altruísmo, coragem, boa-fé, honestidade e autenticidade. Nesse sentido, deveríamos concordar com a explicação dada pelo cristianismo e algumas outras religiões de que Deus é "bom".[19]

Levando-se em conta tudo isso, penso que o argumento de Lewis é mais bem formulado do seguinte modo:

O argumento moral de Lewis

1. Existem fenômenos morais lewisianos.
2. A melhor explicação para a existência de fenômenos morais lewisianos é a existência de um Poder Superior que criou o universo.
3. Logo, existe um Poder Superior que criou o universo (a partir de 1 e 2).
4. O Poder Superior provê instruções e quer que nos engajemos em uma conduta moralmente correta.
5. Se (4), então existe um Poder Superior bom e semelhante à mente que criou o universo.
6. Portanto, existe um Poder Superior bom e semelhante à mente que criou o universo (a partir de 4 e 5).

Após fornecer esse argumento, Lewis observa que "não obtemos ainda, entretanto, o Deus de qualquer religião real, e menos ainda o Deus daquela religião particular denominada cristianismo".[20] Lewis também faz o seguinte comentário acerca de seu método: "Nós não estamos tomando qualquer coi-

[18] Lewis, *Mere Christianity*, 25.
[19] Ibid., 30.
[20] Ibid., 29.

sa da Bíblia ou das Igrejas, estamos tentando ver o que podemos descobrir sobre isso [o Poder Superior] a partir de nossas próprias forças".[21] Assim, Lewis está engajado em um exercício no domínio da religião natural.

No capítulo anterior, vimos que, nos *Diálogos* de Hume, a crítica de Filo à posição de Cleantes tinha dois aspectos ou "vieses". Um desses é o viés cético, de acordo com o qual a razão humana é impotente quanto ao entendimento acerca de Deus. Desenvolvendo um argumento filosófico para a existência de um Poder Superior bom e semelhante à mente, Lewis está atacando implicitamente o viés cético de Filo. Mas quão convincente é o argumento de Lewis? Nossa discussão dessa questão começa com uma objeção formulada por Russell.

2.2. A Objeção de Russell

Bertrand Russell viveu durante quase um século. Nascido no País de Gales em 1872, vinte e seis anos mais velho que Lewis, embora tenha vivido quase uma década a mais que este, Russell morreu no País de Gales em 1970. Russell foi um crítico severo da religião em geral e do cristianismo em particular. Considere, por exemplo, a parte inicial de seu ensaio de 1929, "A Religião tem feito contribuições úteis para a civilização?" ["Has Religion Made Useful Contributions to Civilization?"]: "Minha concepção sobre religião é aquela de Lucrécio. Considero-a como uma doença nascida do medo e como uma fonte de incalculável miséria para a espécie humana".[22] Como Hume, Russell atraiu para si a ira das autoridades religiosas como resultado de sua crítica à religião. No capítulo anterior, mencionei a rejeição da admissão de Hume a uma cátedra na Universidade de Glasgow em 1752; Russell foi similarmente rejeitado para uma posição no City College em Nova York, no ano de 1940. Um dos ensaios mais infames de Russell sobre religião é seu texto de 1927, "Por que não sou cristão". Nesse ensaio, Russell examina e rejeita

[21] Ibid.

[22] Bertrand Russell, "Has Religion Made Useful Contributions to Civilization?", in A. Seckel (ed.), *Bertrand Russell on God and Religion* (Amherst, NY: Prometheus, 1986), 169.

vários argumentos favoráveis à existência de Deus, incluindo um que ele denomina "argumento moral". Embora o ensaio de Russell preceda, por mais de uma década, as conferências que serviram de base a *Mero Cristianismo*, o argumento moral que Russell considera é bastante semelhante ao argumento moral de Lewis. Russell tem o seguinte a dizer sobre o argumento:

> Uma forma é dizer que não haveria o bem e o mal a não ser que Deus existisse [...]. O ponto em que estou interessado é que, se você está tão certo de que existe uma diferença entre o bem e o mal, você se encontra, então, na seguinte situação: é essa diferença devida ao *fiat* [ao comando] de Deus ou não? Se é devida ao *fiat* de Deus, então não existe, para o Próprio Deus, diferença entre o bem e o mal, e dizer que Deus é bom não constitui mais uma afirmação significativa. Se você afirmar, como fazem os teólogos, que Deus é bom, você terá de dizer, então, que o bem e o mal possuem algum sentido independente do *fiat* de Deus, pois os *fiats* de Deus são bons e não maus, independentemente do mero fato de Ele os ter feito. Se você afirmar essa coisa, você terá de dizer, então, que não é somente por meio de Deus que o bem e o mal vêm a ser, mas que, em sua essência, eles são logicamente anteriores a Deus.[23]

Um elemento fundamental do argumento de Russell aqui é certa visão sobre o que se entende por "Deus é bom". Russell alega que Deus é bom somente se "para o próprio Deus" existe uma diferença entre o certo e o errado. A ideia é que a bondade de Deus requer que Ele seja sujeito à moralidade no sentido de que existem certos princípios morais dos quais Deus não é o autor e que governam suas ações. A alegação de Russell é:

> (AR) A única maneira de um ser (mesmo Deus) ter a possibilidade de ser bom é pela conformidade de suas ações a uma lei moral da qual ele não é o autor.

[23] Bertrand Russell, "Why I Am Not a Christian", in Seckel (ed.), *Russell on Religion*, 83. A discussão clássica da relação entre Deus e a moralidade, que obviamente inspira a objeção de Russell, é o diálogo platônico *Eutifrom*; cf., em particular, Plato, *Five Dialogues*, 2ª ed., trad. de G. M. A. Grube (Indianapolis: Hackett, 2002), 12, 10a.

Em *Mero Cristianismo*, Lewis sustenta que Deus é bom *e* que é a fonte última e objetiva da justiça e da injustiça. Mas (AR) sugere que Deus não pode ser, conjuntamente, ambas essas coisas. Consequentemente, a objeção de Russell golpeia o coração da concepção que Lewis desenvolve em *Mero Cristianismo* acerca da relação entre Deus e moralidade objetiva.

Em seu ensaio de 1943, "O Veneno do Subjetivismo" ["The Poison of Subjectivism"], Lewis considera uma objeção que desfere um golpe similar àquele apresentado por Russell na passagem cotada acima.[24] Lewis descreve como "intolerável" a concepção de que Deus é "o mero executor de uma lei externa e antecedente a Seu próprio ser".[25] Desse modo, Lewis rejeita (AR). Mas isso significa que Lewis está obrigado a fornecer uma explicação alternativa sobre a natureza da bondade de Deus: como Deus poderia ser bom se não por conformidade a uma lei moral da qual Ele não é o autor?

Creio que os textos de Lewis sugerem três distintas respostas a essa questão. Consideraremos sucessivamente cada uma dessas respostas. A primeira resposta é sugerida pela réplica que Lewis elabora, em "O veneno do subjetivismo", à objeção de Russell. A questão central da discussão é: "Como se deve representar a relação entre Deus e a lei moral?"[26] Antes de fornecer sua própria resposta a essa questão, Lewis rejeita duas outras possíveis respostas, declarando que "Deus não *obedece* nem *cria* a lei moral. O bem é incriado; jamais poderia ter sido de outro modo; não há nele sombra alguma de contingência; ele existe, como diz Platão, do outro lado da existência".[27] Essa passagem é importante por duas razões. Em primeiro lugar, ela nos ajuda a determinar a própria concepção de Lewis acerca da relação entre Deus e lei moral contando-nos o que, aos olhos de Lewis, a relação não é. Segundo, ela indica que, nesse contexto, Lewis emprega "o bem" e "a lei moral" de modo intercambiável – considerar isso é crucial para decifrar a posição de

[24] Lewis, "Poison of Subjectivism", 79.
[25] Ibid.
[26] Ibid.
[27] Ibid., 80.

Lewis quanto à questão. Essa posição é enunciada na complicada passagem que segue assim:

> O que se encontra além da existência, o que não admite contingência, o que fornece divindade a tudo o mais, o que é o fundamento de toda a existência, não é simplesmente uma lei, senão também um amor criando, um amor criado [...]. Deus não é meramente bom, mas bondade; a bondade não é meramente divina, mas é Deus.[28]

Comentando sobre essa passagem em sua tese de doutorado sobre os escritos filosóficos de Lewis, Steve Lovell interpreta que Lewis esteja declarando que "Deus = (a Sua?) Bondade" e observa: "Devo confessar que não tenho muita ideia do que [essa tese] poderia significar. Parece afirmar uma relação de identidade entre Deus e um objeto abstrato, certamente entre Deus e uma propriedade".[29] Tenho dificuldade em compreender a afirmação que um Poder Superior é idêntico à propriedade da bondade.[30]

Não estou certo, todavia, de que a interpretação de Lovell da passagem crucial está completamente certa. Levando-se em conta minha sugestão de que, nesse contexto, o bem = a lei moral, uma interpretação mais provável é que Lewis esteja sugerindo que Deus é idêntico à lei moral. Essa interpretação confere sentido à discussão como um todo: Lewis começa com a questão de como Deus está relacionado à lei moral, afirma que Deus nem a obedece nem a cria, e conclui que Deus simplesmente *é* a lei moral. Se essa proposta

---

[28] Ibid.

[29] Steve Lovell, "Philosophical Themes from C. S. Lewis" (Ph.D. dissertation, University of Sheffield, 2003), cap. 2,23.

[30] A literatura contemporânea sobre a teoria do comando divino inclui alguns esforços para desenvolver a noção de que Deus = o Bem. Destaca-se, nessa consideração, William Alston, "What Euthyphro Should Have Said", in William Lane Craig (ed.), *Philosophy of Religion: A Reader and Guide* (New Brunswick, NJ: Rutgers University Press, 2002), 283-298; e Robert Adams, *Finite and Infinite Goods* (Oxford: Oxford University Press, 1999). A abordagem sugerida por esses dois trabalhos é bastante sutil e complexa, fazendo uso de um conjunto de recentes desenvolvimentos na filosofia analítica contemporânea, e não há como sabermos o que Lewis teria pensado disso. Por essas razões, a discussão dessa abordagem contemporânea está fora do escopo deste trabalho; não obstante, discuto a concepção de Adams em Erik Wielenberg, *Value and Virtue in a Godless Universe* (Cambridge: Cambridge University Press, 2005), 53-67.

fizer sentido, ela dá a Lewis uma maneira de rejeitar (AR) pela indicação de um outro modo no qual Deus poderia ser bom, diferente da conformidade a uma lei moral independente:

(RL1) Um modo de ser bom é ser *idêntico* à lei moral.

Julgo que a sugestão de que Deus é a lei moral seja tão enigmática quanto a sugestão de que Deus é a propriedade da bondade. Até onde posso entender a afirmação de que Deus é a lei moral, ela parece significar a afirmação de que Deus é idêntico a uma conjunção de fatos éticos, fatos do tipo: é moralmente errado torturar o inocente meramente por divertimento. É difícil ver como uma conjunção desses fatos poderia ser um Poder Superior como uma mente, muito menos o Deus pessoal do cristianismo. A mim me parece que a obscuridade da proposta de Lewis constitui aqui um sério golpe contra a própria proposta; de todo modo, deixarei de lado, por ora, a proposta a fim de examinar suas implicações para o argumento moral de Lewis.[31] Antes de considerar essas implicações, devemos examinar outras duas explicações da bondade divina que são sugeridas, creio, pelos textos de Lewis.

Em *Mero Cristianismo*, Lewis parece conceber a relação entre Deus e a lei moral de um modo incompatível com a posição que ele assume em "O Veneno do Subjetivismo". Por exemplo, em *Mero Cristianismo*, ele diz que "existe uma Lei Moral real *e* um Poder atrás da lei".[32] A linguagem sugere aqui que a Lei Moral e o Poder Superior são distintos, e uma interpretação natural da discussão geral em *Mero Cristianismo* é que o Poder Superior é o autor ou criador da Lei Moral, uma das duas opções explicitamente rejeitadas em "O Veneno do Subjetivismo".

---

[31] Lovell desenvolve uma teoria que ele denomina "Teoria da Natureza Divina" (TND), em que ele declara defender muitas das conclusões que Lewis estava tentando estabelecer (cf. Lovell, Temas Filosóficos, Capítulo 2, 26-34). A teoria é interessante por si mesma, mas penso que seja incompatível com a posição de Lewis em "O Veneno do Subjetivismo", pois a TND insinua que a lei moral é criada por Deus, uma concepção que Lewis nega em "O Veneno".

[32] Lewis, *Mere Christianity*, 31; grifos meus.

Isso indica que, em *Mero Cristianismo*, Lewis está trabalhando com uma concepção de bondade divina distinta da que ele propõe em "O Veneno do Subjetivismo". Mas qual é essa outra concepção? A seguinte passagem esclarece um pouco a questão: "Deus é completamente 'bom', ou 'justo', um Deus que toma partido, que ama o amor e odeia o ódio, que quer que nos comportemos de um modo e não de outro".[33] Devemos também recordar a observação de Lewis que o Poder Superior está "intensamente interessado [...] em justiça, altruísmo, coragem, boa-fé, honestidade e autenticidade".[34] Essas passagens sugerem a ideia de que um modo de ser bom é por amar certas coisas (e talvez odiar certas outras).[35] Se isso estiver certo, temos mais uma alternativa para (AR):

> (RL2) Um modo de ser bom é amar o amor, a justiça, o altruísmo, a coragem, a boa-fé, a honestidade e a autenticidade.

Um terceiro modo de se pensar a bondade divina é a concepção que Lewis desenvolve em *O Problema do Sofrimento*:

> (RL3) Um modo de ser bom é desejar que os seres humanos alcancem a genuína felicidade (que amem livremente a Deus e que se esforcem para se tornarem semelhantes a Cristo).

A esta altura, gostaria de recapitular a discussão levada a cabo até o momento e dizer alguma coisa sobre o que está por vir. Iniciamos com uma exposição do argumento moral que Lewis faz em *Mero Cristianismo*. Contra esse tipo de argumento, Russell levanta uma dificuldade sobre a natureza da bondade de Deus. A dificuldade de Russell parece assentada em (AR), a alegação de que existe somente um modo no qual um ser poderia ser bom:

---

[33] Ibid., 36.
[34] Ibid., 30.
[35] Lovell explora uma proposta ao longo dessas linhas; cf. Lovell, *Philosophical Themes*, cap. 2, 25. Para um desenvolvimento extenso dessa ideia básica por um filósofo contemporâneo, cf. Thomas Hurka, *Virtue, Vice, and Value* (Oxford: Oxford University Press, 2001).

pela conformidade a uma lei moral que não é da autoria do ser em questão. Russell e Lewis concordam corretamente que essa concepção torna impossível para Deus ser bom *e* ser o autor da lei moral. Disso conclui Russell que argumentos morais como os de Lewis fracassam. Lewis, de outro lado, conclui que (AR) é falsa. Observei que os textos de Lewis sugerem três alternativas para (AR): Deus pode ser bom por ser idêntico à lei moral (RL1), por amar certas coisas (RL2) ou por querer que os seres humanos alcancem a genuína felicidade (RL3).[36] A próxima tarefa será a de examinar as implicações de cada uma das alternativas para o argumento moral de Lewis.

Em *Mero Cristianismo*, para argumentar a favor da existência de um Poder Superior, Lewis recorre não somente à moralidade; ele também argumenta contra uma concepção que ele denomina "dualismo". Penso que não seja uma mera coincidência o fato de Lewis empreender ambos os projetos na mesma obra. Creio que, se o dualismo for sustentável, essa concepção constitui a base de uma poderosa objeção ao argumento moral de Lewis. Irei argumentar que, se (RL2) ou (RL3) for verdadeira, então Lewis fracassa em refutar o dualismo e, consequentemente, seu argumento moral fracassa. Se isso estiver correto, significa que o argumento moral de Lewis somente pode ser bem-sucedido se (RL2) e (RL3) forem falsas. Por outro lado, se (RL1) for verdadeira, então a objeção de Lewis ao dualismo é bem-sucedida. Entretanto, (RL1) leva a duas outras dificuldades para o argumento moral de Lewis. A primeira é que o argumento depende de uma explicação da relação entre Deus e a lei moral que é obscura e incoerente. A segunda é que (RL3) aponta na direção de uma plausível explicação ateísta de fenômenos morais lewisianos. A existência de essa explicação torna ineficaz o argumento moral de Lewis. Se tudo isso estiver correto, o resultado é que Lewis não possui um entendimento da natureza da bondade divina que permita que seu argumento moral possa ser bem-sucedido – e, caso a explicação ateísta de fenômenos

[36] Outra opção é que a bondade de Deus consiste em uma combinação de todos esses fatores – que Deus é bom em virtude de ser uma lei moral amorosa que deseja a genuína felicidade humana (e que tudo isso é necessário para Deus ser bom). Ainda que essa proposta fosse coerente, o argumento que farei no cap. 2, seção 4, se bem-sucedido, contesta isso.

morais lewisianos que irei esboçar for plausível, o argumento de Lewis, de qualquer modo, fracassa. Volto-me agora para a tarefa de desenvolver essa defesa.

Começaremos com a defesa de Lewis contra o dualismo. Meu principal objetivo na próxima seção será o de estabelecer duas afirmações: primeiro, que a verdade de (RL2) ou de (RL3) destrói o argumento de Lewis contra o dualismo; segundo, que o fracasso do argumento contra o dualismo implica também o fracasso do argumento moral.

2.3. O ataque de Lewis contra o dualismo

A concepção que Lewis denomina dualismo é comum a diversas alternativas religiosas ao cristianismo, incluindo o zoroastrismo e o maniqueísmo.[37] O dualismo é a concepção de que "existem dois poderes iguais e independentes por trás de tudo, sendo um deles bom e o outro mal, e que o universo é um campo de batalha no qual lutam uma guerra sem fim".[38] O zoroastrismo é uma antiga religião persa que ainda possui partidários no Irã e no sul da Ásia. O maniqueísmo, por outro lado, parece ter desaparecido quase completamente, mas representou, em certa época, um dos principais rivais do cristianismo, particularmente no início do cristianismo. Santo Agostinho aderiu à concepção maniqueísta por certo tempo e, no século XII, o Papa Inocêncio III lançou no sul da França, uma cruzada contra os Cátaros, os quais sustentavam uma versão do maniqueísmo.[39] Em *Mero Cristianismo*, Lewis descreve o dualismo como "o credo mais sensível e varonil no mercado [...], próximo ao cristianismo".[40] Entretanto, em uma carta de 1942, ele

[37] Aparentemente, a palavra *dualismo* foi inicialmente empregada com referência ao zoroastrismo; cf. Charles Taliaferro, *Evidence and Faith: Philosophy and Religion since the Seventeenth Century* (Cambridge: Cambridge University Press, 2005), 30.
[38] Lewis, *Mere Christianity*, 42.
[39] Para um relato da cruzada contra os Cátaros, cf. Jonathan Sumption, *The Albigensian Crusade* (London: Faber and Faber, 1978).
[40] Lewis, *Mere Christianity*, 42.

oferece uma explicação mais moderada para a aceitação do dualismo: "Você não deveria surpreender-se com o espaço que dou ao dualismo se soubesse o quão atraente é ele para algumas mentes ingênuas".[41]

Apesar de sua virilidade e atratividade para mentes ingênuas, diz Lewis, a concepção tem dificuldades. Um alegado problema provém da afirmação que os dois Poderes Superiores têm qualidades morais opostas, um sendo bom e o outro mal. Essa afirmação implica que há

> uma terceira coisa além dos dois Poderes: algum padrão, lei ou regra do bem, ao qual um dos poderes mantém conformidade enquanto o outro não mantém conformidade. Mas, uma vez que os dois poderes são julgados por esse padrão, então esse padrão, ou o Ser que o fez, está ainda mais atrás e é mais superior que qualquer desses dois poderes, e Ele será o Bem verdadeiro.[42]

A premissa crucial aqui é que a existência de Poderes iguais e independentes, um bom e o outro mal, implica a existência de um terceiro Poder, superior aos dois primeiros. Uma vez que o dualismo é incompatível com a existência desse terceiro Poder, Lewis pretende mostrar que o dualismo é internamente inconsistente.

A verdade de (RL2) ou de (RL3) parece solapar essa premissa crucial. Consideremos primeiramente as implicações de (RL2) com a seguinte consideração:

> (RL2) Um modo de ser bom é: amar o amor, a justiça, o altruísmo, a coragem, a boa-fé, a honestidade e a autenticidade.

Dado (RL2), é natural supor que *odiar* o amor, a justiça e assim por diante seja um modo de ser mal. Mas se isso estiver correto, então é difícil ver por que o dualismo deveria requerer um terceiro Poder Superior. Parece perfeitamente coerente a existência de dois Poderes iguais e opostos, um dos

---

[41] Hooper (ed.), *Letters II*, 532.
[42] Lewis, *Mere Christianity*, 43.

quais ama o amor, a justiça, o altruísmo etc., enquanto o outro odeia essas coisas, sem a existência de um terceiro Poder superior a esses dois. Considerações semelhantes se aplicam à terceira alternativa de Lewis para (AR):

> (RL3) Um modo de ser bom é desejar que os seres humanos alcancem a genuína felicidade (que amem livremente a Deus e que se esforcem para se tornarem semelhantes a Cristo).

Como (RL2), (RL3) sugere uma explicação correspondente do mal – nesse caso, implica que querer que os seres humanos não alcancem (ou alcancem o oposto) a genuína felicidade seja um modo de ser mal. E, novamente, é difícil ver por que, de acordo com esse entendimento do bem e do mal, a existência de um Poder bom e de um Poder mal deveria requerer a existência de um terceiro Poder Mais Superior.

Considere, finalmente, o princípio sugerido pela discussão de Lewis em "O Veneno do Subjetivismo":

> (RL1) Um modo de ser bom é ser *idêntico* à lei moral.

Suponha que isso seja verdadeiro e que existem somente dois modos de ser bom – ou (i) por obedecer a uma lei moral que não foi criada por aquele que a obedece, ou (ii) por ser idêntico à lei moral. Segue que o Poder bom do dualismo ou está sujeito a uma lei moral que ele não a criou, ou é ele mesmo a lei moral. De acordo com a primeira alternativa, parece razoável a asserção de Lewis de que devemos postular um terceiro Poder Mais Superior, ademais dos outros dois Poderes; em todo caso, assumirei que o dualista não pode afirmar, de modo consistente, que o Poder bom do Dualismo está sujeito a uma lei moral que ele não criou. Isso significa que o dualista é obrigado a identificar o Poder Mais Superior com a lei moral. Isso implica, por sua vez, que o Poder mal é subordinado ao Poder bom, porquanto o que presumivelmente torna mal o Poder mal é que ele viola uma lei moral que lhe sujeita. Mas, uma vez que supomos que o Poder bom *é* a lei moral, segue-se que o Poder mal está sujeito ao Poder bom – e essa conclusão também está em desacordo com o dualismo. Portanto, dada a suposição formulada no início deste parágrafo, o primeiro argumento de Lewis contra o dualismo é bem-sucedido, mas se (RL2) ou (RL3) for verdadeira, o argumento fracassa. Desse modo, podemos concluir que a objeção de Lewis ao dualismo somente pode ser bem-sucedida se ambas, (RL2) e (RL3), forem falsas.

Contudo, a questão torna-se complicada pelo fato de Lewis apresentar, em *Mero Cristianismo*, uma segunda objeção ao dualismo. Se essa outra objeção for bem-sucedida, então as limitações da primeira objeção dirigida ao dualismo são irrelevantes. Para apoiar minha alegação de que Lewis pode refutar o dualismo somente se (RL2) e (RL3) forem falsas, irei defender que essa segunda objeção ao dualismo simplesmente fracassa. A essência da segunda objeção segue assim:

> Se o dualismo for verdadeiro, então o Poder mal deve consistir de um ser que quer a maldade por sua própria causa. Mas, na realidade, não temos experiência alguma de alguém que deseja a maldade somente porque ela é má [...]. A maldade, quando você a examina, torna-se a persecução de algum bem de uma maneira errada. Você pode ser bom pelo simples propósito da bondade; você não pode ser mal pelo simples propósito da maldade.[43]

A premissa central dessa objeção diz que é impossível amar o mal por sua própria causa. Mas o dualismo requer que seja possível. Portanto, o dualismo é falso. Para apoiar a premissa central, Lewis recorre à experiência: nós não deparamos com pessoas que amam o mal por sua própria causa.

Esse argumento é fraco. Um problema consiste em que, do fato de não termos experiência alguma de seres que amam o mal por sua própria causa, dificilmente se segue que esses seres são impossíveis.[44] Com efeito, é surpreendente encontrar esse tipo de argumento vindo de alguém como Lewis, que acredita em seres transcendentes e sobrenaturais, notadamente dessemelhantes de tudo aquilo que temos experiência. Ademais, não está nem um pouco

---

[43] Ibid., 43-44.
[44] Como apontado por um de meus estudantes, Courtney Hague.

claro que seres que amam o mal por sua própria causa não existem realmente. Por exemplo, se tomarmos Santo Agostinho em suas próprias palavras, o jovem Agostinho foi realmente esse ser:

> Roubei coisas que já possuía em abundância e de melhor qualidade. Tampouco nutria qualquer desejo de desfrutar as coisas que roubei, mas atraíam-me o furto e o pecado [...]. Tal era meu coração, Senhor, tal era meu coração [...]. Que este meu coração agora te diga o que ali buscava para fazer o mal gratuitamente, não tendo minha maldade outra razão senão a própria maldade. A maldade do ato era egoísta, e eu a amei; amei minha morte, amei o mal em mim; não a coisa pela qual eu pratiquei o mal, mas simplesmente o mal. Minha alma estava corrompida, e se lançou para fora de Sua segurança, na completa destruição, não buscando na maldade senão a própria maldade?[45]

Note, em particular, a observação de Agostinho de que ele não amou "a coisa à qual [ele] fazia o mal", ele amou "*simplesmente o mal*". Seguramente, a interpretação mais natural dessa observação é a de que Agostinho está afirmando que amou o mal *por sua própria causa* – precisamente aquilo que Lewis declara ser impossível. De modo intrigante, quando mais jovem e ateu, Lewis sustentava que o tipo de desejo que Agostinho descreve não somente é possível, mas bastante difundido. Em uma página de seu diário, datada de 1923, Lewis defende a ideia de que "a maioria de nós poderia descobrir, na maldade Satânica positiva lá embaixo, em algum lugar, o desejo para o mal não porque seja agradável, mas porque é mal".[46]

Se as declarações psicológicas de Agostinho e do jovem Lewis estiverem corretas, então o argumento do maduro Lewis fracassa. É difícil de resistir, no mínimo, à conclusão de que é *possível* o tipo de motivação que Agostinho descreve, e isso parece ser suficiente para salvar o dualismo do ataque de Lewis.

---

[45] Augustine, *Confessions*, revised edition, trad. de F. J. Sheed (Indianapolis: Hackett, 1993), 26-27.
[46] C. S. Lewis, *All My Road before Me: The Diary of C. S. Lewis, 1922-1927* (New York: Harvest Books, 2002), 191.

Poder-se-ia sugerir, contra essa crítica do argumento de Lewis, que mesmo embora Lewis recorra à experiência para estabelecer sua premissa crucial, está disponível um argumento *a priori* (que não se serve da experiência) para a mesma conclusão. Esse argumento se desdobra do seguinte modo: toda ação deve ter como propósito um fim que o agente considera bom ou vantajoso em um algum aspecto. Mas nenhum fim pode ser considerado como bom ou vantajoso meramente porque é perverso ou mal; consequentemente, nenhuma ação pode ser dirigida para o mal meramente por sua própria causa. Em relação ao caso de Agostinho, um defensor desse argumento poderia sugerir uma interpretação alternativa acerca das observações de Agostinho. Essa interpretação alternativa baseia-se no fato de que Agostinho diz que ele obteve uma excitação aprazível de fazer coisas que ele sabia que ele não deveria fazer. Foi, em parte, por causa desse prazer, pelo menos, que ele fez essas coisas, e o prazer, afinal de contas, é um bem – um bem que Agostinho perseguiu de uma maneira que não deveria.[47]

Minha resposta a essa linha de raciocínio é que a questão sobre que tipos de considerações podem motivar agentes constitui-se em uma questão empírica acerca da psicologia humana. O argumento *a priori* assume simplesmente certa resposta a essa questão – que agentes somente podem perseguir finalidades que eles consideram como boas. Mas não vejo a razão por que essa suposição deveria ser admitida como *a priori*.[48] É verdade que Agostinho diz que experimentou prazer *como um resultado de* realizar ações más. Mas, disso, não se segue que ele executou as ações más (mesmo que parcialmente) *por causa* desse prazer. De modo geral, a partir do fato de que a ação A tem uma *consequência* particular C, não se segue que o agente que efetuou A assim o fez *por causa* de C. Um exemplo simples ilustra o ponto:

---

[47] Devo a linha de raciocínio contida neste parágrafo a um leitor anônimo.

[48] Uma versão ligeiramente diferente do argumento baseia-se no princípio de que todas as ações *racionais* almejam fins considerados como bons ou vantajosos. Mas esse princípio estabelece, quando muito, que o Poder mal do dualismo não age racionalmente, e não vejo por que tal resultado seja problemático para o dualista; se o dualista estiver confortável em postular um Poder completamente depravado e mau em oposição a Deus, é difícil ver por que ele relutaria em atribuir irracionalidade a tal Poder.

toda ação física que realizo tem, entre suas consequências, o deslocamento de algumas moléculas de oxigênio, mas nunca efetuei uma ação em vista de deslocar moléculas de oxigênio. Que Agostinho tenha executado ações más por causa do prazer é uma possibilidade; outra possibilidade é que ele executou ações más *meramente porque elas eram más* e que, quando assim o fez, ele experimentou uma excitação *como consequência de* fazer o mal *por sua própria causa*. O caso de Agostinho apresenta, aparentemente, uma evidência contrária à ideia de que os agentes não podem perseguir o mal por sua própria causa. O caso pode ser interpretado de um modo que seja consistente com essa ideia, mas essa interpretação não é a única plausível.

A mim me parece que o proposto argumento *a priori* inicia a disputa contra o dualista assumindo que o mal não pode ser procurado simplesmente porque é mal. Lewis tenta estabelecer essa premissa recorrendo à asserção empírica de que as pessoas nunca procuram, de fato, o mal por sua própria causa. Essa asserção empírica é questionável e, mesmo que verdadeira, é insuficiente para estabelecer a premissa crucial do argumento de Lewis. Eu concluo que a segunda objeção de Lewis ao dualismo não é bem-sucedida.

Se tudo o que tenho dito no curso desta seção estiver correto, então Lewis pode refutar o dualismo somente se rejeitar conjuntamente (RL2) e (RL3). Para refutar o dualismo, ele deve insistir que existem apenas dois modos que um ser pode ser bom – ou por *ser* a lei moral ou por *obedecer* a uma lei moral que o ser não criou. A importância desse resultado repousa na consideração de que, se Lewis não pode eliminar o dualismo, então seu argumento moral está em dificuldades, como agora mostrarei.

Considere os famosos comentários do Apóstolo Paulo sobre seus próprios esforços para fazer a coisa certa: "Posso querer o bem, mas não posso realizá-lo. Pois não faço o bem que quero, mas o mal que não quero é o que eu faço".[49] Charles Freeman observa: "Nenhum leitor do texto de Paulo pode ignorar a poderosa força emocional desta mensagem: seres

[49] Romanos 7,18-19.

humanos vivem no centro de um drama cósmico que alcança o âmago de cada pessoa, forças do bem e do mal combatem no interior do indivíduo".[50] Encontramos em nós mesmos não somente uma disposição que nos inclina para a bondade, mas também uma disposição que nos inclina para o mal, de modo que o conflito entre as duas pode produzir um distúrbio interno. Com efeito, essa batalha interior é uma das características centrais da experiência moral humana, tendo sido examinada por todo filósofo moral importante da tradição Ocidental. A seguinte breve observação de Immanuel Kant captura o fenômeno de modo apropriado: "Para ser um homem sempre virtuoso, deve existir nele disposições para [fazer] o mal, e ele deve constantemente combatê-las".[51] Não seria o dualismo uma explicação perfeitamente razoável desse fenômeno? Entre os dados empíricos que Lewis recorre no curso do desenvolvimento de seu argumento moral estão certas emoções morais, incluindo a culpa e um senso de obrigação. Lewis sugere que esses fenômenos indicam a existência de um Poder Superior bom. Mas também encontramos em nosso interior tentações e inclinações más. Se for razoável supor que emoções morais positivas indicam a existência de um Poder Superior bom, não seria igualmente razoável supor que emoções morais negativas sejam indicativas de um Poder Superior mal?

Lewis nota que o cristianismo tradicional inclui a crença de que existe um "Poder Tenebroso" que foi "criado por Deus, e que era bom quando foi criado, mas que se tornou mal".[52] Esse Poder Tenebroso está "atrás da morte e da doença, e do *pecado*".[53] Talvez nossas lutas internas espelhem a luta entre os dois Poderes do dualismo. Essas considerações sugerem um argumento a favor do dualismo que é estruturalmente paralelo ao argumento moral de Lewis:

---

[50] Charles Freeman, *The Closing of the Western Mind: The Rise of Faith and the Fall of Reason* (New York: Vintage Books, 2005), 122.
[51] Immanuel Kant, *Lectures on Ethics*, trad. de L. Infield (Indianapolis: Hackett, 1930), 76.
[52] Lewis, *Mere Christianity*, 45.
[53] Ibid., grifos meus.

Um argumento moral a favor do dualismo

1. Existem fenômenos morais positivos e negativos.
2. A melhor explicação para a existência de fenômenos morais é a existência de um Poder Superior (ou Poderes) que criou o universo.
3. Logo: Existe um Poder Superior (ou Poderes) que criou o universo (a partir de 1 e 2).
4. O Poder Superior (ou Poderes) provê instruções e quer que nos engajemos em uma conduta moralmente correta, mas também nos incita e quer que nos engajemos em uma conduta moralmente incorreta.
5. Se (4), então existem dois Poderes Superiores que criaram o universo, um bom e o outro mal.
6. Portanto, existem dois Poderes Superiores que criaram o universo, um bom e o outro mal (a partir de 4 e 5).

Temos, então, argumentos paralelos para conclusões incompatíveis. A não ser que exista uma razão independente para escolher um argumento em vez do outro, nós nos deparamos com o seguinte dilema: é razoável endossar um argumento somente se também for razoável endossar o outro. Mas não é razoável endossar ambos os argumentos; logo, não é razoável endossar qualquer um dos dois. É claro que o dualismo não é uma opção que subsiste para a maioria das pessoas, mas isso não vem ao caso. O ponto da questão é se seria razoável crer em um único Poder Superior com base no argumento moral de Lewis; o fato de existir atualmente poucos dualistas não constitui uma boa razão para escolher o argumento de Lewis em vez do argumento moral do dualismo. Se o dualismo pudesse ser refutado de modo direto, isso resolveria o impasse. Suspeito que isso seja pelo menos uma parte da razão de por que Lewis tenta essa refutação em *Mero Cristianismo*. Sem a refutação, Lewis não nos oferece uma boa razão para preferir seu argumento moral ao argumento moral a favor do dualismo.[54]

---

[54] Recorde minha sugestão de que Lewis oferece um argumento de caso cumulativo, do qual seu argumento moral é apenas um componente. Poderiam outros aspectos desse caso cumulativo romper o equilíbrio aqui descrito? Minha breve resposta é negativa: os outros

Tenho argumentado, nesta seção, a favor de duas principais afirmações. Em primeiro lugar, argumentei que o ataque de Lewis contra o dualismo em *Mero Cristianismo* pode ser bem-sucedido somente se existirem apenas dois modos que um ser pode ser bom – ou por *ser* a lei moral ou por *obedecer* a uma lei moral que o ser não criou. Em segundo lugar, argumentei que o argumento moral de Lewis pode ser bem-sucedido somente se o ataque de Lewis contra o dualismo for bem-sucedido. Segue-se, a partir dessas duas afirmações, que o argumento moral de Lewis pode ser bem-sucedido somente se existirem apenas dois modos que um ser pode ser bom – ou por *ser* a lei moral ou por *obedecer* a uma lei moral que o ser não criou. Dada a obscuridade e possível incoerência da noção de que Deus *é* a lei moral, esse resultado traz séria dificuldade para o argumento moral de Lewis. Irei examinar, na próxima seção, um tipo diferente de objeção ao argumento moral de Lewis. A essência dessa outra objeção é que fenômenos morais lewisianos são perfeitamente inteligíveis em um universo completamente destituído de Poderes Superiores.

2.4. A moralidade objetiva sem Deus

Segue novamente o argumento moral de Lewis:

O argumento moral de Lewis

1. Existem fenômenos morais lewisianos.
2. A melhor explicação para a existência de fenômenos morais lewisianos é a existência de um Poder Superior que criou o universo.
3. Logo: Existe um Poder Superior que criou o universo (a partir de 1 e 2).
4. O Poder Superior provê instruções e quer que nos engajemos em uma conduta moralmente correta.

---

fenômenos que Lewis recorre para fazer sua defesa de um Poder Superior (nossa habilidade para raciocinar e um desejo que nenhum objeto terrestre pode satisfazer) não contestam, até onde posso ver, a existência de um Poder superior mal em acréscimo ao Poder bom.

5. Se (4), então existe um Poder Superior bom e semelhante à mente que criou o universo.

6. Portanto, existe um Poder Superior bom e semelhante à mente que criou o universo (a partir de 4 e 5).

Sugeri anteriormente que o argumento de Lewis recorre a uma inferência para a melhor explicação. Isso sugere duas estratégias para atacar o argumento. Uma estratégia consiste em negar a existência de fenômenos morais lewisianos e, assim, rejeitar a primeira premissa. Por exemplo, alguns resistem a argumentos como o argumento moral de Lewis e negam completamente a existência de uma moralidade objetiva. Não irei considerar aqui essa perspectiva pela simples razão de considerá-la improvável. Uma segunda estratégia é encontrar explicações para fenômenos morais lewisianos que não suponham Poderes Superiores e, assim, rejeitar a segunda premissa. Russell e Hume seguem a segunda estratégia a respeito de, pelo menos, alguns dos fenômenos morais lewisianos.

Recordemos a natureza dos fenômenos morais lewisianos. Existem três desses fenômenos: (i) que os seres humanos possuem certas obrigações morais (fatos morais); (ii) que a maioria dos seres humanos conhece quais são, pelo menos, algumas dessas obrigações (conhecimento moral); e (iii) que a maioria dos seres humanos experimenta várias emoções relacionadas a essas obrigações, tais como culpa e um senso de obrigação (emoções morais).

A faculdade comumente considerada como responsável pelos componentes (ii) e (iii) é a consciência, que normalmente é considerada pertencer a todos ou a quase todos os seres humanos. Algumas passagens indicam que Lewis pensa que a consciência possui uma origem divina. Por exemplo, em *Mero Cristianismo*, ele descreve o Poder Superior como algo que "aparece em mim como uma lei que me impele a fazer o certo" e descreve a lei moral como algo "que Ele inseriu em nossas mentes".[55] Em *O Problema de Sofrimento*, Lewis diz que Deus "fala em nossa consciência".[56]

[55] Lewis, *Mere Christianity*, 25, 29.
[56] Lewis, *Problem of Pain*, 91.

Já consideramos a crítica de Russell ao argumento moral a partir de seu ensaio de 1927, "Por que não sou cristão". Vários anos depois, Russell parece apoiar um tipo diferente de resposta ao argumento moral. Essa outra resposta funda-se na alegada variação das desobrigações de consciência de uma pessoa em relação à outra. Por exemplo, em seu artigo de 1939, "A existência e natureza de Deus", Russell escreve:

> A consciência varia com pessoas diferentes em diferentes ocasiões [...]. Considere uma coisa como o sacrifício humano. Ele tem existido em quase todas as raças. É a fase normal de certo estágio no desenvolvimento da espécie. Para aqueles que a praticaram, constitui uma parte essencial de sua religião [...]. Você irá descobrir que aquilo que sua consciência lhe diz varia de acordo com a época e o lugar [...].[57]

Em 1948, a rádio BBC transmitiu um debate sobre a existência de Deus entre Russell e o filósofo jesuíta F. C. Copleston. Nesse debate, Copleston sugeriu que "a consciência da lei moral e da obrigação é mais bem explicada por meio da hipótese de [...] um autor da lei moral".[58] A resposta imediata de Russell foi que "a lei moral [...] é sempre variável. Em um período do desenvolvimento da espécie humana, quase todos pensavam que o canibalismo era um dever".[59]

Concedamos a alegação de Russell de que as desobrigações de consciência variam amplamente de pessoa a pessoa. Qual é, exatamente, a consequência que se supõe ter disso? A ideia de Russell é que essa variação constitui evidência de que a consciência não possui uma origem divina, mas, antes, uma origem terrestre: "A consciência é o depósito da aflição devida à desaprovação experimentada ou imaginada no passado, particularmente no início da juventude.

---

[57] Bertrand Russell, "The Existence and Nature of God", in L. Greenspan & S. Andersson (eds.), *Russell on Religion* (New York: Routledge, 1999), 99. Observações semelhantes podem ser encontradas em Bertrand Russell, "Science and Religion", ibid., 137; e Bertrand Russell, The Sense of Sin", ibid., 186.

[58] Bertrand Russell & F. C. Copleston, "A Debate on the Existence of God", ibid., 141.

[59] Ibid.

Assim, longe de ter uma origem divina, a consciência é um produto da educação e pode ser treinada para aprovar ou para desaprovar, de acordo com que os pedagogos consideram conveniente".[60] Russell observa, no curso do debate com Copleston, que "o sentimento que alguém tem sobre o 'dever' é um eco do que foi dito para esse alguém por seus pais ou por seus protetores".[61]

O argumento de Russell, então, parece consistir em que a variação nas desobrigações de consciência, de pessoa a pessoa, indica que a consciência é completamente um produto da educação (ou, de modo mais pejorativo, do condicionamento) que alguém recebe enquanto muito jovem. Os preceitos morais enraizados durante a mocidade persistem na idade adulta e "surgem como se tivessem uma origem externa e como se fossem a voz de Deus", mas isso é apenas uma ilusão.[62] Com efeito, que isso possa insuflar os preceitos de alguém é, de modo geral, uma questão contingente, uma vez que a determinação do responsável pela educação de alguém enquanto jovem é, quase sempre, uma questão contingente; e, por conseguinte, os preceitos que alguém encontra incutidos em si mesmo podem vir a se mostrar falsos. Russell tinha alguma experiência pessoal desse fenômeno, o que pode ter influenciado suas concepções sobre a questão. Em sua autobiografia, Russell diz o seguinte em relação à Alis, sua primeira esposa:

> Como todas as mulheres americanas daquela época, ela foi educada para pensar que o sexo é bestial, que todas as mulheres o odeiam e que a lascívia brutal dos homens constituía o principal obstáculo à felicidade no matrimônio. Ela pensava, pois, que a relação sexual deveria acontecer somente em vista da reprodução.[63]

O argumento de Russell não pretende mostrar, nem mostra, de fato, que não existem verdades morais universais e objetivas. O simples fato de que podemos ser doutrinados com falsas crenças em um determinado domínio não

---

[60] Bertrand Russell, "Science and Religion", ibid., 137.
[61] Bertrand Russell & F. C. Copleston, "A Debate", ibid., 141.
[62] Bertrand Russell, "Existence and Nature", ibid., 99.
[63] Bertrand Russell, *Autobiography* (New York: Routledge, 1998), 126.

implica a inexistência de verdades nesse domínio; se implicasse, quase todas as verdades desapareceriam. O ponto do argumento, antes, é estabelecer que a explicação para nossas crenças morais e disposições emocionais não repousa na atividade divina, mas em nossa educação.

Na consideração desse argumento, é importante distinguir duas afirmações: (a) existe uma variação significativa nos preceitos morais sustentados por diferentes pessoas; (b) não existem preceitos morais que são sustentados por todos (ou por quase todos). Russell oferece vários exemplos de variação nas desobrigações de consciência, mas é evidente que esses exemplos apoiam, na melhor das hipóteses, a afirmação mais fraca (a), ao passo que seu argumento parece requerer a afirmação mais forte (b). A partir de (a), o máximo que se seguiria é que a consciência pode ser corrompida por uma má educação, mas é difícil ver como poderíamos razoavelmente passar dessa afirmação para a pretendida conclusão de que a consciência é *completamente* um produto da educação. Não existe indicação alguma de que Lewis sustenta que a consciência é completamente incorruptível ou que qualquer crença ou sentimento moral de alguém foi produzido por sua consciência incorrupta. A presença de algumas crenças e emoções morais que possuem uma origem terrestre é perfeitamente consistente com a presença de outras que possuem uma origem divina.

Parece, portanto, que o argumento de Russell fracassa em estabelecer sua pretendida conclusão. O problema fundamental com o argumento é que estabelecer a presença do desacordo não é a mesma coisa que estabelecer a ausência do acordo. Russell realizou, no máximo, a primeira tarefa, mas seu argumento requer que ele realize a segunda. Ademais, no apêndice de *A Abolição do Homem* [*The Abolition of Man*], Lewis apresenta uma série de preceitos morais que ele considera como universalmente reconhecidos, ou quase universalmente reconhecidos, juntamente com evidências textuais provenientes de diferentes tradições que indicam o reconhecimento de preceitos relevantes no interior de todas as tradições.[64] A fim de manter seu argumen-

---

[64] C. S. Lewis, *The Abolition of Man* (New York: HarperCollins, 2001), 83-101; cf. também <www.religioustolerance.org/reciproc.htm>. Acessado em 11/1/2007.

to, Russell precisaria discutir esses alegados preceitos universais e mostrar que eles não são, afinal de contas, sustentados tão amplamente assim, e isso é algo que ele não faz.

Parece evidente que, ainda que existissem preceitos morais sustentados por quase todos, *poderia* ser o caso que esses preceitos compartilhados fossem um resultado da educação; preceitos comuns poderiam ser resultados de elementos comuns na educação. Mas Russell pretende estabelecer que a consciência *é*, completamente, um produto da educação, não somente que *poderia ser*.

Talvez ainda mais problemático para o argumento de Lewis do que a variação nas desobrigações de consciência seja o fato de que falta completamente uma consciência para algumas pessoas, pelo menos aparentemente. A psicopatia (às vezes chamada "sociopatia") é uma desordem de personalidade caracterizada, entre outras coisas, pela ausência da capacidade para experimentar várias emoções, incluindo a empatia, o amor e a culpa.[65] Os psicopatas conhecem, em certo sentido, a diferença entre o certo e o errado; eles reconhecem, pelo menos, que outras pessoas percebem certos atos como certos ou como errados, e são mesmo capazes de empregar adequadamente os termos "certo" e "errado". Mas o certo e o errado não possuem significação alguma para os psicopatas, que literalmente não se preocupam com a moralidade. Robert Hare, um psicólogo que estudou a psicopatia por mais de um quarto de século, faz a seguinte colocação:

> Eles *conhecem* as regras, mas seguem somente aquelas que eles escolhem seguir, sem se importarem com as consequências para os outros. Eles têm pouca resistência à tentação e suas transgressões não evocam qualquer culpa. Sem as amarras de uma consciência inflexível, eles sentem-se livres para satisfazer suas necessidades e desejos, e fazem tudo o que pensam que podem para safar-se da punição.[66]

---

[65] Cf. Robert D. Hare, *Without Conscience: The Disturbing World of the Psychopaths among Us* (New York: The Guilford Press, 1999), 40-46; e Martha Stout, *The Sociopath Next Door* (New York: Broadway Books, 2005), 36-51. Stout refere-se a psicopatas como "pessoas de gelo".

[66] Hare, *Without Conscience*, 75-76.

Lewis reconhece que pode existir "um indivíduo estranho aqui e ali" que não conhece a Lei da Natureza, "da mesma maneira que você encontra algumas pessoas que são daltônicas ou que não possuem sentido auditivo para uma determinada tonalidade".[67] É interessante notar que aqueles que estudam psicopatas usam analogias semelhantes para descrever a psicopatia. Hare cita dois pesquisadores que declaram que, quando alcança uma emoção, um psicopata "conhece a letra, mas não a música".[68] O próprio Hare utiliza o daltonismo para explicar a psicopatia:

> O psicopata é como uma pessoa daltônica que vê o mundo em sombras de cinza, mas que aprendeu como operar em um mundo colorido. Ele aprendeu que o sinal de luz para "parar" está na parte superior do semáforo. Quando uma pessoa daltônica lhe diz que parou na luz vermelha, ele quer realmente dizer que ele parou na luz que se situa na parte superior [...]. Assim como a pessoa daltônica, falta ao psicopata um importante elemento da experiência – nesse caso, da experiência emocional –, mas ele pode apreender as palavras empregadas pelos outros e assim pode descrever ou imitar experiências que ele realmente não pode entender.[69]

Recorde-se do "problema do sofrimento não suficiente", discutido no capítulo anterior. Parece que o fenômeno da psicopatia pode colocar um problema semelhante para a concepção de Lewis. O problema origina-se da ideia de Lewis de que a consciência humana é um instrumento que Deus utiliza para se comunicar conosco. De modo mais preciso, a consciência é um instrumento que Deus utiliza para conseguir que reconheçamos nossa necessidade em relação a Ele. Diz Lewis: "O cristianismo diz para as pessoas que se arrependem e lhes promete perdão. Portanto, nada tem a dizer (até onde eu sei) para pessoas que não sabem que fizeram algo de se arrepender e que não sentem que precisam de algum perdão".[70]

---

[67] Lewis, *Mere Christianity*, 5.
[68] Hare, *Without Conscience*, 53.
[69] Ibid., 129.
[70] Lewis, *Mere Christianity*, 31.

Psicopatas são incapazes do sentimento de que precisam de perdão. Deus os abandonou? Psicólogos estimam que cerca de 4% dos seres humanos são psicopatas (pelo menos no Ocidente).[71] A partir da perspectiva da concepção de Lewis acerca da bondade divina e da felicidade humana, descrita no capítulo anterior, e de sua ideia de que a consciência é um importante instrumento que Deus utiliza para levar os seres humanos à genuína felicidade, como devemos compreender o fato de que, aproximadamente, um entre vinte e cinco seres humanos é um psicopata? Recorde-se a quarta premissa do argumento moral de Lewis:

4. O Poder Superior provê instruções e quer que nos engajemos em uma conduta moralmente correta.

O fenômeno da psicopatia parece arruinar essa premissa em alguma extensão. Se o Poder Superior quer que nos engajemos em uma conduta moralmente correta, por que Ele permite faltar a tantos de nós o equipamento emocional essencial para isso? Não estou certo de que essa objeção seja decisiva, principalmente em razão da possibilidade de uma justificação para a psicopatia que se encontra para além de nossa compreensão; todavia, a mim me parece que a psicopatia encontra no sofrimento natural infantil não aperfeiçoante da vítima um fenômeno que não se ajusta muito bem com a concepção geral de Lewis.

Em todo caso, deixemos de lado a psicopatia e dediquemos nossa atenção à vasta maioria dos seres humanos que possuem os elementos básicos de uma consciência completa. Em particular, suponhamos que Lewis esteja correto em afirmar que existem certos preceitos morais universalmente (ou quase universalmente) sustentados. Existe algum outro modo de explicar essa universalidade que não como um resultado da atividade divina?

Hume entra em cena. Hume concorda com Lewis que certas crenças morais são amplamente compartilhadas, mas, como Russell, procura uma ex-

[71] Stout, *Sociopath Next Door*, 136.

plicação naturalista para nossas crenças morais. Ele procura explicar a universalidade de certos juízos morais por meio de certas emoções (ou, de modo mais preciso, disposições para sentir certas emoções) que ele considera como constituintes da natureza humana. A mais importante dessas disposições é o que Hume denomina "benevolência" ou "sentimento de humanidade", a qual ele caracteriza como "amizade pela humanidade".[72] O sentimento de humanidade é universal em dois sentidos. Primeiro, é universal em sua distribuição. A tendência para sentir compaixão pelos outros é comum a todos os seres humanos. Segundo, é universal em seu objeto. Sentimos esse sentimento de amizade mesmo em relação àqueles que nada têm conosco. Como coloca Hume, esse tipo de amizade é "tão universal e compreensivo que se estende a todo o gênero humano, fazendo das ações e condutas, mesmo de pessoas as mais distantes, um objeto de aplauso ou de censura, de acordo com o que concordam ou discordam em relação à regra estabelecida do correto.[73] Aos olhos de Hume, os juízos morais estão enraizados nas emoções, e a disposição emocional por ele denominada "sentimento de humanidade" explica por que certos juízos morais são também universais:

> Se você encenar um comportamento tirânico, insolente ou bárbaro, em qualquer país ou época do mundo, eu prontamente conduzirei meu olhar à tendência perniciosa dessa conduta e experimentarei um sentimento de repugnância e descontentamento em relação a isso. Nenhum personagem pode ser tão remoto a ponto de, nessa perspectiva, tornar-se completamente indiferente a mim.[74]

O tirano de Hume é universalmente condenado, pensa Hume, porque invoca a mesma resposta emocional de todos os que sobre ele refletem. Porque "a humanidade de um homem é a humanidade de todos", todos aqueles que refletem sobre o tirano sentem repugnância e descontentamento. Essa

---

[72] David Hume, *Enquiries Concerning Human Understanding and Concerning the Principles of Morals*, third edition (Oxford: Oxford University Press, 1990), 271.
[73] Ibid., 272.
[74] Ibid., 273.

repugnância produz, por sua vez, um juízo moral (negativo) acerca do caráter do tirano. Assim, o juízo moral universal está, enfim, enraizado na humanidade comum a todos os seres humanos.

Uma segunda disposição emocional universal importante, aos olhos de Hume, é por ele denominada de "o amor da fama".[75] Hume sustenta que essa disposição consiste em um interesse a ser bem considerado pelos outros e que visa a produzir virtude:

> Por nossa busca contínua e determinada de um caráter, de um nome, de uma reputação no mundo, nós frequentemente revisamos nosso próprio comportamento e conduta, e consideramos como estes aparecem aos olhos daqueles que estão próximos e nos observam. Esse hábito constante de nos avaliar a nós mesmos, por assim dizer, por meio da reflexão, mantém vivo todos os sentimentos de certo e errado e cria, em naturezas nobres, certa reverência por si mesmos, bem como em relação aos outros, a qual é a guardiã mais segura de toda virtude.[76]

A passagem indica que o amor da fama, trabalhando em conjunção com o sentimento de humanidade, joga um importante papel na produção dos juízos morais que fazemos sobre nós mesmos. Nosso amor da fama nos leva a nos engajar em um frequente autoexame no qual nos consideramos a partir de fora, de como aparecemos aos outros. Logo que assumimos esse ponto de vista em relação a nós mesmos, nossa humanidade produz juízos morais sobre nós mesmos do mesmo modo que produz esses juízos sobre outros.

As observações de Hume são sensatas e plausíveis; mas elas trazem dificuldades para o argumento moral de Lewis? Penso que não, pela seguinte razão. Iniciamos com a curiosidade de saber se poderia existir uma explicação alternativa para determinados fenômenos morais lewisianos, outra explicação que não a atividade por parte de um Poder Superior. Hume tenta explicar por que razão certos juízos morais e emoções são universais recorrendo

[75] Ibid., 276.
[76] Ibid.

à existência de disposições emocionais universais. Mas isso parece somente deslocar a questão: por que razão, afinal, as disposições emocionais identificadas por Hume pertencem à natureza humana? O que explica sua universalidade? De modo mais específico, as disposições emocionais universais dos seres humanos podem ser explicadas de um outro modo que não como um produto de um Poder Superior?[77]

Alguns escritores contemporâneos sugerem que o campo relativamente novo da psicologia evolutiva poderia prover essa explicação.[78] Para entender os elementos básicos dessa explicação devemos entender, primeiro, o que é requerido para prover uma explicação evolutiva para a presença difundida de uma determinada característica.

Suponha que observemos que todos os membros de uma dada espécie ou população possuem uma determinada característica C. Um elemento crucial de uma explicação evolutiva para a presença difundida de C na população apoia-se na afirmação de que, tudo o mais sendo igual, os organismos individuais que possuem C têm maior probabilidade de sobreviver e de se reproduzir do que os organismos individuais que não possuem C.[79] Os exemplos mais simples e mais intuitivos desse tipo de explicação envolvem características físicas. Por exemplo, imagine uma espécie de pássaro que encontra sua subsistência em um determinado tipo de semente. Suponha que pássaros da espécie em questão vivam em um ambiente no qual as sementes sejam en-

[77] Hume, em certo momento, realmente sugere que essas disposições emocionais são um produto da "Vontade Suprema"; ibid., 294. Como veremos, as concepções consideradas de Hume sobre a religião não deixam claro o quanto essa observação deveria ser seriamente tomada. Não obstante, Hume a fez.

[78] É interessante notar que Darwin identificou o mesmo par de disposições emocionais identificado por Hume e, como Hume, sugeriu que elas pertenceriam à natureza humana. Cf. Robert Wright, *The Moral Animal: Evolutionary Psychology and Everyday Life* (New York: Random House, 1994), 184.

[79] Esse entendimento das explicações evolucionistas centra-se na *aptidão clássica* e ignora as complicações que emergem do conceito de *aptidão inclusiva*; para discussões proveitosas acerca da aptidão inclusiva, cf. Wright, *Moral Animal*, 155-179; e David M. Buss, *Evolutionary Psychology: The New Science of the Mind*, 2ª ed. (Boston: Pearson Education, Inc., 2004), 13-15. Deixo aqui também de lado a controversa noção de seleção de grupo; para uma discussão da seleção de grupo em relação à moralidade, cf. Michael Shermer, *The Science of Good and Evil* (New York: Henry Holt & Co., 2004), 50-56.

contradas apenas no fundo de buracos relativamente profundos e estreitos. Tudo o mais sendo igual, os pássaros com bicos mais longos e estreitos terão maior probabilidade de sobreviver e de se reproduzir porque eles serão mais capazes de alcançar as sementes do que os pássaros com bicos mais curtos ou mais largos. Pássaros com bicos mais curtos ou mais largos estariam em desvantagem na luta por recursos limitados e, consequentemente, tenderiam a desaparecer. Isso parece explicar a razão por que todos os pássaros da espécie possuem bicos longos e estreitos.

A ideia central da psicologia evolutiva é a de que esse tipo de explicação pode ser aplicado não somente a características físicas, mas também a características psicológicas. A aplicação mais interessante (e controversa) da psicologia evolutiva é em relação a seres humanos. Sugeriu-se que determinadas disposições ou tendências psicológicas humanas aparentemente universais podem ser explicadas em termos evolutivos. David Buss, psicólogo evolutivo contemporâneo, oferece a seguinte ilustração:

> Considere uma observação comum que tem sido documentada pela pesquisa científica: a aparência física de uma mulher é parte significativa de sua desejabilidade aos homens [...]. A hipótese evolutiva mais amplamente defendida é que a aparência de uma mulher provê uma riqueza de indícios em relação a sua fertilidade. Durante o tempo evolutivo, os homens que foram atraídos por mulheres portadoras desses indícios de fertilidade teriam superado os homens atraídos por mulheres que carecem de indícios de fertilidade ou que eram totalmente indiferentes à aparência física de uma mulher.[80]

Alguns estudiosos têm sugerido que as disposições para formar determinadas crenças morais ou para experimentar determinadas emoções morais poderiam ser desse modo explicadas, e os psicólogos evolutivos têm dedicado bastante atenção a esses tópicos. Considere, por exemplo, a disposição para sentir gratidão e ternura em relação àqueles que nos trataram

[80] Buss, *Evolutionary Psychology*, 48. Buss continua a discutir um indício particularmente fértil – uma proporção relativamente baixa entre a cintura e o quadril.

de modo cordial ou sincero e a disposição para sentir indignação e raiva por aqueles que nos trataram de modo malévolo ou ímprobo. Se alguém cumpre uma promessa que nos havia feito, é provável que tenhamos um sentimento positivo em relação a essa pessoa e, por isso, será mais plausível confiarmos nela no futuro; do mesmo modo, é provável que tenhamos um sentimento negativo em relação àqueles que não cumprem suas promessas e será menos plausível nesses confiar. As ações do outro produzem respostas emocionais em nosso interior, e essas respostas emocionais, por sua vez, influenciam nosso comportamento. Por exemplo, as disposições emocionais que descrevi tendem a nos engajar em um "altruísmo recíproco" – uma cooperação com aqueles que provaram ser companheiros confiáveis no passado. De modo mais preciso, essas disposições emocionais nos inclinam a seguir a estratégia "Isto por Aquilo" (ou "TIT FOR TAT", assim denominado em consideração a um programa de computador escrito por Anatol Rapaport). A essência dessa estratégia é cooperar com aqueles que cooperaram conosco no passado e se abster de cooperar com aqueles que nos enganaram no passado.[81]

As disposições emocionais que descrevi podem parecer tão naturais e óbvias de modo a não necessitar qualquer explicação; é evidente que nos aborrecemos quando os outros nos enganam! Mas a aparente naturalidade e obviedade dessas reações apoiam a afirmação de que elas são constitutivas da natureza humana e, portanto, de que são boas candidatas para a explicação evolutiva. Imagine uma pessoa que nunca se aborrece quando outros a enganam. Será muito mais fácil para essa pessoa levar vantagem do que para alguém que experimenta a resposta humana normal de ser enganado. Assim, tudo o mais sendo igual, uma pessoa com a disposição emocional normal terá maior probabilidade de sobreviver e de se reproduzir do que alguém incapaz de indignação moral. Do mesmo modo, uma pessoa que permanece indiferente àqueles que provam ser confiáveis obtém da cooperação meno-

---

[81] Wright, *Moral Animal*, 196-197; cf. também Buss, *Evolutionary Psychology*, 254-257.

res benefícios do que uma pessoa que experimenta os sentimentos positivos normais de ternura para com aqueles que são confiáveis. Mais uma vez, a resposta emocional normal provê uma vantagem evolutiva. Assim, podemos ver por que as disposições emocionais humanas normais teriam sido selecionadas pela evolução.[82]

Outra emoção moral, relacionada intimamente com a consciência, é a culpa. Se aqueles a nosso redor tendem a seguir a estratégia "Isto por Aquilo", então seria de nosso próprio interesse manter nossas promessas e não enganar os outros. A emoção de culpa pode motivar-nos a fazer precisamente isso; se nos sentimos culpados (uma experiência desagradável) quando enganamos, então será menos provável que assim façamos. E teremos assim maior probabilidade de obter os benefícios da cooperação. Robert Wright sugere que a culpa também pode desempenhar uma função:

> A culpa, que poderia originalmente ter tido a simples função de incitar o pagamento de dívidas não pagas, poderia vir a cumprir uma segunda função: incitar a confissão antecipada do engano que aparece no horizonte da descoberta. (Já observou como a culpa mantém certa correlação com a probabilidade de ser surpreendido enganando?)[83]

Será provavelmente melhor [mais vantajoso a nós] confessarmos antes de enganar do que ser surpreendido enganando; como observa La Rochefoucauld, "nosso arrependimento é menos um pesar dos males que causamos do que um medo dos males que podemos enfrentar".[84] Isso ilustra outro modo no qual a disposição para sentir culpa, em certas situações, embora algumas vezes desagradável para a pessoa que manifesta essa disposição, pode também ser vantajosa para tal pessoa. Assim, podemos considerar que a

---

[82] Esse breve esboço é somente isso; várias sutilezas e complexidades surgem em relação ao altruísmo recíproco e ao "Isto por Aquilo". Para uma discussão acessível, cf. o cap. 9 de *The Moral Animal*, de Wright, e o cap. 9 de *Evolutionary Psychology*, de Buss.
[83] Wright, *Moral Animal*, 206.
[84] François duc de la Rochefoucauld, *Maxims*, trad. de L. Kronenberger (New York: Random House, 1959), 66, 180.

disposição para sentir culpa em determinadas circunstâncias poderia ter sido selecionada.[85]

Essa breve discussão de psicologia evolutiva visa a prover nada mais que um esboço de como alguns fenômenos morais lewisianos poderiam ser explicados de um modo não teístico. Na medida em que esse tipo de explicação é plausível, o argumento moral de Lewis é enfraquecido. É importante notar, entretanto, que esse tipo de explicação não dá conta da existência de fatos morais. Na terminologia de Lewis, explicações evolutivas *podem* explicar nossas crenças e emoções com referência à Lei da Natureza, mas elas não elucidam, de modo algum, a origem mesma da Lei. Em geral, explicar por que todos (ou quase todos) acreditam em p é bastante diferente de explicar por que p é verdadeira, e assim é quando se trata de fatos morais. A explicação de por que todos, ou a maioria, possuem certas crenças morais não é suficiente para explicar por que as crenças morais correspondentes são verdadeiras. Por exemplo, uma coisa é explicar por que a maioria das pessoas *crê* que torturar crianças inocentes simplesmente para entretenimento é errado; outra coisa totalmente diferente é explicar por que torturar crianças inocentes simplesmente para entretenimento *é*, realmente, errado.

Essa distinção é de crucial importância e, embora seja frequentemente negligenciada, merece que nos detenhamos um momento a fim de enfatizá-la. Sempre que alguém lhe diz que vai "explicar a moralidade", escute cuidadosamente a fim de determinar exatamente o que a pessoa está tentando explicar. Está ela tentando explicar por que as pessoas têm determinadas *crenças e atitudes* morais? Ou está ela tentando explicar por que determinadas asserções morais são verdadeiras? A psicologia evolutiva pode prover uma explicação plausível não ateística de crenças e emoções morais humanas.[86] Mas essa expli-

---

[85] É evidente que, se esse tipo de explicação for plausível, pode levar alguém a surpreender-se de por que a psicopatia não foi eliminada pela evolução. Para uma discussão das explicações evolucionistas para a psicopatia, cf. Hare, *Without Conscience*, 166-168.

[86] Para ficar claro: não pretendo sugerir que a explicação evolucionista que esbocei é não teísta no sentido de que é incompatível com a existência de Deus; antes, a ideia é que a explicação não requer a existência de Deus.

cação não provê, por si mesma, uma explicação não ateística completa de fenômenos morais lewisianos. Ela deve ser suplementada por uma discussão acerca da possibilidade de verdades morais objetivas sem um fundamento teísta.

É possível a existência de fatos morais objetivos em um universo sem Deus? Creio que sim; além disso, creio que as observações de Lewis em "O Veneno do Subjetivismo" nos apontam em direção a um realismo ético ateístico plausível. Recorde a afirmação de Lewis nesse ensaio de que "o bem é incriado; jamais poderia ter sido de outro modo; não há nele sombra alguma de contingência".[87] Sugeri inicialmente que, nesse contexto, o bem = a lei moral. Se isso estiver correto, então a afirmação de Lewis é que a lei moral é incriada e não poderia ter sido diferente do que ela é.

Filósofos contemporâneos tendem a distinguir entre dois tipos de verdades: por um lado, existem verdades contingentes – verdades que são verdadeiras, mas que poderiam ser falsas; por outro, existem verdades necessárias – verdades que são verdadeiras e que *devem necessariamente* ser verdadeiras. As verdades necessárias são verdades que simplesmente não poderiam ser falsas. Na passagem citada há pouco, Lewis parece afirmar que, pelo menos, algumas verdades éticas são verdades necessárias; como coloca Lovell, elas possuem *forte estatuto modal*.[88]

A noção de que algumas verdades éticas são necessariamente verdadeiras provê o fundamento para um tipo de realismo ético ateístico.[89] Isso porque as verdades necessárias não requerem uma explicação de sua verdade. Com efeito, teístas usualmente exploram esse fato para retorquir à questão acerca da origem de Deus. Uma concepção teísta comum é a de que Deus não veio de lugar algum; Deus existe necessariamente e, consequentemente, sua existência não requer explicação. Se algumas verdades éticas são necessariamente

---

[87] Lewis, "Poison of Subjectivism", 80.

[88] Lovell, *Philosophical Themes*, chapter 2, 21. Alston menciona brevemente essa possibilidade em "What Euthyphro Should Have Said", 291. Uma discussão mais longa dessa concepção pode ser encontrada em William Wainwright, *Religion and Morality* (Burlington, VT: Ashgate, 2005), 62-67. Discuto brevemente as observações de Wainwright's em Erik Wielenberg, "Response to Maria Antonaccio", *Conversations in Religion and Theology* 4:2 (November 2006), 219-224.

[89] Desenvolvo tal teoria em Wielenberg, *Value and Virtue*.

verdadeiras, então o ateu pode fazer uma afirmação semelhante sobre elas: sua verdade não precisa de uma explicação. Recorde que o argumento moral de Lewis apoia-se em uma inferência para a melhor explicação; se verdades éticas não requerem explicação, essa inferência é destruída, e o argumento de Lewis perde muito de sua força. Penso que argumentos como o de Lewis derivam muito de sua força a partir da percepção de que as obrigações morais devem ter alguma origem, de que elas não podem "apenas existir". Mas se for plausível a ideia de que algumas obrigações morais fundamentam-se em verdades necessárias, então as obrigações podem certamente "apenas existir".

É evidente que Lewis não afirma somente que a lei moral existe necessariamente, mas também que é idêntica a Deus. Não estou aqui alegando que o próprio Lewis tivesse endossado a ideia de que a lei moral pudesse existir independentemente de Deus; antes, o que estou sugerindo é que a própria afirmação de Lewis de que a lei moral existe necessariamente abre a porta para essa alegação. Em meu entendimento, a noção de verdades éticas que são necessariamente verdadeiras e que *não* são idênticas a Deus têm maior plausibilidade que a noção de que essas verdades são idênticas a Deus, porquanto a primeira concepção carece da obscuridade e da possível incoerência da segunda concepção.

Um último fenômeno moral lewisiano permanece não explicado: o *conhecimento* moral. Suponha que a alternativa ateística à concepção de Lewis até aqui esboçada seja plausível; todavia, nada ainda foi dito diretamente sobre a questão de como seres humanos que vivem em um universo sem Deus poderiam vir a *conhecer* verdades éticas objetivas. Esse é um tópico complicado, mas aqui podemos mais uma vez retornar ao próprio Lewis para algum auxílio.[90] Recorde a sugestão de Lewis de que "os princípios morais pri-

[90] Para algumas discussões proveitosas sobre esse tópico, cf. Colin McGinn, *Ethics, Evil, and Fiction* (Oxford: Oxford University Press, 1997), 7-60; e Russ Shafer-Landau, *Moral Realism: A Defence* (Oxford: Oxford University Press, 2005), 231-302. Vários escritores recentes (incluindo McGinn) têm sugerido que o modo como adquirimos o conhecimento moral é semelhante ao modo como aprendemos a linguagem e que, assim como no caso da aquisição da linguagem, possuímos capacidades cognitivas inatas dedicadas à moralidade. Essa ideia é defendida e detalhadamente explicada em Marc Hauser, *Moral Minds: How Nature Designed Our Universal Sense of Right and Wrong* (New York: HarperCollins, 2006).

mários, dos quais todos os outros dependem, são percebidos racionalmente [...]. A racionalidade intrínseca desses princípios resplandece por sua própria luz".[91] O ateu pode igualmente recorrer a essa ideia: ao menos algumas verdades são autoevidentes no sentido de que sua verdade pode ser conhecida de um modo direto, ou seja, elas não são inferidas a partir de outras coisas que se conhece. Por exemplo, não tenho ideia de como *provar* que torturar inocentes simplesmente para entretenimento é errado, embora tenha conhecimento disso. Logo que entendo o que diz a afirmação, eu posso simplesmente ver que ela é verdadeira.[92] A ideia de "apenas ver" determinadas coisas para que sejam verdadeiras pode parecer misteriosa. Entretanto, é difícil ver como poderíamos conhecer alguma coisa a não ser que pelo menos outras coisas possam ser vistas como verdadeiras, mesmo embora não possamos provar que são verdadeiras. Como veremos, esse ponto é reconhecido por Lewis, Hume e Russell.[93]

Uma preocupação que poderia surgir aqui é que essa concepção está em conflito com a noção de que a mente humana é um produto de processos evolutivos. Afinal, processos evolutivos tenderiam a selecionar mecanismos cognitivos que produzem crenças morais que tornam aqueles que as têm mais aptos para transmitir seus genes (mecanismos cognitivos intensificadores de aptidão), em vez de mecanismos que produzem crenças morais que são verdadeiras. Assim, se nossas mentes forem produtos da evolução, não nos dá isso razão para crer que as declarações morais que "apenas vemos" para serem verdadeiras sejam mais prováveis que sua crença seja vantajosa do que realmente verdadeira?[94]

Penso que essa preocupação pode ser posta de lado por meio de um comentário sobre a seguinte observação de Peter Singer:

---

[91] Lewis, *Miracles*, 54.
[92] Para uma recente extensa defesa desse tipo de abordagem, cf. Michael Heumer, *Ethical Intuitionism* (New York: Palgrave Macmillan, 2005).
[93] Cf. cap. 4, seção 2.3. A linha de argumentação aqui indicada assume a falsidade do coerentismo. Para uma discussão proveitosa desse e de assuntos relacionados, cf. Richard Feldman, *Epistemology* (Upper Saddle River, NJ: Prentice-Hall, 2003), cap. 4, 39-80.
[94] Wright preocupa-se sobre isso; cf. *Moral Animal*, 324-326.

> Os seres humanos carecem da força do gorila, dos dentes afiados do leão, da velocidade da chita. O poder do cérebro é nossa especialidade. O cérebro é um instrumento para raciocinar, e uma capacidade para raciocinar nos ajuda a sobreviver, a nos alimentar e a proteger nossas crianças [...]. Mas a habilidade para raciocinar é uma habilidade peculiar. Diferentemente de braços fortes, dentes afiados ou pernas rapidíssimas, ela pode levar-nos a conclusões que não tínhamos o desejo de alcançar. Pois a razão é como uma escada, levando-nos para cima e além do campo de visão [...]. Temos desenvolvido uma capacidade para raciocinar porque ela nos ajuda a sobreviver e a nos reproduzir. Mas se razão é uma escada, então, apesar de a primeira parte da viagem poder ajudar-nos a sobreviver e a nos reproduzir, nós podemos ir mais além do que precisamos em vista apenas desse propósito.[95]

Permita-me ilustrar o tipo de coisa que considero que Singer tenha aqui em mente. Cada uma das seguintes duas capacidades cognitivas parece suficientemente apta para ser o tipo de mecanismo que deveria ser selecionado pela evolução. A primeira é a capacidade para reconhecer-se a si mesmo como portador de determinados direitos fundamentais – por exemplo, o direito de não ser assassinado por razão alguma e o direito de não ser explorado pelos outros. Seres que reconhecem que possuem esses direitos são mais aptos a resistir ao tratamento que os faria menos aptos a transmitir seus genes para a próxima geração e, consequentemente, tudo o mais sendo igual, são de fato mais aptos a transmitir seus genes para a próxima geração do que seres que não se reconhecem como detentores desses direitos. A segunda capacidade cognitiva intensificadora de aptidão consiste na tendência para reconhecer que é provável que coisas semelhantes entre si, relativamente a suas propriedades observadas, sejam semelhantes relativamente a suas propriedades não observadas (ou, pelo menos, a capacidade para *raciocinar de acordo* com esse princípio, mesmo que o princípio não seja conscientemente reconhecido). Essa capacidade é vantajosa porque o princípio no qual se centra é verdadeiro, e ser malsucedido em raciocinar conforme esse princípio pode ser mortal.

---

[95] Peter Singer, *How Are We to Live? Ethics in an Age of Self-Interest* (Amherst, NY: Prometheus Books, 1995), 226-227.

Se alguém é malsucedido em inferir que é provável que *essas* frutas vermelhas, redondas, luzentes e brilhantes sejam venenosas a partir do fato de que *aquelas outras* frutas vermelhas, redondas, luzentes e brilhantes produziram ontem uma baba bucal espumosa e então a morte do amigo, isso pode muito bem levá-lo hoje a ter aborrecimentos.

As coisas tornam-se interessantes quando percebemos que essas duas capacidades cognitivas podem, conjuntamente, levar alguém a inferir que todos aqueles seres que ela encontra semelhantes a si mesma, relativamente a suas propriedades observáveis, possuem os mesmos direitos fundamentais que ela mesma. Desse modo, faculdades cognitivas que *em geral* nos conduzem a crenças que aumentam nossa aptidão podem, não obstante, em *casos particulares*, conduzir-nos a conclusões que não são intensificadoras de aptidão. Reconhecer os direitos de seres semelhantes a si mesmo pode estorvar a transmissão dos genes para a próxima geração; por exemplo, alguém não poderia ajudar senão percebesse que é moralmente errado obter vantagem daquele ser semelhante tão explorável. Assim, a declaração de que mentes produzidas pela evolução inevitavelmente formariam apenas crenças morais que aumentariam a aptidão daqueles que as sustentam é simplesmente falsa; a escada da razão pode conduzir a crenças morais que realmente podem tornar os que as sustentam *menos* aptos a transmitir seus genes do que fariam se não sustentassem essas crenças. E, como no caso antes descrito, mentes produzidas pela evolução também podem estar "conectadas" a nenhuma *verdade* moral.

A analogia da escada apresentada por Singer também sugere uma explicação evolutiva para o conflito moral interno que permeia a vida humana. Nossas mentes podem raciocinar e, consequentemente, podem conduzir-nos a crenças morais que estão em conflito com nossa aptidão genética. Ainda essas mesmas mentes (por óbvias razões evolutivas) também produzem desejos que são intensificadores de aptidão. E, assim, surge a interminável luta entre fazer o que é correto e fazer o que desejamos fazer.[96] A luta humana para fazer o que percebemos ser correto não é necessariamente uma reflexão de

[96] Singer também sugere essa ideia; cf. *How Are We to Live?*, 227.

uma luta cósmica entre um Poder Bom e um Poder Mal, ou de uma Queda desastrosa para longe de Deus. Em vez disso, pode ser uma consequência dos processos evolutivos que moldaram nossas mentes.

A combinação das diferentes ideias discutidas nesta seção propicia ao ateu a seguinte resposta para o argumento moral de Lewis: existe uma explicação ateísta para fenômenos morais lewisianos que é pelo menos tão boa quanto a explicação preferida de Lewis fundada no Poder Superior. A explicação ateísta é como segue: alguns fatos éticos são necessariamente verdadeiros e, portanto, não requerem explicação; os fatos éticos remanescentes são contingentes e podem ser inferidos a partir de fatos éticos necessariamente verdadeiros juntamente com certas verdades contingentes. (Por exemplo: suponha que a crença de que é moralmente errado torturar um inocente simplesmente para entretenimento seja necessariamente verdadeira, e que seja contingentemente verdadeiro que, por pressionar um determinado botão, Bob estivesse torturando um inocente simplesmente para entretenimento; segue disso a verdade ética – contingente – de ser incorreto para Bob pressionar o botão.) Crenças, conhecimento e emoções morais humanas são produtos da complexa e sofisticada mente humana, cujas capacidades básicas se pode considerar em termos de processos evolutivos. Mesmo sem Deus, existe sentido, valor e moralidade real no universo, e nossas mentes imperfeitas, evolucionariamente moldadas, são capazes de nos fornecer pelo menos um conhecimento parcial da estrutura moral do universo laico. A "escada da razão" pode oferecer-nos até mesmo um conhecimento de verdades morais que, do ponto de vista da aptidão, melhor seria não conhecê-las. Por isso, não existe necessidade de se postular um Poder Superior para explicar fenômenos morais lewisianos.[97]

A última conclusão de nossa discussão acerca do argumento moral de Lewis é como segue: de modo a evitar a (primeira) objeção de Russell, Lewis deve rejeitar o seguinte princípio:

---

[97] Para um breve esboço de uma explicação semelhante, cf. Steven Pinker, "Evolution and Ethics", in J. Brockman (ed.), *Intelligent Thought* (New York: Vintage Books, 2006), 142-152.

(AR) A única maneira de um ser (mesmo Deus) ter a possibilidade de ser bom é pela conformidade de suas ações a uma lei moral da qual ele não é o autor.

Os textos de Lewis sugerem três alternativas para (AR):

(RL1) Um modo de ser bom é ser *idêntico* à lei moral.

(RL2) Um modo de ser bom é amar o amor, a justiça, o altruísmo, a coragem, a boa-fé, a honestidade e a autenticidade.

(RL3) Um modo de ser bom é desejar que os seres humanos alcancem a genuína felicidade (que amem livremente a Deus e que se esforcem para se tornarem semelhantes a Cristo).

Duas dessas, (RL2) e (RL3), tornam ineficaz o ataque de Lewis ao dualismo, e isso torna, por sua vez, seu argumento moral vulnerável ao problema posto pelo dualismo, descrito na seção anterior. Por outro lado, as ideias subjacentes a (RLI) apontam para outra objeção ao argumento moral, fundada não no dualismo, mas no ateísmo. O realismo moral ateísta esboçado nesta seção, se plausível, lança sérias dúvidas em relação à segunda premissa do argumento moral de Lewis:

2. A melhor explicação para a existência de fenômenos morais lewisianos é a existência de um Poder Superior que criou o universo.

Minha própria concepção é que a contribuição dos fenômenos morais lewisianos para a defesa cumulativa de Lewis a favor de um Poder Superior é fraca; creio que a moralidade objetiva não seja, como frequentemente se pensa, um espinho na posição do ateísmo. Vimos também que o fenômeno da psicopatia não se ajusta particularmente bem com a concepção geral de Lewis. Embora a existência de psicopatas não constitua evidência decisiva contra a posição de Lewis, ela é um fator significativo, que deve ser levado em conta na ponderação da evidência a favor e contra as diferentes concepções de mundo. É evidente que existe indubitavelmente mais a ser dito aqui, a fim de que os leitores possam extrair suas próprias conclusões. Em todo caso, dirigiremos agora nossa atenção a um segundo aspecto da natureza humana que Lewis crê apontar para a existência de um Poder Superior: nossa habilidade para raciocinar.

3. O argumento da razão

Na parte IX dos *Diálogos* de Hume, Filo sugere a seguinte hipótese:

> Não é plausível [...] que a economia integral do universo seja regida pela [...] necessidade, embora nenhuma álgebra humana possa fornecer uma chave para a solução da dificuldade? E, em vez de nos admirarmos com a ordem dos seres naturais, não poderia ocorrer que, caso pudéssemos penetrar na natureza recôndita dos corpos, chegássemos a ver claramente a razão pela qual seria absolutamente impossível que eles viessem, alguma vez, a admitir qualquer outra disposição?[98]

Em *Milagres*, sua terceira e última obra em apologética cristã, Lewis procura refutar precisamente essa hipótese, a qual ele denomina de "naturalismo":

> Por "naturalismo" significamos a doutrina que afirma que somente a Natureza – todo o sistema conectado – existe. E se essa afirmação fosse verdadeira, toda coisa e evento seriam, se soubéssemos o suficiente, inteiramente explicáveis [...] como um produto necessário do sistema. O sistema inteiro sendo o que é seria uma *contraditio in terminis* se você não estivesse lendo este livro neste instante.[99]

A última conclusão do argumento de Lewis contra o naturalismo é que existe, além da Natureza, "um Ser eterno, autoexistente e racional, que chamamos de Deus".[100] O núcleo desse argumento é desenvolvido no terceiro

---

[98] Hume, *Dialogues*, 57.
[99] Lewis, *Miracles*, 18.
[100] Ibid., 43.

capítulo de *Milagres*. Entre os estudiosos de Lewis, é amplamente conhecido que Lewis escreveu duas versões desse capítulo. Lewis revisou o capítulo após um famoso encontro com o filósofo G. E. M. Anscombe, ocorrido em uma reunião do Clube Socrático de Oxford, em 2 de fevereiro de 1948.[101] Nessa ocasião, Anscombe criticou a primeira versão do terceiro capítulo de *Milagres*. Embora tenham se desenvolvido diversas opiniões sobre o quão prejudicial seriam as críticas de Anscombe para o argumento original de Lewis, é evidente que Lewis fez revisões significativas no capítulo após o debate com Anscombe.[102] Sobre a versão revisada do capítulo, o próprio Anscombe diz que "as cinco últimas páginas do velho capítulo foram substituídas pelas dez páginas do novo [...], a versão reescrita é muito menos polida e evita alguns dos equívocos da versão anterior: é uma investigação muito mais séria".[103] Irei abordar a versão revisada do capítulo, já que Lewis presumivelmente a tomou como a apresentação mais forte do argumento.[104] Em minha concepção, o capítulo revisado está entre os textos filosóficos mais difíceis de Lewis, de modo que precisaremos fazer algum esforço para tornar claro de que maneira exatamente se supõe que o argumento em questão opere.

Antes de retornar a minha análise do argumento de Lewis, devo indicar que já existe um livro dedicado inteiramente ao argumento da razão proposto por Lewis. Esse livro é *C. S. Lewis's Dangerous Idea* [*A perigosa ideia de C. S. Lewis*], de Victor Reppert. Nessa obra, Reppert desenvolve seis distintas versões do argumento da razão, as quais ele alega que, no mínimo, são su-

---

[101] As críticas de Anscombe, em conjunto com uma explicação da discussão resultante e com a resposta de Lewis na ocasião, estão incluídas em G. E. M. Anscombe, "A Reply to Mr. C. S. Lewis's Argument that 'Naturalism' is Self-Refuting", in G. E. M. Anscombe, *The Collected Papers of G. E. M. Anscombe Volume II: Metaphyics and the Philosophy of Mind* (Oxford: Basil Blackwell, 1981), 224-232.

[102] Para duas concepções bastante diferentes acerca do significado filosófico das críticas de Anscombe, cf. Beversluis, *Rational Search*, 58-83; e Victor Reppert, *C. S. Lewis's Dangerous Idea: In Defense of the Argument from Reason* (Downers Grove, IL: InterVarsity Press, 2003), 45-71.

[103] Anscombe, *Collected Papers*, ix.

[104] O capítulo revisado ou é ignorado ou negligenciado por S. T. Joshi em sua incipiente discussão acerca do argumento da razão formulado por Lewis; cf. S. T. Joshi, "Surprised by Folly: C. S. Lewis", in S. T. Joshi, *God's Defenders: What They Believe and Why They Are Wrong* (Amherst, NY: Prometheus Books, 2003), 105-127.

geridas por aquilo que Lewis diz em diversas ocasiões. Não irei empreender uma discussão sobre os seis argumentos de Reppert. Em vez disso, irei abordar a discussão de Lewis acerca do argumento da razão que se desenvolve em *Milagres*, obra na qual se encontra sua mais extensa e desenvolvida apresentação do argumento. Aos leitores interessados em outros modos nos quais o argumento poderia ser desenvolvido, recomenda-se a leitura do livro de Reppert, um livro muito bem elaborado.[105]

Começaremos nosso exame do argumento da razão com a consideração de uma distinção crucial ao argumento. Lewis distingue dois modos em que duas coisas podem relacionar-se entre si. Uma relação que se pode estabelecer entre duas coisas é a causação (a qual Lewis denomina "Causa e Efeito"). Para ilustrar essa relação, Lewis utiliza a sentença "O avô está doente hoje *porque* ele comeu lagosta ontem".[106] Aqui, "porque" indica causalidade; a ingestão de lagosta pelo avô lhe faz sentir-se doente. Uma segunda relação que se pode estabelecer entre duas coisas é a da implicação (a qual Lewis denomina "Antecedente e Consequente"). Para ilustrar essa relação, Lewis utiliza a sentença "O avô deve estar doente hoje *porque* ele ainda não acordou (e sabemos que ele invariavelmente se desperta cedo quando está bem)".[107] Aqui, "porque" indica uma inferência. A afirmação (a) "o avô se levanta cedo sempre que ele não está doente e ele não se levantou cedo hoje" implica (b) "o avô está doente hoje".

De posse da distinção entre causação e implicação, Lewis argumenta que, se o naturalismo for verdadeiro, o "raciocínio válido" (de acordo com Lewis, raciocínio que produz conhecimento) somente pode ocorrer se for possível estabelecer essas duas distintas relações entre o mesmo par de crenças.[108] A fim de esclarecer esse ponto e o modo como Lewis o desenvolve, será útil considerarmos um exemplo.

---

[105] Outra discussão relevante e proveitosa pode ser encontrada em William Hasker, *The Emergent Self* (Ithaca, NY: Cornell University Press, 1999), 64-75.
[106] Lewis, *Miracles*, 22.
[107] Ibid.
[108] Em sua resposta à crítica de Anscombe, Lewis notou que "*válido* era uma palavra ruim para o que eu queria dizer; *verídico* [...] teria sido melhor" (Anscombe, "A Reply", 231).

Imagine-me sentando frente a minha escrivaninha e lutando para escrever esta exposição do argumento de Lewis. A fim de me conceder uma pequena oportunidade e verificar que eu ainda posso raciocinar adequadamente, imagine que eu percorra um argumento muito simples em minha mente. Primeiro, eu reflito sobre (e endosso) a proposição (i) "todos os humanos são mortais e eu sou humano". A seguir, reflito sobre (e endosso) a proposição (ii) "eu sou mortal". Seja denominado "Pensamento A" meu endosso consciente da proposição (i), e meu endosso consciente da proposição (ii), "Pensamento C".

O que é requerido para que essa simples sequência de pensamentos constitua um raciocínio bem-sucedido que conduza ao conhecimento? De acordo com Lewis, uma exigência é a de que o pensamento final da série seja implicado pelo pensamento inicial (ou, de modo mais preciso, que a proposição que tem como objeto o pensamento final seja implicada pela proposição que tem como objeto o pensamento inicial).[109] Essa exigência é satisfeita em nosso exemplo imaginado.

Todavia, o naturalismo supostamente impõe uma exigência adicional na sequência de pensamentos em discussão. De acordo com o entendimento de Lewis, o naturalismo inclui a tese de que todo evento tem uma causa *natural*, uma causa que é, ela mesma, parte da natureza. Assim, se o naturalismo for verdadeiro, então o "Pensamento C" (o qual deve ser, ele mesmo, uma parte da natureza) deve ter alguma causa que é também parte da Natureza. O que essa causa poderia ser? O candidato mais provável parece ser o "Pensamento A". Assim, o naturalismo parece implicar que as séries do Pensamento A e do Pensamento C somente podem constituir um raciocínio que produz conhecimento se ambas as distintas relações, a de causação e a de implicação,

[109] Lewis, *Miracles*, 23. Como salienta Beversluis (cf. *Rational Search*, 75), essa asserção é, no sentido estrito, falsa. Todavia, não penso que esse engano particular seja fatal para o argumento de Lewis. O ponto essencial é que, se uma determinada sequência de pensamentos constitui um raciocínio que conduz ao conhecimento, então deve existir alguma relação lógica ou evidencial adequadamente percebida entre as proposições envolvidas nos vários pensamentos – e isso parece correto.

puderem vir a se estabelecer entre os dois pensamentos. Como diz Lewis, "para que uma sequência de pensamento tenha algum valor, esses dois sistemas de conexão [a causação e a implicação] devem sobrepor-se simultaneamente a uma mesma série de atos mentais".[110] Isso nos fornece a primeira premissa do argumento de Lewis:

1. Se o naturalismo for verdadeiro, então um raciocínio válido ocorre somente se alguém pensa que pode *inferir* e *causar* outro pensamento.

O próximo movimento importante de Lewis é encontrado na seguinte passagem:

> Sabemos, por experiência, que um pensamento não causa necessariamente todos, ou mesmo algum, dos pensamentos que logicamente representam para ele um Consequente em relação a um Antecedente. Estaríamos em dificuldade se jamais pudéssemos pensar "Isto é vidro" sem extrair disso todas as inferências possíveis. É impossível extraí-las todas, e quase sempre não deduzimos nada [...]. Um pensamento pode causar outro não pelo fato de *ser* um antecedente, mas por *ser visto* como um antecedente para ele.[111]

O ponto de Lewis revela que a história que contei há pouco sobre concluir que sou mortal está incompleta. Eu omiti uma parte importante da história, a saber, o momento em que percebi que a proposição (i) ("todos os seres humanos são mortais e eu sou humano") implica a proposição (ii) ("eu

---

[110] Ibid., 24; grifos meus.

[111] Ibid., 25. Reppert sugere que, a partir desse ponto, o argumento de Lewis prossegue do seguinte modo: "Mas se o naturalismo for verdadeiro, então esse tipo de causalidade, de acordo com Lewis, é impossível. Os eventos na natureza são determinados pela posição anterior das partículas materiais, pelas leis da natureza e (talvez) por um fator de acaso. Nessa situação, de acordo com Lewis, o objeto que é conhecido determina o caráter positivo do ato de conhecimento. Mas na inferência racional, o que conhecemos é uma conexão lógica, e uma conexão lógica não está em qualquer localização espaço-temporal particular" (Reppert, *Dangerous Idea*, 64). Um argumento interessante; todavia, não vejo, naquilo que Lewis afirma, qualquer indicação de que ele, de fato, propõe tal argumento em *Milagres*.

sou mortal"). Podemos denominar essa compreensão "Pensamento B". Se, como o naturalismo supostamente requer, o "Pensamento A" causa o "Pensamento C", então o "Pensamento B" deve ocorrer. A afirmação de Lewis na última sentença da passagem cotada acima implica que o "Pensamento A" pode causar o "Pensamento C" somente por meio da ocorrência do "Pensamento B". Ele aparentemente insistiu sobre o mesmo ponto durante a discussão na reunião anteriormente mencionada do Clube Socrático de Oxford. Nessa ocasião, Lewis declarou que "o reconhecimento de um antecedente poderia ser a causa do assentimento, e que o assentimento somente seria racional quando tal fosse sua causa".[112] Isso nos fornece uma segunda premissa crucial:

2. Alguém pensa que pode *inferir* e *causar* um outro pensamento somente se puder *conhecer* que o primeiro pensamento implica o segundo.

Nesse ponto, Lewis argumenta que o naturalismo não permite a ocorrência de pensamentos como o "Pensamento B". Com efeito, Lewis sustenta que o naturalismo não permite qualquer tipo de conhecimento. O argumento de Lewis para essa alegação repousa sobre um determinado princípio acerca do conhecimento: "Um ato do conhecimento deve ser determinado [...] unicamente por aquilo que é conhecido; devemos conhecer que é assim unicamente porque *é* assim".[113] Lewis endossa aqui um princípio causal acerca do conhecimento: um sujeito S conhece uma proposição p somente se (i) S crê em p e (ii) a causa completa da crença de S acerca de p é a própria verdade de p. Com esse princípio em mãos, Lewis argumenta como segue:

> Se nada existe senão a Natureza, então a razão deve ter passado a existir mediante um processo histórico. E é evidente, para o naturalista, que esse processo não foi projetado para produzir um comportamento mental que pudesse levar à descoberta da verdade [...]. Portanto, o tipo de

[112] Anscombe, "A Reply", 231.
[113] Lewis, *Miracles*, 26.

> comportamento mental que hoje denominamos "pensamento racional ou inferência" deve ter "evoluído" por meio da seleção natural, pela gradual eliminação dos tipos menos aptos a sobreviver.
>
> Outrora, então, nossos pensamentos não eram racionais [...]. Aqueles [pensamentos] cuja causa era exterior (como nossas dores) não passavam de uma reação aos estímulos. Ora, a seleção natural somente poderia operar por meio da eliminação das respostas que fossem biologicamente prejudiciais e da multiplicação daquelas que tendessem à sobrevivência. Não se pode conceber, todavia, que qualquer aperfeiçoamento das respostas pudesse alguma vez transformá-las em atos de entendimento ou mesmo que remotamente a isso tendesse. A relação entre resposta e estímulo é completamente diferente daquela que existe entre o conhecimento e a verdade conhecida.[114]

Em sentido estrito, a teoria evolutiva não é um elemento do naturalismo no modo como Lewis o define, embora presumivelmente a suposição (razoável) de Lewis é a de que aqueles que estão inclinados a aceitar o naturalismo estarão também inclinados a aceitar a teoria da evolução (ou o evolucionismo). Assim, Lewis supõe que o adepto do naturalismo estará provavelmente comprometido com a afirmação de que a capacidade para o conhecimento surgiu por meio de processos postulados pela teoria da evolução, um dos quais é a seleção natural. Entretanto, argumenta Lewis, a teoria da evolução sustenta que as criaturas sobre as quais a seleção natural inicialmente operou eram incapazes de conhecimento. Na melhor das hipóteses, elas seriam capazes de realizar determinadas respostas quando determinados estímulos estivessem presentes. Todavia, responder a estímulos não é a mesma coisa que possuir conhecimento.

Por exemplo, imagine uma simples criatura que sente dor quando cutucada por uma agulha. A experiência da dor causa na criatura seu retraimento ao toque da agulha. Mas a criatura jamais concebe a crença de que está sendo cutucada por uma agulha. (De fato, ela não concebe crença alguma.)

---

[114] Ibid., 27-28.

Existe aqui um estado mental – a dor –, mas nenhum conhecimento. A razão por que não existe conhecimento é que a dor não é *sobre* coisa alguma. Ela não possui objeto ou conteúdo –, ela não é aquilo que os filósofos contemporâneos da mente denominam de *estado intencional.* Antes, a dor é um sentimento subjetivo que causa a ocorrência de uma determinada ação (retrair-se).

Acrescentemos outro estado mental em nosso exemplo. Suponha que a dor produza a crença de que deve ser bom retrair-se e que essa crença produza, por sua vez, a ação de se retrair. Essa crença ainda não constitui conhecimento. De modo a entender a razão disso, recorde o princípio de Lewis sobre o conhecimento: S conhece p somente se (i) S crer em p e (ii) a causa completa da crença de S acerca de p é a própria verdade de p. Nesse caso, a crença de que seria bom retrair-se é causada pela verdade da proposição que afirma que a criatura está sendo cutucada por uma agulha, e não pela verdade da proposição que diz que seria bom retrair-se. Desse modo, a segunda condição especificada pelo princípio de Lewis sobre o conhecimento não é satisfeita. Além disso, o ponto que Lewis está tentando estabelecer aqui é que uma criatura pode ter estados mentais e pode responder a estímulos de maneiras bastante sofisticadas sem possuir qualquer *conhecimento.*

Esse ponto é essencial para o argumento de Lewis porque uma parte importante de seu argumento consiste na alegação de que a seleção natural é, de todo modo, incapaz de transformar a capacidade para responder a determinados estímulos em uma capacidade para o conhecimento genuíno. Se a capacidade para responder a estímulos implicasse a capacidade para o conhecimento, então o argumento de Lewis perderia sua força. O adepto do naturalismo poderia simplesmente declarar que, por conceder que a seleção natural poderia produzir criaturas capazes de responder a estímulos, Lewis concede implicitamente que a seleção natural poderia produzir criaturas capazes de conhecimento.

Na passagem anteriormente citada, Lewis afirma que "não é concebível" a transformação, por meio da seleção natural, de (meras) criaturas que respondem a estímulos em criaturas que realmente conhecem. Portanto, se o naturalismo fosse verdadeiro, seríamos capazes de responder a estímulos, porém seríamos incapazes de genuíno conhecimento. Isso sustenta outro par de premissas:

3. Se o naturalismo for verdadeiro, então existe conhecimento somente se a seleção natural puder produzir uma capacidade para o conhecimento, produção essa que se inicia em criaturas que não possuem essa capacidade.

4. Mas a seleção natural não poderia produzir uma capacidade para o conhecimento que se inicia em criaturas sem essa capacidade.

Acrescentando essas premissas às duas primeiras e fazendo algumas inferências adicionais, mostra-se o que considero constituir o argumento principal de Lewis no terceiro capítulo de *Milagres*:

1. Se o naturalismo for verdadeiro, então um raciocínio válido ocorre somente se alguém pensa que pode *inferir* e *causar* um outro pensamento.
2. Alguém pensa que pode *inferir* e *causar* um outro pensamento somente se puder *conhecer* que o primeiro pensamento implica o segundo.
3. Se o naturalismo for verdadeiro, então existe conhecimento somente se a seleção natural puder produzir uma capacidade para o conhecimento que se inicia em criaturas que não possuem essa capacidade.
4. Mas a seleção natural não poderia produzir uma capacidade para o conhecimento que se inicia em criaturas que não possuem essa capacidade.
5. Logo, se o naturalismo for verdadeiro, então o conhecimento não existe (a partir de 3 e 4).
6. Se não existe conhecimento, então não se pode conhecer que um pensamento implica um segundo pensamento.
7. Portanto, se o naturalismo for verdadeiro, então o raciocínio válido não ocorre (a partir de 1, 2, 5 e 6).

Antes de considerar como o argumento progride a partir daqui, uma breve consideração será oportuna para notar algo curioso a respeito do argumento até aqui. O objetivo de Lewis no terceiro capítulo de *Milagres* parece ser o de mostrar que o naturalismo se autoelimina no seguinte sentido: se ele fosse verdadeiro, sua verdade não poderia ser conhecida, pois não haveria qualquer conhecimento. Dado isso, os momentos iniciais do argumento (representados pelas duas primeiras premissas na formulação aqui apresentada) são inteiramente desnecessários. Isso porque as premissas 3 e 4 apoiam, elas mesmas, a conclusão desejada de que o naturalismo implica a não existência do conhecimento.

O que as duas premissas iniciais fazem aqui? Uma hipótese é que essas premissas seriam aquilo que restou do argumento original do terceiro capítulo de *Milagres*, o argumento criticado por Anscombe em 1948, na reunião do Clube Socrático Oxford. De modo a responder à crítica de Anscombe e a emendar seu argumento, Lewis introduziu algum raciocínio adicional, representado pelas premissas 3-5. O novo raciocínio, se bem-sucedido, poderia realmente emendar o argumento original – mas também tornaria o argumento original completamente desnecessário. É possível que Lewis simplesmente não tenha notado esse último ponto.[115]

Seja com for, na parte final do terceiro Capítulo de *Milagres*, Lewis pensa ter estabelecido que a natureza, por si só, não poderia produzir um genuíno conhecimento. Uma vez que é evidente que existe conhecimento, deve existir algo além da natureza que seja responsável pelo conhecimento. Assim, uma vez que o naturalismo supõe que nada existe fora da natureza, o naturalismo é aparentemente refutado: "O naturalismo [...] oferece o que declara ser uma explicação completa de nosso comportamento mental; mas essa explicação, sob exame, não deixa lugar algum para os atos de conhecimento ou de entendimento, dos quais depende, como um meio para a verdade, todo o valor de nosso pensamento".[116]

---

115 Beversluis parece não ter entendido ambos os pontos. Ele sugere que o argumento revisado de Lewis repousa sobre a falsa alegação de que razões devem ter causas e que esse fato destrói a validade do raciocínio (cf. Beversluis, *Rational Search*, 73-74). Deveria ter ficado claro, a partir de minha reconstrução do argumento de Lewis, que, em minha concepção, o argumento de Lewis não repousa sobre tal alegação.
116 Lewis, *Miracles*, 27.

No quarto capítulo de *Milagres*, Lewis sugere que cada um de nós possui uma capacidade supranatural, a razão, que nos capacita a ter conhecimento genuíno. A razão humana deve possuir alguma origem, e uma vez que já foi estabelecido que a razão humana não pode ter sido produzida pela natureza, ela deve possuir uma origem supranatural. Essa fonte supranatural resulta ser Deus:

> As mentes humanas, portanto, não são as únicas entidades supranaturais que existem. Elas não vieram do nada. Cada mente humana vem a existir na natureza a partir da supranatureza: cada uma tem suas raízes em um Ser eterno, autoexistente e racional, a quem chamamos Deus [...]. O pensamento humano é [...] iluminado por Deus.[117]

Incorporando essa ideia e deixando de lado os momentos inicias supérfluos do argumento do terceiro capítulo, a mim me parece que o argumento da razão, como aparece na versão revisada de *Milagres*, corresponde ao seguinte:

O argumento da razão

1. Se o naturalismo for verdadeiro, então existe conhecimento somente se a seleção natural puder produzir uma capacidade para o conhecimento que se inicia em criaturas que não possuem essa capacidade.

2. Mas a seleção natural não poderia produzir uma capacidade para o conhecimento que se inicia em criaturas que não possuem essa capacidade.

3. Logo, se o naturalismo for verdadeiro, então o conhecimento não existe (a partir de 1 e 2).

4. Mas o conhecimento existe.

5. Logo, o naturalismo é falso (a partir de 3 e 4).

6. Se o conhecimento existe e o naturalismo for falso, então existe um Ser supranatural, eterno, autoexistente e racional que é a origem última de todo conhecimento.

---

[117] Ibid., 43-44.

7. Portanto, existe um Ser supranatural, eterno, autoexistente e racional que é a origem última de todo conhecimento (a partir de 4, 5 e 6).

Como se poderia resistir a esse argumento? A segunda premissa é a única que muitos contemporâneos não teístas estariam inclinados a rejeitar. Examinemos mais detidamente como Lewis defende essa premissa crucial.

Lewis alega que "não é concebível" que processos evolutivos pudessem produzir criaturas capazes de conhecimento a partir de criaturas incapazes de conhecimento.[118] A fim de avaliar essa alegação, devemos distinguir dois modos de entendê-la. Uma interpretação é que Lewis está dizendo que ele (e, talvez, também o leitor –, talvez *todos nós*) não pode conceber uma maneira na qual processos evolutivos poderiam produzir seres capazes de conhecimento. Podemos dizer que esse é o sentido *fraco* de algo ser inconcebível. Considere, por exemplo, o processo pelo qual as letras inscritas sobre o teclado de meu computador aparecem na tela quando eu pressiono as teclas. Esse processo é (para mim) inconcebível, no sentido fraco.

Outra interpretação é que Lewis está dizendo que ele é capaz de ver que é impossível que processos evolutivos produzam seres capazes de conhecimento. Podemos dizer que esse é o sentido *forte* de algo ser inconcebível. Considere, por exemplo, o conceito de um quadrado redondo, discutido no capítulo anterior. Essa forma é inconcebível, não somente no sentido em que eu não posso conceber um processo que possa produzir essa forma (posto que isso seja verdadeiro), mas também no sentido em que eu posso, antes, ver diretamente que nenhuma tal forma poderia existir. Com efeito, posso fornecer uma prova de que tal forma é impossível. E aqui está ela: um quadrado deve ter exatamente quatro ângulos e um círculo deve ter exatamente zero ângulo. Assim, um quadrado redondo deve, ao mesmo tempo, ter exatamente quatro ângulos e zero ângulo. Mas isso claramente é impossível; portanto, não pode existir um quadrado redondo.

---

[118] Ibid., 28.

Quando Lewis alega que a produção de seres capazes de conhecimento por meio de processos evolutivos é inconcebível, ele pretende dizer que é inconcebível no sentido fraco ou no sentido forte? A primeira alternativa parece ser muito fraca para seus propósitos. Pois o fato de um determinado processo ser inconcebível no sentido fraco é perfeitamente consistente com a ocorrência do processo em questão. Eu não posso conceber o processo pelo qual as letras que digito aparecem na tela; no entanto, isso está ocorrendo agora mesmo! Mesmo que todos aqueles que entendem o processo esquecessem como isso funciona, de modo que ninguém pudesse absolutamente conceber o processo, não seguiria a impossibilidade do processo. Parece, portanto, que Lewis deveria alegar que ele pode ver que a produção de seres capazes de conhecimento mediante processos evolutivos é impossível. Que defesa oferece Lewis para essa alegação?

Lewis observa que, caso o naturalismo fosse verdadeiro, então "todos os nossos pensamentos seriam outrora [...] eventos meramente subjetivos e não apreensões da verdade objetiva".[119] Qual é exatamente a diferença que Lewis está tentando enfatizar com essa distinção entre pensamentos meramente subjetivos e pensamentos que são apreensões da verdade? Uma passagem anterior esclarece um pouco a questão: "Atos de pensamento [...] constituem um tipo muito especial de evento. Eles são 'sobre' outra coisa que eles mesmos e podem ser verdadeiros ou falsos".[120] A passagem ulterior sugere que a concepção de Lewis é a de que nem todos os estados mentais possuem intencionalidade (são acerca de algo). Alguns estados mentais possuem intencionalidade, por exemplo, estados mentais que são apreensões da verdade objetiva. Existem outros estados mentais, estados mentais puramente subjetivos (por exemplo, a dor), que não são acerca de alguma coisa.

É logo após a passagem sobre pensamentos subjetivos e objetivos que Lewis declara que "a relação entre resposta e estímulo é completamente diferente daquela entre conhecimento e verdade conhecida".[121] Parece que, quando Lewis fala,

---

[119] Ibid.
[120] Ibid., 25.
[121] Ibid., 28.

nesse contexto, de estímulo e resposta, ele tem em mente um tipo muito específico de resposta – de modo particular, respostas que envolvem estados mentais que não são sobre algo (carece de intencionalidade). Imediatamente após a sentença que citei há pouco, Lewis fornece o seguinte exemplo para ilustrar seu ponto:

> Nossa visão física é uma resposta à luz muito mais vantajosa do que aquela dos organismos mais simples que possuem apenas um foco fotossensível. Mas tampouco esse aperfeiçoamento, nem quaisquer outros possíveis aperfeiçoamentos que pudéssemos supor, poderia ser levado um centímetro sequer a se tornar um conhecimento sobre a luz.[122]

Penso que o que Lewis tem em mente aqui é que o sistema visual humano é capaz de produzir um conjunto muito mais amplo de experiências visuais que o da experiência fotossensível. Todavia, apesar dessa diferença, nenhum dos sistemas produz estados mentais que são *sobre* algo. Experiências visuais não são estados intencionais (de acordo com Lewis, em todo caso). Ademais, nenhum aumento no conjunto de experiências que um determinado sistema visual é capaz de produzir jamais poderia tornar o sistema capaz de produzir estados mentais intencionais. A mera adição de estados mentais cada vez mais não intencionais jamais acrescentará intencionalidade. Isso significa que nenhum acréscimo no conjunto de experiências que um determinado sistema visual é capaz de produzir pode transformá-lo em um sistema capaz de produzir conhecimento. Isso porque o conhecimento requer intencionalidade.

A mim me parece, então, que o problema fundamental que Lewis encontra na noção de que o conhecimento poderia surgir por meio de processos evolutivos é que ele considera ser impossível que estados mentais intencionais possam ser criados por processos evolutivos. A natureza, por si só, não pode produzir intencionalidade; para isso, você precisa de algo fora da natureza, algo que Lewis denomina "razão". Sem a razão supranatural, não poderia haver pensador capaz de pensar *sobre* o universo natural:

---

[122] Ibid.

> Os atos de raciocínio não estão conectados com o sistema total de interconexões da Natureza do mesmo modo como todos os seus outros itens estão entre si interconectados. Eles se conectam entre si de um modo diferente; do modo como o entendimento sobre uma máquina está certamente conectado com ela, mas não do mesmo modo como suas peças estão conectadas entre si. O conhecimento de uma coisa não é uma das partes dessa coisa. Nesse sentido, algo, além da natureza, entra em operação sempre que raciocinamos.[123]

Lewis apresenta um argumento complicado e desafiador. Consideremos como um adepto do naturalismo poderia defender sua posição contra o argumento. Uma fraqueza potencial do argumento reside na tentativa de Lewis para estabelecer a impossibilidade da produção de estados intencionais por meio de processos evolutivos. A prova ensaiada desdobra-se aproximadamente da seguinte maneira: se processos evolutivos pudessem de algum modo produzir estados intencionais, eles somente poderiam fazê-lo por meio de um aumento da variedade de estados mentais não intencionais produzidos por um sistema de resposta já existente. Mas esses acréscimos jamais poderiam gerar estados intencionais; portanto, processos evolutivos não podem produzir estados intencionais. O ponto fraco do argumento reside na primeira premissa. Por que o adepto do naturalismo deveria aceitar que, se processos evolutivos são capazes de produzir estados intencionais, esses processos deveriam alcançar intencionalidade do modo particular como o descrito por Lewis? Do fato de que forças evolutivas não seriam capazes de realizar a tarefa *daquela maneira particular*, não segue que não poderiam absolutamente realizá-la.

Apesar dessa fraqueza, o argumento enfatiza uma real dificuldade para o naturalismo, e a chamada de atenção para essa dificuldade está entre as mais importantes contribuições de Lewis para a filosofia contemporânea.[124] Segundo a própria explicação de Lewis, a dúvida sobre a compatibilidade entre

---

123 Ibid., 37-38. Para a discussão de Reppert acerca da intencionalidade, cf. *Dangerous Idea*, 74-76.

124 Em sua discussão do argumento da razão elaborado por Lewis, Joshi descreve Lewis como "totalmente ignorante" do conhecimento científico relevante e caracteriza o conhecimento de Lewis sobre a ciência como "débil a inexistente" (Joshi, *God's Defenders*, 111). Essas são palavras fortes, mas penso que Joshi compreende a complexidade e a sutileza do argumento de Lewis.

naturalismo e conhecimento foi um dos principais componentes intelectuais de seu abandono do naturalismo e de sua consequente conversão ao cristianismo. Lewis credita seu amigo Owen Barfield por chamar sua atenção para a dificuldade. Ele escreve que Barfield "convenceu-me de que as posições que tínhamos até agora sustentado não deixavam lugar para qualquer teoria satisfatória do conhecimento".[125] Questões acerca da compatibilidade entre naturalismo e conhecimento humano são também proeminentes no debate contemporâneo entre teístas e naturalistas; o filósofo cristão Alvin Plantinga propôs um argumento bastante controverso e que deve muito ao argumento de Lewis em *Milagres*.[126]

No capítulo anterior, sugeri que um determinado tipo de sofrimento, enquanto compatível com a existência do Deus cristão, constitui evidência contrária à existência de tal Deus porque a presença desse sofrimento é menos surpreendente na hipótese de que o ateísmo seja verdadeiro do que na hipótese de que o Deus cristão exista. Enquanto o argumento da razão proposto por Lewis não for capaz de estabelecer que a intencionalidade é incompatível com o naturalismo, pode-se mostrar que a existência da intencionalidade constitui evidência contrária ao naturalismo do mesmo modo que certos tipos de sofrimento constituem evidência contrária à existência do Deus cristão: talvez a presença da intencionalidade seja menos surpreendente na hipótese de que existe um Raciocinador eterno do que na hipótese de que o naturalismo é verdadeiro.

Como um adepto do naturalismo poderia tratar esse tipo de objeção? Uma estratégia óbvia seria a de encontrar, no contexto do naturalismo, uma explicação plausível acerca do aparecimento da intencionalidade. Ora, um dos projetos centrais da filosofia contemporânea da mente é explicar como forças naturais poderiam, por si só, produzir estados intencionais. A literatura

[125] C. S. Lewis, *Surprised by Joy: The Shape of My Early Life* (New York: Harcourt, 1955), 208.
[126] Para a mais recente apresentação do argumento de Plantinga, juntamente com um conjunto de objeções críticas e com as respostas de Plantinga a essas críticas, cf. J. K. Beilby (ed.), *Naturalism Defeated? Essays on Plantinga's Evolutionary Argument Against Naturalism* (Ithaca, NY: Cornell University Press, 2002). Para minha própria tentativa de refutar o argumento de Plantinga, cf. Erik Wielenberg, "How to Be an Alethically Rational Naturalist", *Synthese* 131:1 (April 2002), 81-98.

sobre esse tópico é extensa, indicando que os naturalistas contemporâneos estão bem cientes do problema que preocupou Lewis.[127]

Existe outra estratégia disponível. Essa outra estratégia envolve a afirmação de que o naturalismo realmente prediz que será difícil, ou mesmo impossível, entendermos como a intencionalidade poderia ser produzida pela evolução. A ideia subjacente a essa estratégia é que, se uma determinada teoria prediz certo fato, esse fato não pode constituir evidência contrária à teoria em questão. Esse tipo de estratégia tem sido seguido por alguns teístas, em conexão com a seguinte linha de raciocíno:

> 1. O mundo contém um mal tal que não podemos discernir nenhuma justificação (um mal inescrutável).
> 2. O mal inescrutável é provavelmente um mal que não tem justificação (um mal que não tem sentido).
> 3. Portanto, o mundo contém provavelmente um mal que não tem sentido (e, consequentemente, Deus provavelmente não existe).[128]

Em resposta a esse tipo de argumento, alguns teístas apontam que, dada a diferença abissal entre as habilidades cognitivas de Deus e a dos seres humanos, não é de se surpreender que não possamos encontrar uma explicação para todo caso de sofrimento e que, consequentemente, a segunda premissa do argumento formulado acima – a inferência do mal sem sentido a partir do mal inescrutável – não é boa.[129] Com efeito, como veremos no quarto capítulo, o próprio Lewis segue esse tipo de estratégia. Considere agora a seguinte linha de raciocínio:

---

[127] Para uma tentativa acessível e interessante, cf. Daniel Dennett, *Kinds of Minds* (New York: Basic Books, 1996).

[128] Esta é uma versão não desenvolvida de uma linha de argumentação encontrada em William Rowe, "The Problem of Evil and Some Varieties of Atheism", *American Philosophical Quarterly* 16 (1979), 335-341. Esse tipo de argumento é uma versão evidencial do problema do mal.

[129] Daniel Howard-Snyder usa essa frase em sua introdução ao *The Evidential Argument from Evil* (Bloomington and Indianapolis: Indiana University Press, 1996), xvii.

1. O mundo contém fenômenos mentais (por exemplo, a intencionalidade) tais que não podemos discernir qualquer processo evolutivo que pudesse produzir esses fenômenos (fenômenos mentais desafiadores à evolução).

2. Fenômenos mentais desafiadores à evolução são fenômenos mentais que provavelmente não foram produzidos pela evolução (fenômenos mentais não evolutivos).

3. Portanto, o mundo provavelmente contém fenômenos mentais não evolutivos (e, consequentemente, o naturalismo é provavelmente falso).

Poderia o adepto do naturalismo responder a esse tipo de argumento de um modo análogo à resposta teísta ao argumento anterior? Creio que sim. Colin McGinn tem assumido essa abordagem em relação à consciência. Embora a consciência, como a entende McGinn, seja diferente, de um modo relevante, da intencionalidade, a consideração da abordagem de McGinn pode fornecer-nos um entendimento do tipo de estratégia que tenho em mente. De acordo com McGinn, a mente humana é estruturada de tal modo que ela é incapaz de compreender a conexão entre o cérebro e a experiência consciente. Além disso, o fato de que a mente humana seja assim constituída deve ser explicado, pelo menos em parte, pela teoria da evolução. A seguinte passagem sintetiza esse aspecto da concepção de McGinn:

> Sustento que a perene dificuldade em torno da consciência e de sua relação com o corpo é uma indicação de que estamos no limite daquilo que podemos tornar a nós mesmos compreensível. A inteligência humana [...] é um artifício evolutivo, designado a propósitos bastante distantes da solução de profundos problemas filosóficos, e não é nada surpreendente que faltem as ferramentas para resolver todo problema [...]. Não existe garantia de fábrica inscrita em nossos cérebros, "Este dispositivo é atestado a resolver qualquer problema que se possa formular. Se não estiver completamente satisfeito, contate a Companhia de Produtos Filosóficos para sinceras desculpas e seu dinheiro de volta".[130]

[130] Colin McGinn, *The Mysterious Flame: Conscious Minds in a Material World* (New York: Basic Books, 1999), 45-46.

Um tema central da abordagem de McGinn é que a contemporânea teoria da evolução prediz que, em geral, os seres humanos não tenderão a ser muito bons em resolver problemas filosóficos.[131] McGinn não se detém aqui; ele prossegue para oferecer uma explicação satisfatoriamente desenvolvida acerca das capacidades específicas do cérebro humano e de por que essas capacidades fracassam em nos proporcionar ferramentas suficientes para entendermos a relação cérebro-consciência. Sua teoria ("Novo Misterianismo") depende de certas propriedades peculiares da experiência consciente e não pode, pois, ser diretamente aplicada à intencionalidade, mas o tema mais geral de McGinn pode: entender como processos evolutivos poderiam produzir estados intencionais é (pelo menos em parte) um problema filosófico, exatamente o tipo de problema que a teoria da evolução prediz que nossos cérebros serão incompetentes para resolver. Desse modo, assim como a presença do mal que podemos discernir qualquer justificação não deveria levar-nos a inferir que esse mal não tem justificação, a presença de fenômenos mentais para os quais não podemos discernir qualquer explicação evolutiva não deveria levar-nos a inferir que esses fenômenos não possuam alguma explicação evolutiva.

O cristianismo e o naturalismo contemporâneo predizem, ambos, que os seres humanos terão certas limitações cognitivas importantes. No cristianismo, essa predição é fundamentada na diferença entre as habilidades cognitivas dos seres humanos e as de Deus. No naturalismo contemporâneo, essa predição é fundamentada na natureza dos processos que produziram a mente humana. Essa característica das duas visões de mundo as provê com estratégias semelhantes para lidar com certas objeções. Se essas estratégias forem bem-sucedidas, cada um dos lados parece possuir uma carta filosófica que pode ser utilizada, de lado a lado, para escapar de desafios – como este: o naturalista diz, "Veja, existe esse mal para o qual não podemos discernir qualquer justificação. Esse tipo de mal é evidência contrária a sua concepção".

---

[131] Steven Pinker também desenvolve esse tema em *The Blank Slate: The Modern Denial of Human Nature* (New York: Viking, 2002), 239-240.

Responde o cristão: "Ora, mas minha concepção prediz que haverá males para o quais não poderemos discernir qualquer justificação (embora esse mal seja justificado). Afinal, não se pode esperar que seres imperfeitos, finitos e limitados como nós tenham compreensão completa dos métodos de um Deus perfeito, infinito. De modo que esse mal não constitui, absolutamente, evidência contrária a minha concepção". Ou o cristão declara: "Veja, existe esse fenômeno mental para o qual não podemos discernir qualquer explicação evolutiva. Esse tipo de fenômeno é evidência contrária a sua concepção". Responde o naturalista: "Ora, mas minha concepção prediz que haverá fenômenos para os quais não se pode discernir qualquer explicação evolutiva (embora exista essa explicação). Afinal, não se pode esperar que macacos finitos, limitados e reverenciados sejam capazes de resolver todos os problemas filosóficos; nossos cérebros foram evolutivamente selecionados para outros propósitos. De modo que esses fenômenos não constituem, absolutamente, evidência contrária a minha concepção".

Ambos os lados parecem reconhecer que esse segundo tipo de estratégia (nossa visão de mundo prediz esse tipo de dificuldade) é muito menos satisfatório que o primeiro tipo de estratégia (aqui está uma solução para a dificuldade); teístas continuam a propor teodiceias, enquanto naturalistas continuam a procurar explicações sobre como a intencionalidade poderia ter surgido pela ação da evolução. Isso significa que, ainda que a indicação dessas dificuldades não seja capaz de decidir a questão sobre qual visão de mundo é a correta, ela estimula os pensadores de ambos os lados a continuarem na investigação. O argumento da razão formulado por Lewis, e argumentos semelhantes, embora não fazendo jus ao título raramente alcançado de "prova", deveria ao menos instigar os naturalistas dados à reflexão a se ocuparem de algum pensamento crítico. Como observa Victor Reppert, "os grandes pensadores sempre foram os únicos que nos fizeram pensar mais severamente por nós mesmos, não pensadores que nos pensam por nós. E o mesmo é verdadeiro em relação a Lewis".[132]

---

[132] Reppert, *Dangerous Idea*, 13.

4. O argumento do desejo

Em sua autobiografia, Lewis atribui a um estado mental que ele denomina "Alegria" um papel importante em sua conversão para o cristianismo. A importância da Alegria em sua conversão se revela no título de sua autobiografia, *Surpreendido pela Alegria*. No início dessa obra, Lewis observa que, "de certo modo, a história central da minha vida é sobre nada além disso".[133] Ele descreve a Alegria como "um desejo insatisfeito que é, ele mesmo, mais desejável que qualquer outra satisfação".[134] Lewis deparou-se com a Alegria periodicamente ao longo de sua vida, mas aparentemente percebeu sua experiência efêmera e dedicou muito esforço para recuperá-la. Por muitos anos, Lewis esteve intrigado com a natureza da Alegria, chegando eventualmente a crer que ela "não era uma ilusão", mas, antes, que envolvia "os momentos de maior lucidez que nossa consciência havia experimentado".[135] Ele finalmente concluiu que a Alegria é um desejo por Deus.[136] Em certo momento, Lewis declara que Deus estava atirando-lhe "flechas de Alegria, desde o tempo da infância".[137] Ele atribui um de seus *insights* decisivos acerca da natureza da Alegria a sua leitura do livro de Samuel Alexander, *Espaço, Tempo e Divindade*, de 1920. Nessa obra, Alexander descreve "um singular apetite religioso, comparável ao apetite por comida ou bebida".[138] Alexander afirma que esse apetite religioso é causado por Deus e que sua experiência provê certo entendimento acerca da natureza de Deus.[139]

Vários comentadores têm argumentado que os escritos de Lewis sugerem um argumento fundado na Alegria. Esse argumento chegou a ser conhecido como "o argumento do desejo".[140] O argumento conquistou o coração de

---

[133] Lewis, *Surprised by Joy*, 17.

[134] Ibid., 17-8. A Alegria também aparece em *Till We Have Faces*, quando Psiqué descreve um tipo de desejo que sentia quando estava em sua maior alegria; cf. C. S. Lewis, *Till We Have Faces* (New York: Harcourt, 1984), 74.

[135] Lewis, *Surprised by Joy*, 222.

[136] Ibid., 238.

[137] Ibid., 230.

[138] Samuel Alexander, *Space, Time, and Deity, Vol. II* (New York: Macmillan, 1950), 374.

[139] Ibid., 374-378.

[140] Até onde posso dizer, Beversluis atribuiu esse nome ao argumento; cf. sua discussão crítica em Beversluis, *Rational Search*, 8-31.

pelo menos um comentador: Peter Kreeft declara que, "junto com o famoso 'argumento ontológico' de Anselmo, penso que [o argumento do desejo] é o mais intrigante argumento da história do pensamento humano".[141]

As seguintes linhas de *Mero Cristianismo* indicam a natureza do argumento:

> Criaturas não nascem com desejos a não ser que possa haver satisfação para esses desejos. Um bebê sente fome; pois bem, existirá essa coisa como a comida. Um patinho quer nadar; pois bem, existirá essa coisa como a água. Homens sentem desejo sexual; pois bem, existirá essa coisa como o sexo. Se eu encontrar em mim um desejo que nenhuma experiência neste mundo pode satisfazer, a explicação mais provável é que eu fui feito para outro mundo.[142]

Creio que a essência do argumento de Lewis pode ser apreendida, à luz de suas várias observações acerca da Alegria e das discussões sobre o argumento na literatura secundária, como segue:

O argumento do desejo

1. Todos os seres humanos normais possuem um desejo inato e natural (a Alegria) de algo, x, que se encontra além do mundo natural.

2. Todo desejo que é inato e natural a todos os seres humanos normais pode ser satisfeito.

3. Logo, a Alegria pode ser satisfeita (a partir de 1 e 2).

4. Se Alegria pode ser satisfeita, então existe algo que se encontra além do mundo natural.

5. Portanto, existe algo que se encontra além do mundo natural (a partir de 3 e 4).

---

[141] Peter Kreeft, "C. S. Lewis's Argument from Desire", in M. H. Mac-Donald and A. A. Tadie (eds.), *G. K. Chesterton and C. S. Lewis: The Riddle of Joy* (Grand Rapids, MI: Eerdmans, 1989), 249.

[142] Lewis, *Mere Christianity*, 136-137.

As premissas mais interessantes aqui são as duas primeiras. Em defesa da primeira premissa, Lewis observa que "a maioria das pessoas, se realmente tivessem aprendido a olhar em seus próprios corações, saberia o que elas querem [...] algo que não se pode ter neste mundo".[143] Steve Lovell propõe o seguinte:

> Dado que até mesmo o melhor que o mundo material tem a oferecer deixa muitos de nós profundamente infelizes, que mesmo alguns dos mais empedernidos ateus admitem um desejo por "algo mais", que cerca de 90% da população mundial se ocupa de alguma forma de prática religiosa e que o desejo de transcendência é um tema recorrente tanto na literatura religiosa quanto na secular, deveria ser, no mínimo, *razoável* postular, como uma explicação desses fatos, um desejo natural de algo além deste mundo.[144]

E sobre a segunda premissa? Por que deveríamos pensar que todos os nossos desejos naturais e inatos podem ser satisfeitos? Russell parece rejeitar completamente essa noção: "O fato de eu sentir uma *necessidade* de algo mais que humano não constitui evidência alguma de que a necessidade pode ser satisfeita, não mais que a fome constitui evidência de que irei obter comida".[145] Em seu ensaio de 1941, "O Peso da Glória", Lewis escreve:

> A fome física de um homem não prova que o homem irá obter algum pão [...]. Mas seguramente prova que ele [...] habita um mundo em que existem substâncias comestíveis. Do mesmo modo, embora não creia [...] que meu desejo do Paraíso prove que irei desfrutá-lo, penso que esse desejo constitui uma boa indicação de que essa coisa existe e de que alguns homens o desfrutarão. Muitos podem amar uma mulher e não conquistá-la; mas seria muito estranho se o fenômeno chamado "apaixonar-se" ocorresse em um mundo assexuado.[146]

---

[143] Ibid., 135.
[144] Lovell, *Philosophical Themes*, Chapter 6, 132.
[145] Bertrand Russell, "From 'My Mental Development' and 'Reply to Criticisms'", in Greenspan and Andersson (eds.), *Russell on Religion*, 29.
[146] C. S. Lewis, "The Weight of Glory", in *The Weight of Glory and Other Addresses* (New York: HarperCollins, 2001), 32-33.

As observações de Lewis indicam que o exemplo da fome, fornecido por Russell, não apoia a rejeição da segunda premissa do argumento do desejo; entretanto, Russell levanta um ponto relevante: em geral, não pensamos que o mero fato de que algo é desejado indica que a coisa desejada existe. Que razão pode existir para pensar que desejos naturais *apontam* para a existência do objeto desejado?"[147]

Existem três tipos de argumentos interessantes a favor da premissa (2) (a afirmação de que todos os desejos naturais e inatos podem ser satisfeitos). O primeiro é um argumento indutivo que se baseia em nossa experiência de outros desejos naturais que a Alegria. Como adverte Lewis, observamos que nós desejamos naturalmente alimento e que substâncias comestíveis existem; desejamos naturalmente o sexo, e o sexo existe. Não é difícil continuar essa lista: desejamos naturalmente dormir, e o sono existe. Assim, existe farta evidência indutiva de que nossos desejos inatos e naturais podem ser satisfeitos; portanto, é provável que a Alegria também possa ser satisfeita.[148] Uma segunda linha de argumentação baseia-se na ideia de que, "se os desejos naturais não possuíssem objetos correlatos, haveria algo fundamentalmente mal, errado, incoerente, ilógico, injusto, pervertido, desonesto ou com defeito na realidade".[149] Se (2) for falsa, então o universo é, de certo modo, absurdo; mas o universo não é absurdo desse modo, logo (2) é verdadeira. Por fim, poder-se-ia sugerir que (2) ou algo que a implicasse é autoevidente e pode ser vista diretamente como verdadeira.[150]

Consideremos essas três abordagens na ordem inversa. De minha parte, não posso ver diretamente que (2) é verdadeira; após sincera reflexão, ela não me aparece como autoevidente. Russell aparentemente havia pensado que poderia ver sua falsidade. Segundo meu modo de pensar, (2) é precisamente

---

[147] A partir desse ponto, deixo a incômoda expressão "desejos naturais e inatos" e falo simplesmente de "desejos naturais"; a frase mais curta deve ser entendida como uma abreviação da frase mais longa, mais incômoda.

[148] Robert Holyer defende essa linha de raciocínio em "The Argument from Desire", *Faith and Philosophy* 5:1 (January 1988), 61-70, particularmente 68.

[149] Lovell, *Philosophical Themes*, cap. 6, 134; cf. também Kreeft, "Argument from Desire", 255.

[150] See Kreeft, "Argument from Desire", 269.

o tipo de afirmação que necessita de argumentação a favor ou contra. Leitores que consideram (2) como obviamente verdadeira, podem passar adiante à conclusão deste capítulo.

E sobre a absurdidade do universo, caso (2) seja falsa? Devemos manter em mente a distinção entre *absurdidade* (do tipo relevante) e *inexplicabilidade*. Negar (2) não equivale a afirmar que o universo ou alguma característica sua não possa ser *explicada*. Antes, negar (2) equivale a afirmar que existe algo no universo "com defeito", no sentido de que pertence à natureza humana desejar algo que não existe. Como sugeri em outra ocasião, a questão de se o universo, fundamentalmente, faz sentido é uma das questões centrais sobre a qual teístas e ateus tendem a discordar; consequentemente, qualquer argumento lançado ao debate por qualquer uma das partes, a qual assume simplesmente que o universo faz (ou não faz) sentido desse modo, deixa de ser particularmente proveitoso.[151] É improvável que o ateu considere surpreendente ou implausível a implicação de que o universo possa falhar em conformar-se a nossos desejos naturais. É natural querer conhecer a *explicação* de um desejo natural que não pode ser satisfeito; farei uma sugestão sobre isso mais adiante.

Finalmente, consideremos a defesa indutiva para a premissa (2). Recorde os desejos naturais para os quais Lewis inicialmente chama nossa atenção: fome, desejo sexual e desejo do patinho pela água (ou de nadar). A defesa indutiva prossegue assim: todos os desejos naturais *examinados* podem ser satisfeitos; portanto, todos os desejos naturais (examinados ou não) podem ser satisfeitos.[152] Desde que a Alegria é um desejo natural, segue que a Alegria é capaz de satisfação e que, por isso, existe algum tipo de entidade supranatural que pode satisfazê-la.

Vejo duas fraquezas nessa abordagem indutiva. Uma característica dos argumentos indutivos simples desse tipo é que eles podem ser contestados

[151] See Wielenberg, *Value and Virtue*, 93, 122.

[152] Esse modo de formular a defesa indutiva baseia-se na discussão acerca do raciocínio indutivo encontrada em Howard Kahane, *Logic and Philosophy: A Modern Introduction*, sixth edition (Belmont, CA: Wadsworth, 1990), 336-342.

por outros argumentos indutivos simples favoráveis a uma conclusão contrária. Considere o seguinte exemplo. Imagine um time de futebol com uma longa história de nunca ter perdido um jogo em casa e que nunca venceu em uma terça-feira. Apesar de ter jogado muitos jogos em casa e muitos na terça-feira, suponha que o time nunca jogou um jogo em casa numa terça-feira. Suponha que pela primeira vez o time é escalado para jogar em casa numa terça-feira. Se tudo o que temos são os fatos que mencionei, podemos extrair alguma conclusão sobre a probabilidade da vitória do time no jogo de terça-feira em casa? Penso que não. A razão de não podermos é que temos dois simples argumentos indutivos conflitantes que se anulam um ao outro. Por um lado, podemos argumentar que, porque o time venceu todos os jogos passados em casa, é provável que vença este aqui. Por outro lado, podemos argumentar que, porque o time perdeu todos os jogos que se realizaram nas terças-feiras, é provável que perca este aqui. Os dois argumentos cancelam um ao outro, deixando-nos sem qualquer ideia se é mais provável que o time vença ou perca o jogo de terça-feira em casa.

Creio que se obtém uma situação semelhante em relação à defesa indutiva de que a Alegria pode ser satisfeita. No exemplo que descrevi, o jogo problemático pertence a duas classes relevantes de jogos: jogos realizados em casa e jogos realizados nas terças-feiras. Os membros da primeira classe sugerem a vitória, enquanto os membros da segunda classe sugerem a derrota. De modo análogo, a Alegria pertence a duas classes relevantes de desejos. Uma dessas classes é a classe dos desejos naturais, e a inclusão da Alegria nessa classe (suponhamos por um momento) sugere que ela pode ser satisfeita. Mas a Alegria também pertence a uma segunda classe de desejos, a saber, a classe dos desejos humanos por coisas que não pertencem ao universo natural conhecido. E o pertencimento da Alegria nessa classe de desejos sugere que ela *não* é capaz de satisfação. A razão para isso é simplesmente que a maioria dos desejos nessa segunda categoria é por coisas que não existem. Ao longo da história humana, pessoas tiveram desejos que envolviam todos os tipos de entidades que não pertencem ao universo natural conhecido, e é claro que a vasta maioria desses desejos envolvia objetos que não existem. Assim, temos dois argumentos indutivos opostos que se anulam mutuamente. Por um lado, podemos argumentar que, desde que a Alegria pertence à classe dos desejos naturais, a Alegria pode presumivelmente ser satisfeita. Por outro lado, podemos argumentar que, desde que a Alegria pertence à classe dos desejos humanos por coisas que não são parte do universo natural conhecido, a Alegria presumivelmente não pode ser satisfeita. Portanto, o argumento indutivo de que a Alegria pode ser satisfeita não é bem-sucedido, do mesmo modo como não é bem-sucedido o argumento indutivo de que o time vencerá na terça-feira o jogo em sua casa.

Uma segunda fraqueza (independente) da abordagem indutiva reside em que, deixando de lado a questão de se a Alegria pode ser satisfeita, a Alegria é, evidentemente, muito diferente dos outros desejos naturais mencionados por Lewis. Esses outros desejos compartilham diversas características que faltam à Alegria. Por exemplo, todos eles são desejos de coisas que são parte do mundo natural. Ademais, são tais que seu gozo nunca traz satisfação e contentamento permanentes. Mantendo que a Alegria é um desejo de união com Deus, Lewis está comprometido com a concepção de que a Alegria não é um desejo de algo que é parte do mundo natural e que *é* um desejo cujo gozo traz (ou deveria trazer) uma felicidade eterna. É claro que Lewis concebe a Alegria como sendo diferente, de um modo relevante, de outros desejos naturais. Qual é, então, o fundamento para sustentar que é semelhante no sentido de que é capaz de ser satisfeita? O argumento indutivo para a conclusão de que a Alegria pode ser satisfeita parece ser refutado pelo que poderíamos chamar um "argumento metaindutivo": todos os argumentos indutivos *examinados* que inferem a natureza da Alegria a partir da natureza dos desejos naturais são malsucedidos; portanto, todos os argumentos indutivos são malsucedidos. O estatuto singular da Alegria entre os desejos naturais parece minar a defesa indutiva da segunda premissa do argumento do desejo.

Robert Holyer faz o seguinte comentário sobre esse tipo de crítica:

> Poder-se-ia questionar até que ponto a Alegria é semelhante a outros desejos naturais [...]. Entretanto, mesmo que o adversário obtenha algum sucesso com essa linha de argumentação, o máximo que ele poderia fazer é diminuir a semelhança entre a Alegria e os outros desejos naturais e, desse

> modo, enfraquecer o argumento. O fato de a Alegria ainda ser um desejo, se bem que de um tipo diferente, parecia limitar a extensão em que esse tipo de desafio poderia viciar o argumento.[153]

Holyer parece sugerir que não importa quão diferente possa ser a Alegria de todos os outros desejos naturais, o fato é que um desejo natural ainda irá constituir *alguma* razão para crer que a Alegria pode ser satisfeita. Mas isso parece incorreto. Se Alegria é suficientemente diferente de todos os outros desejos naturais, o fato é que um desejo natural não nos dirá absolutamente nada sobre se ele é um desejo que pode ser satisfeito. Vai aqui um simples exemplo que ilustra o ponto: se, de um cisne particular, conhecemos suas diferenças, de diversos modos relevantes, em relação a todos os outros cisnes, o fato de ser um cisne não nos pode dar razão alguma para crer que é branco, mesmo que todos os outros cisnes que observamos fossem brancos. As numerosas diferenças conhecidas entre esse cisne e outros cisnes que observamos significam que o fato de ser um cisne pouco nos diz sobre suas características particulares.[154] Concluo que a alegação indutiva de que todos os desejos naturais podem ser satisfeitos é, no mínimo, muito fraca e, além disso, que a segunda premissa de nossa formulação inicial do argumento carece de apoio adequado. Não vejo boas razões para crer que a Alegria, mesmo no caso de pertencer à natureza humana, seja capaz de satisfação.

Existe um último modo de entender o argumento do desejo que merece consideração. Poderíamos reconstruí-lo baseando-o em uma inferência para a melhor explicação. Como notei anteriormente, é natural querer saber o que explica o fato (se for um fato) de a Alegria pertencer à natureza humana. Que Deus nos tenha feito de modo que possamos experimentar a Alegria certamente deveria explicar a existência da Alegria. Podemos, então, entender o argumento de Lewis do seguinte modo:

---

[153] Holyer, "Argument from Desire", 69-70.

[154] Com efeito, se existirem características que estejam conceitualmente unidas ao ser de um cisne, seremos capazes de inferir que o cisne as tem – por exemplo, podemos estar certos de que o cisne é um objeto físico. Mas esse ponto não irá salvar o argumento do desejo, porquanto existe pouca plausibilidade de que a asserção "desejos naturais podem ser satisfeitos" seja uma verdade conceitual.

O argumento (revisado) do desejo

1. Todos os seres humanos normais possuem um desejo inato e natural (a Alegria) de algo, x, que se encontra além do mundo natural.
2. A melhor explicação de (1) é que um Poder Superior semelhante a uma mente instilou a Alegria na natureza humana.
3. Portanto, existe um Poder Superior semelhante a uma mente que instilou a Alegria na natureza humana (a parir de 1 e 2).

Existe uma explicação plausível para essa (alegada) característica da natureza humana que não se comprometa com uma entidade supranatural? Creio que podemos desenvolver os elementos básicos dessa explicação valendo-nos, uma vez mais, da psicologia evolutiva. De modo interessante, Lovell considera uma sugestão ao longo da seguinte passagem:

> Podemos [...] entender como uma criatura adquire suas características naturais em termos evolutivos. A evolução irá promover aquelas características que ajudam a sobrevivência e a reprodução. Se a posse de um desejo particular fosse uma ajuda a estes, então a evolução o favoreceria. Dessa maneira, a característica se tornaria predominante e, então, eventualmente natural para os descendentes da criatura na qual surgiu. Mas muitos desejos não seriam absolutamente úteis para a sobrevivência ou a reprodução senão desejassem coisas que realmente podem ser obtidas [...]. Em um ambiente que contém lagos ou está próximo ao mar, o desejo de nadar (por alguma razão) poderia conferir uma vantagem evolutiva. Mas em um ambiente privado desses espaços aquáticos, o desejo somente poderia promover uma busca infrutífera por lugares para o nado, o que seria um desperdício de tempo e energia, e não seria, portanto, de nenhuma ajuda para a sobrevivência ou para a reprodução. Desse modo, chegamos a ver por que tantos desejos naturais têm objetos correlatos, mas assim fazemos de um modo que não é necessário requerer que *todos* os desejos devem tê-los. Suponha que um desejo de comunhão com Deus [...] conceda uma vantagem evolutiva; por que isso deveria requerer a existência de Deus?[155]

[155] Lovell, *Philosophical Themes*, chapter 6, 140.

Esse é um começo promissor, mas um elemento crucial está faltando: precisamos de alguma explicação plausível de *como* o desejo de algo que se situa além do mundo natural concede àqueles seres que os têm uma superioridade evolutiva sobre aqueles que não os têm, *mesmo que* esse objeto transcendente não exista.

Dois fatos importantes sobre a Alegria, do modo como descritos por Lewis, constituem o fundamento dessa explicação. O primeiro fato importante consiste em que um dos principais efeitos da Alegria é que ela impede uma pessoa de derivar contentamento duradouro de coisas terrestres. Esse fato é importante porque derivar contentamento duradouro de coisas terrestres pode ser bastante desvantajoso, evolucionariamente falando. A insatisfação pode beneficiar-nos com o tempo. Essa ideia é evidente na crítica de Ronald Dworkin ao emprego de drogas psicotrópicas como um "tratamento" para a infelicidade habitual (em oposição a desordens psicológicas genuínas). Dworkin rotula a felicidade produzida desse modo de "Felicidade Artificial" e observa que "pessoas com Felicidade Artificial não sentem a infelicidade que necessitam para levar suas vidas adiante".[156] A fim de perceber as desvantagens evolutivas da satisfação duradoura, considere um humano masculino que está completamente satisfeito, contanto que suas necessidades básicas (comida, abrigo e sexo) estejam satisfeitas. Uma vez que essas necessidades estão satisfeitas, ele não terá qualquer motivação para adquirir adicional prosperidade, poder, prestígio ou sucesso; com efeito, ele não terá absolutamente motivação alguma para fazer qualquer coisa diferente de assegurar que suas necessidades básicas continuarão a ser satisfeitas. Contraste esse macho com um segundo macho que possui as mesmas pulsões básicas, mas que *nunca* alcança uma satisfação duradoura, sem levar em consideração suas realizações mundanas. Tudo o mais sendo igual, o segundo macho provavelmente se sairá melhor do que o primeiro na competição por recursos limitados e pelo acesso às fêmeas mais desejáveis. Com efeito, um macho que derivasse satisfa-

---

[156] Ronald W. Dworkin, *Artificial Happiness: The Dark Side of the New Happy Class* (New York: Carroll & Graf Publishers, 2006), 8.

ção duradoura a partir de *algum* nível de sucesso mundano, não importando o quão alto é esse sucesso, sempre oferece o risco de ser superado por um macho que nunca derivasse satisfação duradoura de qualquer soma de bens mundanos. Uma boa estratégia, no sentido evolutivo, nunca estará completamente satisfeita com a sorte de alguém na vida. A satisfação duradoura provoca inação, a qual, por sua vez, provoca fracasso reprodutivo – pelo menos quando a competição não é inteiramente satisfeita. Robert Wright descreve a ideia básica do seguinte modo:

> Somos projetados para sentir que o próximo grande objetivo trará felicidade, e a felicidade é projetada para evaporar-se logo após a obtermos. A seleção natural possui um malicioso senso de humor; ela nos conduz adiante com uma série de promessas e então persiste dizendo "Apenas brinque" [...]. É notável que passemos toda a nossa vida sem jamais entendê-la realmente.[157]

O segundo fato importante acerca da Alegria consiste em que não está absolutamente claro que a Alegria é um desejo. Lewis consumiu anos tentando entender a natureza da Alegria. Esse fato é importante porque, se alguém deseja algo, mas não sabe o que, é provável que esse alguém conclua que aquilo que se deseja é mais do que algum bem mundano. Assim, uma vez que o verdadeiro objeto da Alegria é obscuro, a Alegria funciona como uma espécie de catalisador para os desejos mais fundamentais. E, é claro, esses desejos fundamentais foram instilados pela evolução porque tendem a produzir comportamentos que conduzem ao sucesso evolutivo. Levando isso em consideração, é fácil perceber por que a disposição para experimentar Alegria poderia ter sido selecionada pela evolução: não importa quantos bens mundanos nós adquirimos, a Alegria inflexivelmente murmura "não é o bastante". A Alegria nos impede de cairmos na armadilha geneticamente desvantajosa da satisfação duradoura; ela assegura que nossas pulsões básicas intensificadoras de aptidão

[157] Wright, *Moral Animal*, 369. Em *Mero Cristianismo*, sob o título de "O Caminho do Tolo", Lewis descreve, de forma bastante interessante, o mesmo fenômeno como um dos possíveis modos de se lidar com a experiência da Alegria; cf. Lewis, *Mere Christianity*, 135.

nunca deixarão completamente de operar. É o próprio Lewis quem sugere talvez a ilustração mais simples e mais clara desse conceito: "A Alegria não é um substituto para o sexo; o sexo é muito frequentemente um substituto para a Alegria".[158] A seguinte sentença de Lewis captura a relação mais geral entre a Alegria e as pulsões básicas que estou tentando descrever aqui: "Gostaria, pois, de saber se todos os prazeres não seriam substitutos para a Alegria".[159] A Alegria pode funcionar do modo como sugeri mesmo que seu objeto não exista. Por nos fazer trabalhar para o infinito, ela nos impede de estarmos completamente satisfeitos com o finito, e assim nos faz sobreviver e reproduzir com maior êxito do que, de outro modo, faríamos.

Uma objeção que se pode levantar contra essa explicação é que ela é meramente "apenas uma estória". A expressão "apenas uma estória" é tomada do título do livro de Rudyard Kipling, *Just so story*. O livro consiste de explicações fantásticas de como diversos animais vieram a ser o que são – por exemplo, "Como a Baleia Conseguiu Sua Garganta", "Como o Leopardo Adquiriu Suas Manchas" e "Sobre a Origem dos Tatus". Rotular uma explicação evolutiva acerca de alguma característica de "apenas uma estória" equivale a sugerir que a explicação é meramente uma possibilidade plausível (ou uma plausibilidade razoável) que não encontra apoio na evidência empírica. Em relação à explicação evolutiva da Alegria que esbocei anteriormente, esse ponto é bastante claro, porquanto não forneci qualquer evidência empírica para apoiar minha explicação. Todavia, no presente contexto, esse ponto não é prejudicial. A razão é que a explicação teísta da Alegria também carece de evidência empírica.[160] O que essencialmente temos são duas "estórias" concorrentes. Se isso estiver correto, então estamos num beco sem saída. E, neste contexto, um beco sem saída significa o fracasso para o argumento do desejo, que se supõe prover alguma razão positiva para crer que um objeto transcendente existe.

---

[158] Lewis, *Surprised by Joy*, 170.

[159] Ibid.

[160] Isso não quer dizer que falta evidência empírica ao *próprio teísmo*; antes, minha alegação é que não existe qualquer evidência empírica (além da própria Alegria) para apoiar a hipótese específica de que Deus instilou a Alegria na natureza humana.

Parece, então, que nos restam duas explicações possíveis para o fato de a Alegria pertencer à natureza humana. A primeira explicação é que a disposição para experimentar Alegria foi selecionada pela evolução porque aumenta a aptidão daqueles seres que a possuem, mesmo que o objeto da Alegria não exista. A segunda explicação é que "suplicamos pela eternidade, desde que Deus colocou esse desejo em nossos corações. Nossos corações não terão quietude até que descansem em Deus, pois eles foram criados por Deus para descansarem somente em Deus".[161] A primeira dessas explicações pode parecer um pouco estranha ou mesmo perturbadora, uma vez que implica a afirmação de que pertence a nossa natureza desejar algo que não existe. Como observa Lovell, "antes que ajudar o ateu a evitar a conclusão de que o mundo é basicamente irracional, essa objeção simplesmente nos oferece um modo de entender como é que o mundo veio a ser tão absurdo".[162] Isso é precisamente correto; todavia, não vejo que o mero fato de uma concepção ser perturbadora, ou inferir que o mundo é absurdo (no sentido relevante), constitui uma razão para considerar que a concepção em questão é falsa. Com efeito, a psicologia evolutiva prediz esquisitices semelhantes. Por exemplo, prediz que os seres humanos tenderiam a sustentar uma série de falsas crenças, que as famílias não tenderiam a ser unidades perfeitamente harmoniosas, mas, ao contrário, tenderiam a produzir diversos tipos de conflitos entre seus membros, e que os seres humanos contemporâneos seriam suscetíveis a diversas fobias envolvendo coisas que, para a maioria de nós, representa pouco ou nenhum perigo, como aranhas e pequenos animais.[163] Alguns pensadores atribuem absurdidades mais extremas à evolução. Arthur Koestler, por exemplo, sugere que os processos evolutivos seriam os responsáveis por uma falta de coordenação entre as partes mais antigas e as partes mais novas do cérebro

[161] Kreeft, "Argument from Desire", 258.
[162] Lovell, *Philosophical Themes*, cap. 6, 141.
[163] Para discussões proveitosas acerca de algumas das causas de nossas falsas crenças, cf. Wright, *Moral Animal*; e Pinker, *Blank Slate*, especialmente cap. 12 e 13. Para discussões acerca de conflitos familiares e fobias, cf. Buss; *Evolutionary Psychology*, cap. 7 e 8 (familias), e p. 90-95 (medo).

humano, e que essa falta de coordenação é uma causa importante, entre outras coisas, da história marcadamente violenta da raça humana. Escreve Koestler: "Quando alguém contempla o veio de insanidade que percorre a história humana, aparece altamente provável que o *homo sapiens* seja uma extravagância biológica, o resultado de algum notável engano no processo evolutivo".[164] A partir da perspectiva da psicologia evolutiva, a presença na natureza humana de um desejo que não pode ser satisfeito não se configura, pois, como particularmente surpreendente.

O desfecho de tudo isso é que o fato (se for um fato) de a Alegria pertencer à natureza humana não constitui razão considerável para pensar que uma entidade transcendente existe. A versão inicial do argumento do desejo, que já examinamos, não é convincente porque nenhum dos modos utilizados para apoiar sua segunda premissa (que todos os desejos naturais podem ser satisfeitos) é bem-sucedido. A versão revisada do argumento fracassa porque existe uma explicação naturalista para o fato (alegado) de que a Alegria pertence à natureza humana que é, no mínimo, tão plausível quanto à explicação que se compromete com a existência de um ser transcendente.

5. Conclusão

No início deste capítulo, sugeri que nenhum dos três argumentos que consideramos foi proposto por Lewis a fim de constituir uma prova decisiva da existência de um Poder Superior, mas o que ele pretendia, com efeito, era somar os três juntos para chegar a uma sólida defesa cumulativa da existência desse Poder. Uma vez que já examinamos, em algum detalhe, cada um dos três argumentos de Lewis, o peso geral do argumento cumulativo de Lewis merece ser agora considerado. Como já deve estar claro, minha própria concepção é que o argumento cumulativo constituído pelos três

[164] Cf. Arthur Koestler, *The Ghost in the Machine* (New York: Macmillan, 1967), especialmente a Parte 3, "Disorder", 225-339. Discuto algumas ideias semelhantes (com muito menor detalhe) em Wielenberg, *Value and Virtue*, 127-142.

argumentos não é fortemente convincente. A mim me parece que o recente trabalho em psicologia evolutiva tem feito muito para enfraquecer o argumento geral de Lewis.

Todavia, os argumentos de Lewis estavam à frente de seu tempo em pelo menos dois sentidos. Primeiro, todos eles se apoiam em uma concepção substantiva acerca da natureza humana. A emergência, nos anos de 1920, do behaviorismo na psicologia marcou a rejeição, por parte de muitos psicólogos, da própria ideia de natureza humana, uma rejeição que durou por volta de cinquenta anos.[165] A ideia de natureza humana retornou à corrente principal da psicológica evolutiva apenas recentemente e, o que é interessante, isso foi devido, em grande medida, à emergência da psicologia evolutiva.[166] A psicologia evolutiva e a apologética cristã de Lewis apoiam-se em um axioma comum: que existe essa coisa como a natureza humana. Eles diferem, é claro, quando começam a explicar como essa natureza humana veio a ser.

Segundo, dois dos três argumentos de Lewis – o argumento moral e o argumento da razão – envolvem tópicos que são objeto de muito trabalho na filosofia contemporânea. Se e como a moralidade e a intencionalidade podem ajustar-se a um universo não teísta são questões ardentemente discutidas na cena filosófica atual. Muitos naturalistas contemporâneos estão enfrentando os desafios colocados por Lewis, quer estejam ou não conscientes disso.

Tendo examinado os argumentos de Lewis a favor da existência de um Poder Superior, estamos agora prontos para voltar a sua tentativa de fornecer uma defesa, ao menos parcial, da conclusão de que esse Poder Superior é, na realidade, o Deus do cristianismo. Essa tentativa está presente no livro de Lewis, *Milagres*, em que ele tenta estabelecer, de modo geral, a plausibilidade da existência de milagres e, em particular, da Ressurreição de Cristo. *Milagres* constitui, em parte, uma resposta direta ao famoso ensaio escrito por Hume, "Dos Milagres". Assim, no capítulo a seguir, nós nos encontraremos, uma vez mais, no meio de uma batalha entre Hume e Lewis, esses gêmeos titãs.

---

[165] Cf. Buss, *Evolutionary Psychology*, 28-29.
[166] Cf., por exemplo, Pinker, *Blank Slate*.

Milagres

1. Introdução

O conto de Graham Greene, "A Segunda Morte", centra-se nos medos de um homem pecador que agoniza em seu leito de morte. Seus medos provinham de um misterioso evento ocorrido em sua infância. Ele havia sido declarado morto e estava sendo levado ao sepultamento "quando um médico os parou a tempo".[1] Refletindo sobre esse incidente em sua infância, o moribundo diz:

> Quando se aproximava a hora, pensei que eu estava morto. Não era como num sonho, de modo algum; eu descansava em paz. Havia alguém lá, em toda a minha volta, que sabia de tudo. Toda garota que alguma vez eu havia possuído. Mesmo aquele jovem que não havia entendido [...]. Devia ter sido um sonho, não? O tipo de sonho que as pessoas têm quando estão doentes. E eu também vi o que estava para acontecer comigo. Eu não posso suportar a dor. Não era justo. E quis desfalecer e não pude, pois eu estava morto [...]. Suponha fosse verdade. Suponha que eu houvesse estado morto. Acreditei nisso então, ora pois, e também minha mãe. Mas você não pode confiar nela. Eu fui honesto por alguns anos. Eu pensei que poderia ter uma segunda chance. Então as coisas tornaram-se confusas e, de alguma maneira, [...] isso não mais parecia realmente possível. Não é possível.[2]

O narrador do romance é o companheiro do moribundo, que se colocou ao lado do leito do amigo para tentar reconfortá-lo diante da morte. Ele declara ao moribundo que "milagres desse tipo não acontecem nos dias

---

[1] Graham Greene, "The Second Death", in Graham Greene, *Collected Short Stories* (New York: Penguin Books, 1986), 156.
[2] Ibid., 157.

de hoje" e, "de qualquer modo, não é provável que aconteçam a você, não é?"[3] O moribundo compreende as insinuações de seu amigo, mas é incapaz, enfim, de espantar seus medos antes de morrer:

> "Havia alguns outros", disse ele. "Mas os causos eram todos em torno de gente humilde, e essa gente acreditará em qualquer coisa, não é? Diziam que ele havia curado muitos doentes e aleijados. E havia um cego de nascença, a quem o homem se aproximou e lhe tocou em suas pálpebras e então a visão surgiu para ele. Não eram senão histórias da carochinha, não eram?", perguntou-me ele, balbuciando com medo, e então repentinamente se deitou tranquilo e encolheu-se no lado da cama.[4]

Entre as questões levantadas pelo conto, está a seguinte: é razoável crer que um milagre aconteceu? O conto sugere que pode ser difícil, até mesmo para aqueles que estiveram diretamente envolvidos em milagres, ter certeza de que um milagre, de fato, ocorreu.[5] A dificuldade certamente ainda é maior quando alguém tenta estimar a precisão de um relato de segunda mão sobre um milagre. É razoável crer que esses relatos são verdadeiros?[6] Essa questão constitui o tópico central do presente capítulo.

2. O debate sobre os milagres no século XVII

Na Europa do século XVIII, emergiu um tempestuoso debate sobre a questão dos milagres. De modo mais preciso, um debate sobre os milagres relacionados com o cristianismo, especialmente sobre a Ressurreição

[3] Ibid., 158.

[4] Ibid. Na conclusão da história, o narrador lembra-se de ter sido curado de sua cegueira, indicando que os milagres eram reais – e os medos do homem moribundo, bem fundados.

[5] Questões semelhantes são levantadas no filme de 1994 de Quentin Tarantino, *Pulp Fiction*, no qual assassinos contratados, Vincent e Jules, assumem visões diferentes sobre se a improvável fuga de uma saraivada de balas constitui um milagre.

[6] Essa mesma questão é levantada em Lewis's *The Lion, the Witch, and the Wardrobe*, o primeiro livro da série *Crônicas de Nárnia*. Para uma discussão proveitosa, cf. Thomas D. Senor, "Trusting Lucy: Believing the Incredible", in Greg Bassham & Jerry Walls (eds.), *The Chronicles of Narnia and Philosophy* (Chicago: Open Court, 2005), 27-40.

de Cristo. O debate surgiu como uma consequência do fato de muitos filósofos cristãos da época sustentarem que a ocorrência dos milagres cristãos, particularmente o da Ressurreição, fornecia o fundamento para uma prova das afirmações centrais do cristianismo. Samuel Clarke, em 1705, colocou secamente a questão do seguinte modo: "A Revelação Cristã é provada, de modo positivo e direto, ser enviada a nós, realmente e imediatamente, a partir de Deus, pelos muitos *Milagres e Sinais* infalíveis que seu autor publicou como a Evidência de sua Divina Autoridade".[7] Um das apresentações mais populares, na época, desse tipo de argumento foi *O Julgamento das Testemunhas da Ressurreição de Jesus* [*The Tryal of the Witnesses of the Resurrection of Jesus*], de Thomas Sherlock, no qual se emprega o estilo engenhoso de um julgamento judicial sobre a questão "Se as Testemunhas da Ressurreição de Cristo são culpadas ou não de fornecer falsa evidência".[8] Seguindo a apresentação do "Sr. A", que argumenta a favor da culpa dos apóstolos, e do "Sr. B", que defende a inocência deles, o júri pronuncia um veredicto unânime: "Não são culpadas".[9]

Os possíveis riscos envolvidos nesse debate eram altos, particularmente para aqueles que criticavam o argumento cristão que se baseava em milagres. Thomas Woolston, um famoso crítico do argumento, foi condenado por blasfêmia em razão de seu livro, *Seis Discursos Sobre os Milagres de Nosso Salvador* [*Six Discourses on the Miracles of Our Savior*]. Incapaz de pagar a multa por blasfêmia, ele morreu na prisão em 1733.[10] Outro crítico, Peter Annett, que escreveu uma resposta crítica a *O Julgamento* de Sherlock, foi condenado ao pelourinho por causa de concepções que desenvolvera em uma obra posterior.[11]

---

[7] Samuel Clarke, "A Discourse Concerning the Unalterable Obligations of Natural Religion, and the Truth and Certainty of the Christian Revelations", in John Earman (ed.), *Hume's Abject Failure: The Argument against Miracles* (Oxford: Oxford University Press, 2000), 120.
[8] Thomas Sherlock, *The Tryal of the Witnesses of the Resurrection of Jesus*, eleventh edition (1729), in Farman (ed.), *Abject Failure*, 131.
[9] Ibid., 132.
[10] Farman, *Abject Failure*, 16.
[11] Ibid., 18.

A contribuição do próprio Hume para esse debate é a seção X de sua *Investigação sobre o Entendimento Humano*, intitulada "Dos Milagres", cuja primeira versão apareceu em 1748, um ano antes da publicação de seus *Diálogos Sobre a Religião Natural*. Em "Dos Milagres", Hume jamais menciona explicitamente a Ressurreição, e ele se refere nomeadamente ao cristianismo apenas nos dois últimos parágrafos. Seu ensaio pretende tratar dos milagres em geral, antes que acerca de algum alegado milagre particular. Apesar disso, o desenvolvimento do debate sobre os milagres na época, junto com o fato de Hume referir-se repetidamente à elevação do morto, torna claro que o milagre central com o qual Hume está preocupado é o da Ressurreição de Cristo.

Atualmente, "Dos Milagres" é amplamente considerado um dos mais importantes textos sobre milagres jamais escritos, mesmo por aqueles que não o consideram convincente. O texto de Hume é leitura obrigatória nos cursos de filosofia da religião. E, aparentemente, impressionou Lewis o suficiente para que este escrevesse uma extensa resposta, pois, como veremos, o argumento central de Lewis em *Milagres* culmina em uma resposta ao ensaio de Hume. Mas antes de examinar o texto "Dos Milagres" e a resposta de Lewis, será útil considerar outro argumento antimilagre sugerido por Hume, bem como a resposta que Lewis lhe oferece. No curso de sua resposta a esse argumento, Lewis introduz uma analogia que será central a sua resposta ao argumento de Hume em "Dos Milagres".

3. Um duelo preliminar

Considera-se comumente que o uso da expressão "o argumento de Hume contra os milagres" tenha como referência o argumento encontrado no ensaio "Dos Milagres". Mas a obra de Hume encerra um outro argumento que merece esse título. Em *História Natural da Religião*, Hume descreve uma concepção frequentemente denominada "Deísmo":

> Muitos teístas, mesmo os mais entusiastas e sofisticados, têm negado a existência de uma *providência particular* e afirmado que o espírito

Soberano, ou o primeiro princípio de todas as coisas, após ter fixado as leis gerais que governam a natureza, deixou essas leis seguirem, sem interrupção, seu livre curso, sem modificar a cada instante, por atos particulares, a ordem estabelecida dos acontecimentos.[12]

De acordo com o Deísmo, Deus estabelece as leis que governam o universo físico e, então, simplesmente deixa a natureza tomar seu curso de acordo com essas leis. Deístas negam que Deus se ocupe de "atos particulares"; uma vez que a natureza está terminada e em curso, Deus de forma alguma intervém. Em resumo, o Deus do Deísmo não faz milagres.

Por que aceitar o Deísmo? Na mesma página da citação acima, Hume sugere que "as convulsões na natureza, as desordens, os prodígios e os milagres" são "o que existe de mais contrário ao plano de um sábio diretor".[13] A ideia parece ser que a única razão para que Deus pudesse ter realizado milagres seria retificar algum erro ou descuido preliminar. Os milagres equivaleriam a remendos improvisados, a um "reparo". Um Deus onisciente não faria uso desses expedientes grosseiros. Isso sugere o seguinte argumento contrário à existência de milagres:

O argumento deísta de Hume

1. Um Deus onipotente, onisciente e moralmente perfeito nunca deveria cometer erros.
2. Se (1), então esse Deus nunca deveria realizar milagres.
3. Portanto, um Deus onipotente, onisciente e moralmente perfeito nunca deveria realizar milagres.

Em *Milagres*, Lewis fornece, segundo me parece, uma devastadora refutação desse argumento. A estratégia de Lewis é a de rejeitar a afirmação que

---

[12] David Hume, *Dialogues Concerning Natural Religion*, 2ª ed. (Indianapolis: Hackett, 1998), 154.
[13] Ibid. É interessante comparar essas observações com as observações de Filo, concernentes à conexão entre leis gerais e sofrimento; cf. Hume, *Dialogues*, 70-71.

justifica a segunda premissa do argumento, a afirmação de que a única função possível de um milagre é retificar um erro divino.

O componente mais convincente da resposta de Lewis ao argumento introduz uma analogia que subjaz ao núcleo de sua resposta ao argumento de Hume em "Dos Milagres". Trata-se "da analogia entre, de um lado, a relação de Deus com o mundo e, de outro, a relação de um autor com seu livro".[14] Lewis primeiramente observa que "milagres ou eventos incomuns podem ser arte ruim ou podem não ser.[15] Eles são arte ruim (e indicam um erro ou falta de habilidade por parte do autor) quando são usados como dispositivos delineados de modo *ad hoc*: "A história de um fantasma é uma forma legítima de arte; mas você não deve introduzir um fantasma em um romance comum a fim de superar uma dificuldade no enredo".[16] Por outro lado, eles não são arte ruim (e, consequentemente, não indicam um erro por parte do autor) se você estiver realmente escrevendo *sobre* isso.[17] A aplicação desse ponto ao argumento deísta de Hume é como segue. Se a Ressurreição, por exemplo, realmente for um dos principais objetos da "história" de Deus – se ela for um dos principais *propósitos* de toda a Criação –, então sua ocorrência, mesmo que envolva a interferência divina no curso da natureza, não indica um erro prévio por parte de Deus. E essa é exatamente a posição de Lewis:

> Algumas pessoas provavelmente pensam na Ressurreição como um último desesperado expediente para salvar o Herói de uma situação que poderia fugir ao controle do Autor [...]. [Ao contrário,] a Morte e a Ressurreição compõem o objeto da história; e se tivéssemos apenas olhos para ver, elas encontrar-se-iam insinuadas em cada página, apresentando-se a nós, em algum disfarce, a cada passo [...]. Se você até agora não passou a acreditar em milagres, vale a pena fazer uma pausa e considerar se essa descrença não seria devido principalmente ao fato de você achar que havia descoberto o verdadeiro tema da história, julgando que átomos, o tempo e o espaço, a economia e a política constituíssem o enredo principal! Mas será verdade que você está com a verdade?[18]

---

[14] C. S. Lewis, *Miracles: A Preliminary Study* (New York: HarperCollins, 2001), 156.
[15] Ibid.
[16] Ibid.
[17] Ibid.
[18] Ibid., 156-157.

Milagres consistiriam de rudes emendas para manter o devido curso do universo, de modo que Deus pudesse assegurar algum objetivo ulterior, ou então eles poderiam estar entre as coisas em vista das quais tudo o mais existe. O argumento deísta de Hume assume que a primeira opção é a única possibilidade; portanto, o argumento fracassa. A mim me parece que a resposta de Lewis, aqui, é inteiramente convincente. Entretanto, como o título desta seção sugere, isso não constitui senão um duelo preliminar. O principal golpe de Hume contra os milagres está presente em "Dos Milagres". É a esse texto que agora retornamos.

4. O principal golpe de Hume

"Dos Milagres" tem sido objeto de um número espantoso de comentários. Desenvolveu-se um enorme debate acerca da natureza do argumento ou dos argumentos presentes no ensaio, e se esses argumentos valem alguma coisa. A pesquisa filosófica contemporânea sobre o ensaio não tem conseguido produzir algo que possa aproximar-se a um consenso em torno a essas questões. John Earman, em seu livro *O Miserável Fracasso de Hume* [*Hume's Abject Failure*], publicado em 2000, afirma que o argumento de "Dos Milagres" é "largamente derivativo" e "quase totalmente sem mérito naquilo em que é original".[19] A crítica de Earman termina com a afirmação de que o ensaio de Hume é "uma mistura de retórica e *schein Geld*".[20] De outro lado, Robert Fogelin, em seu livro *Uma Defesa de Hume Sobre Os Milagres* [*A Defense of Hume on Miracles*], de 2003, defende a concepção de que "o exame que Hume empreende sobre os milagres, quando adequadamente entendido, exibe um nível de riqueza, sutileza, coerência e força que, de modo geral, não são apreciados".[21]

---

[19] Earman, *Abject Failure*, *vii*.
[20] Ibid., 73.
[21] Robert Fogelin, *A Defense of Hume on Miracles* (Princeton, NJ: Princeton University Press, 2003), 3.

É com considerável receio que entro nessas contenciosas (e tumultuadas!) águas filosóficas. No que segue, eu procuro formular, tão claramente quanto possível, o que considero ser o argumento central de Hume em "Dos Milagres". Irei prover apoio textual para minha interpretação, onde for conveniente, e também irei citar, algumas vezes, outros comentadores a fim de explicar ou enfatizar pontos particulares, enquanto o material que pertence ao debate acadêmico acerca da interpretação adequada da obra de Hume será, em grande medida, apresentado nas notas deste capítulo. A tarefa a nossa frente é entendermos, tão claramente quanto possível, o que Hume tenta provar em "Dos Milagres" e como ele desenvolve sua prova.

Começaremos com a conclusão final do argumento central de Hume. A conclusão do argumento não é a de que milagres são impossíveis. Não é a de que milagres, de fato, nunca ocorram. Não é a de que um Deus perfeito nunca realizaria milagres (como no argumento deísta). Não é a de que jamais seria razoável a alguém acreditar que um milagre ocorreu. E nem mesmo é a de que jamais seria razoável a alguém acreditar, unicamente com base no testemunho, que um milagre ocorreu. Antes, a conclusão de Hume é a de que "nenhum testemunho humano pode ter força tal de modo a provar a ocorrência de um milagre e torná-lo o verdadeiro fundamento para algum sistema de religião".[22] A segunda cláusula dessa proposição é importante. Ela indica que a conclusão de Hume não se aplica a todo testemunho, mas apenas a um tipo particular de testemunho. De modo particular, aplica-se ao que podemos denominar "testemunho religioso", o que podemos definir como o testemunho de seres humanos que têm a intenção de apoiar um "sistema particular de religião". A afirmação de Hume é que jamais será razoável acreditar que um milagre aconteceu somente com base no testemunho religioso.

A fim de entender de que modo Hume empenha-se em estabelecer essa conclusão, precisaremos tornar claro de que modo ele entende alguns conceitos fundamentais, particularmente os conceitos de *prova* e de *milagre*. Começaremos com o primeiro conceito. No início da seção "Dos Milagres",

---

[22] David Hume, "Of Miracles", in Hume, *Dialogues*, 122.

Hume descreve o procedimento adequado que se deve seguir quando formamos nossas crenças sobre aquilo que ele denomina "questões de fato".[23] Essa categoria inclui todas as afirmações que não podem ser conhecidas *a priori* ou de modo independente da experiência empírica. Afirmações históricas – incluindo, por exemplo, afirmações cristãs sobre a Ressurreição de Cristo – entram nessa categoria. Escreve Hume:

> Um homem sábio [...] conforma sua crença à evidência. Nas conclusões que se fundam em uma experiência infalível, ele espera o evento com a máxima segurança e considera sua experiência passada como uma *prova* cabal da existência futura desse evento. Em outros casos, ele procede com mais cautela: ele pesa os experimentos contrários [...]. Cem exemplos ou experimentos de um lado e cinquenta de outro oferecem uma expectativa duvidosa de qualquer evento; enquanto cem experimentos uniformes, com apenas um contraditório, geram, com razoabilidade, um grau bastante forte de segurança.[24]

Em todos os casos observados, a noite foi sucedida por um amanhecer. Essa observada conjunção constante constitui o que Hume, na passagem acima citada, denomina "experiência infalível". Portanto, a observada conjunção constante constitui uma prova de que a próxima noite será sucedida por um amanhecer. O que se deve notar aqui é que a afirmação de que a experiência nos provê uma *prova* de que o Sol se levantará amanhã não implica que as experiências pertinentes conferem uma probabilidade *zero* de o Sol não se levantar amanhã.[25] Antes, a afirmação de que a experiência nos fornece uma prova de que o Sol se levantará amanhã implica que a probabilidade de que o Sol não se levantará amanhã é extremamente pequena – tão pequena que, na maioria das circunstâncias, é perfeitamente razoável desconsiderar a possibilidade improvável de que o Sol não se levantará amanhã.[26] Assim, à luz

---

[23] Ibid., 108.

[24] Ibid.

[25] Contrário a Earman; cf. Earman, *Abject Failure*, 23.

[26] Mais precisamente, P (o Sol não se levantará amanhã / a observada conjunção constante da noite seguida pelo amanhecer) = n, onde n é extremamente pequeno, mas maior que zero. Para uma defesa dessa interpretação, cf. Fogelin, *Defense*, 47-53.

de sua experiência passada, um homem sábio será extremamente confiante em sua crença de que o Sol se levantará amanhã. No outro extremo, suponha que eu esteja retirando mármores coloridos de uma urna. Retirei cem mármores, dos quais cinquenta são brancos e cinquenta são pretos. Sob essas circunstâncias, eu não deveria crer que o próximo mármore que retiro será branco, nem crer que será preto; em vez disso, eu deveria suspender o juízo (ainda que possa estar confiante de que o próximo mármore será branco *ou* preto, antes que de alguma terceira cor).

Na passagem citada há pouco, Hume faz a seguinte observação: "Toda probabilidade [...] supõe uma oposição de experimentos e observações em que uma das alternativas prevalece sobre a outra e produz um grau de evidência proporcional a essa superioridade".[27] Atribuo a Hume, apoiando-me nessa afirmação e no que segue da passagem, o seguinte princípio:

> Princípio de Probabilidade: devemos estimar a ocorrência do evento A como mais provável do que a ocorrência do evento B se e somente se a evidência fornecida por nossa experiência apoiar a ocorrência de A em um grau maior do que a ocorrência de B.

Consideremos, agora, a concepção de Hume sobre os milagres. Ele oferece a seguinte definição: "Um milagre é uma violação das leis da natureza".[28] Isso é, de certo modo, enganador; se por leis da natureza entendem-se generalizações verdadeiras e sem exceções (por exemplo, o defunto nunca ressuscita), então o próprio conceito de milagre seria autocontraditório (uma vez que generalizações verdadeiras, por definição, nunca são violadas). Esse entendimento acerca das leis da natureza deveria proporcionar a Hume uma refutação sagaz, embora totalmente não convincente, da

[27] Hume, "Of Miracles", 108.

[28] Ibid., 111. Em uma nota de rodapé (112, n. 4), Hume oferece uma definição mais restritiva, declarando que um milagre é "uma transgressão de uma lei da natureza por uma volição particular da Divindade ou pela interposição de algum agente invisível". Todavia, Hume parece utilizar, ao longo do ensaio, uma definição mais frouxa de "milagre".

possibilidade mesma da ocorrência de milagres. Felizmente, o texto deixa bem claro que Hume não pretendeu defender esse fraco argumento.

Um modo mais adequado de entender a concepção de Hume acerca das leis da natureza, nesse contexto, foi proposto por Farman e Fogelin.[29] A ideia é que quando Hume fala aqui de "leis da natureza", ele está pensando em proposições ou enunciados que visam certas regularidades que se mantêm sem exceção. Essas proposições merecem o título de "leis da natureza" somente se existir um conjunto relevante de evidência empírica que as confirme e nenhuma evidência empírica (desconsiderando todo e qualquer testemunho religioso) que as contradiga; elas apoiam-se, segundo Hume, em "uma experiência firme e inalterável".[30] Um milagre, então, é qualquer evento que viola uma dessas generalizações bem estabelecidas. De acordo com esse entendimento acerca dos milagres, estes são possíveis, mas a evidência empírica disponível (excluindo, novamente, o testemunho religioso) indica que eles são muito improváveis. Como diz Hume, "a prova contra um milagre, pela própria natureza do fato, é tão completa quanto qualquer argumento que possa, a partir da experiência, ser imaginado como possível".[31] Considerando tudo isso, podemos enunciar a primeira premissa do argumento de Hume do seguinte modo:

1. Para qualquer milagre M, nossa experiência nos fornece uma prova (humeana) de que M não ocorreu (excluindo qualquer testemunho religioso que sustente a ocorrência de M).

Deve-se notar que essa premissa é consistente com a possibilidade de existir testemunho que tornasse razoável acreditar que um milagre ocorreu. Todavia, esse testemunho deveria conformar-se com padrões evidenciais bas-

---

[29] Cf. Earman, *Abject Failure*, 12; e Fogelin, *Defense*, 27.

[30] Hume, "Of Miracles", 111. Note que o que é dado aqui é uma condição necessária para uma lei da natureza, não uma definição completa.

[31] Ibid.

tante altos a fim de superar a evidência alternativa contrária à ocorrência do milagre. Hume observa que "nenhum testemunho é suficiente para estabelecer um milagre, *a menos que* o testemunho seja do tipo que sua falsidade seria mais milagrosa do que o fato de que ele se esforça para estabelecer".[32]

Para alcançarmos a próxima premissa essencial do argumento de Hume, consideremos algo do que Hume tem a dizer acerca do testemunho. Ele começa por considerar que é a experiência que nos diz quão confiável é o testemunho: "Nossa convicção, em qualquer argumento desse tipo, não deriva de outro princípio que não o de nossa observação da veracidade do testemunho humano e da habitual conformidade dos fatos com os relatos das testemunhas".[33] Assim, o testemunho constitui evidência de que os eventos relatados ocorreram realmente somente se o testemunho tiver sido acurado no passado. Se todas as asserções humanas observadas fossem também observadas como verdadeiras, então um único exemplo de testemunho constituiria uma prova (no sentido humeano) de que os eventos relatados ocorreram. No outro extremo, se todos os humanos observados fossem percebidos como mentirosos patológicos, então o testemunho não deveria valer como evidência a favor da ocorrência dos eventos relatados. Desse modo, a confiabilidade do testemunho situa-se entre esses dois extremos, e se observa que alguns tipos de testemunho têm sido mais confiáveis que outros.

Na parte II de "Dos Milagres", Hume argumenta que a experiência passada indica que o testemunho religioso favorável à ocorrência de milagres é um tipo particularmente incerto de testemunho. Essa é uma parte importante do argumento de Hume e indica uma limitação em relação ao escopo de seu argumento. O argumento não pretende mostrar que jamais é razoável acreditar, com base no testemunho, que um milagre ocorreu; antes, ele pretende somente mostrar que jamais é razoável acreditar que um milagre ocorreu com base *em certo tipo de testemunho* – isto é, o *testemunho religioso*, como anteriormente definido.[34]

[32] Ibid., 112; grifos meus.
[33] Ibid., 109.
[34] Para uma discussão proveitosa desse ponto, cf. Fogelin, *Defense*, 24-29.

O núcleo da posição de Hume aqui é claro: a história está repleta de relatos de milagres que apoiam um ou outro sistema de religião, e a maioria desses relatos tem sido revelada ulteriormente falsa. "Quantas histórias desse tipo, em todas as épocas, têm sido detectadas e desacreditadas em sua infância! Quantas mais foram celebradas durante algum tempo, para depois mergulharem na incúria e no esquecimento!"[35] Além disso, Hume nota que o testemunho religioso sobre milagres é "observado sobretudo entre as nações ignorantes e bárbaras", mas que, "à medida que nos aproximamos das épocas esclarecidas", tais relatos são vistos com ceticismo.[36] Por fim, Hume observa que cada um dos diversos sistemas de religião possui seus próprios relatos de milagres que apoiam o sistema em questão. Todavia, uma vez que (pelo menos no caso das religiões monoteístas) os sistemas são incompatíveis entre si, a maioria desses alegados milagres não deve ter acontecido. Todas essas considerações pretendem mostrar que podemos estar seguros de que a maior parte do testemunho religioso em defesa dos milagres é falsa.

Hume também apresenta uma sugestão acerca da natureza humana que ajuda a explicar por que muitas vezes se acredita de modo tão amplo nesses relatos, pelo menos durante algum tempo. Ele sugere que isso seja uma consequência da "forte inclinação do gênero humano para o extraordinário e o maravilhoso".[37] Ou seja, o povo simplesmente ama histórias fantásticas. Hume fornece dois exemplos desse aspecto da natureza humana. O primeiro é a "avidez" com que "são recebidos os relatos milagrosos de viajantes", incluindo "descrições de monstros terrestres e marinhos, suas narrativas de aventuras maravilhosas, homens estranhos e costumes exóticos".[38] Essa paixão por histórias sobre monstros terrestres e marinhos não diminuiu em nossa própria época, como se vê em mitos persistentes de Bigfoot a Nessie, o monstro do lago Ness. A essa lista de histórias fantásticas, podemos acrescentar relatos sobre monstros espaciais na forma de narrativas de abdução alienígena.

---

[35] A alegação de Hume aqui é bastante plausível; para um relato de muitos tais milagres desmascarados, cf. Karen Armstrong, *A History of God* (New York: Ballantine Books, 1993).
[36] Hume, "Of Miracles", 114-115.
[37] Ibid., 114.
[38] Ibid., 113.

O segundo exemplo que Hume fornece de nossa inclinação para acreditar em histórias sensacionais também persiste nos dias de hoje:

> Não existe espécie de boato que surja tão facilmente e se difunda com tanta rapidez [...] como os que se relacionam a casamentos; a tal ponto que duas pessoas jovens e de igual condição não se podem falar duas vezes sem que toda a vizinhança as una imediatamente em matrimônio.[39]

Além disso, argumenta Hume, essa inclinação é menos contida quando procede do testemunho religioso: "Quando o espírito de religião se une ao amor pelo maravilhoso, o bom senso é destruído; e o testemunho humano, nessas circunstâncias, perde toda pretensão de autoridade".[40] Como coloca Fogelin, "para Hume, é um fato empírico, amplamente ilustrado através da história, que o testemunho relativo a milagres religiosos é notoriamente incerto".[41] Isso nos fornece a segunda premissa de Hume:

2. Para qualquer testemunho religioso T sobre a ocorrência de um milagre M, nossa experiência contém evidência mais que suficiente de que T é falso.

A partir das premissas (1) e (2), podemos inferir:

3. Logo, para qualquer testemunho religioso T sobre a ocorrência de um milagre M, a evidência fornecida por nossa experiência apoia a falsidade de T em um grau maior do que apoia a ocorrência de M.

Recordemos o Princípio de Probabilidade de Hume:

Princípio de Probabilidade: devemos estimar a ocorrência do evento A como mais provável do que a ocorrência do evento B se e somente se: a evidência fornecida por nossa experiência apoiar a ocorrência de A em um grau maior do que a ocorrência de B.

---

[39] Ibid., 114.
[40] Ibid., 113.
[41] Foeglin, *Defense*, 29.

Hume ilustra o Princípio de Probabilidade do seguinte modo:

> Se alguém me diz que viu um homem morto ser restituído à vida, considero imediatamente, no meu íntimo, se é mais provável que essa pessoa esteja enganando ou sendo enganada, ou que o fato por ela relatado tenha realmente acontecido.[42]

A partir do Princípio de Probabilidade e da premissa (3), podemos inferir:

4. Logo, para qualquer testemunho religioso T sobre a ocorrência de um milagre M, deveríamos estimar a falsidade de T como mais provável que a ocorrência de M.

Assim, em conjunto com a máxima de Hume de que "Um homem sábio [...] conforma sua crença à evidência", isso implica que um homem sábio acreditará, quando confrontado com o testemunho religioso sobre um milagre, que o testemunho é falso em vez de que o milagre ocorreu.[43] Isso nos fornece a conclusão de Hume de que "nenhum testemunho humano pode ter força suficiente para provar a ocorrência de um milagre e convertê-lo em fundamento legítimo de algum sistema de religião".[44]

Segue, então, a formulação completa do argumento central de Hume em "Dos Milagres":

O argumento de Hume contra os milagres

1. Para qualquer milagre M, nossa experiência nos fornece uma prova (humeana) de que M não ocorreu (excluindo qualquer testemunho religioso que sustente a ocorrência de M).

2. Para qualquer testemunho religioso T sobre a ocorrência de um milagre M, nossa experiência contém evidência mais que suficiente de que T é falso.

---

[42] Hume, "Of Miracles", 112.
[43] Ibid., 108.
[44] Ibid., 122.

3. Logo, para qualquer testemunho religioso T sobre a ocorrência de um milagre M, a evidência fornecida por nossa experiência apoia a falsidade de T em um grau maior do que apoia a ocorrência de M (a partir de 1 e 2).

4. Logo, para qualquer testemunho religioso T sobre a ocorrência de um milagre M, deveríamos estimar a falsidade de T como mais provável que a ocorrência de M (a partir de 3 e do Princípio de Probabilidade).

5. Portanto, jamais é razoável acreditar que um milagre M ocorreu unicamente com base no testemunho religioso T sobre a ocorrência de M (a partir de 4 e da máxima de que um homem sábio conforma sua crença à evidência).

Vale notar que ambas as premissas (1) e (2) são requeridas para estabelecer a premissa (3). Sem a premissa (2), fica em aberto a possibilidade de o testemunho religioso apresentar maior probabilidade da ocorrência de um milagre do que a falsidade do testemunho em questão. Sem a premissa (1), fica em aberto a possibilidade de que a ocorrência de um determinado milagre seja bastante plausível, independentemente de qualquer testemunho religioso em sua defesa. E se existe uma possibilidade, então seria razoável, para nós, acreditarmos em certos milagres com base no testemunho de um tipo que, em geral, é incerto. Há um exemplo simples que ilustra esse ponto. Suponha que eu tenha trabalhado neste capítulo durante toda a noite em um escritório sem janelas. Larry, o Mentiroso, cujo testemunho geralmente não é digno de confiança, entra e me informa que o Sol se levantou há pouco. Dadas essas circunstâncias, seria para mim razoável acreditar no que ele diz porque o evento informado é plausível de modo independente.[45] Fogelin descreve adequadamente como as premissas (1) e (2) funcionam conjuntamente:

> A parte 1 determina o nível apropriado de exame para avaliar o testemunho concernente a milagres; a parte 2 considera a qualidade do testemunho que tem sido até aqui produzido em defesa de milagres religiosos e conclui que ele não chega perto de satisfazer os padrões apropriados

[45] Segue aqui outro exemplo semelhante: apesar da incerteza geral dos relatos encontrados em tabloides, eles às vezes relatam eventos que de fato ocorreram. E é possível, muitas vezes, escolher quais desses relatórios são acurados com base na natureza dos eventos relatados.

> [...]. O sábio que raciocina está plenamente justificado em rejeitar todo o testemunho dado em defesa de um milagre que se pretende servir como o fundamento de um sistema de religião.[46]

Como sugeri inicialmente, a natureza do debate setecentista sobre milagres, juntamente com a repetida referência de Hume sobre a ressurreição do morto, indica que, embora ele nunca mencione especificamente, o milagre religioso que realmente concerne a "Dos Milagres" é a Ressurreição de Cristo. A mensagem central de Hume é a seguinte: não é razoável acreditar que Cristo ressurgiu da morte com base unicamente no testemunho religioso (por exemplo, a Bíblia Cristã) que alega que Ele ressuscitou.

Como vimos, a conclusão de Hume é que "nenhum testemunho humano *pode* ter força suficiente para provar um milagre e convertê-lo em fundamento legítimo de qualquer sistema de religião".[47] A presença aqui da palavra "pode" torna tentador atribuir a Hume a concepção de que não existem circunstâncias *concebíveis* sob as quais o testemunho religioso poderia tornar razoável a aceitação da ocorrência de um milagre. Deveria estar claro até aqui que esta não é a concepção de Hume. Na fala ordinária, frequentemente dizemos que certas coisas podem ou não podem ocorrer, no sentido de que essas asserções são condicionais sob certas suposições tácitas. O contexto normalmente torna claro quais são essas suposições. Por exemplo, suponha que me lance em uma crítica sumária da confusão de erros, distorções, mentiras e inépcias que normalmente é proferida pelos "analistas" políticos dos telejornais. Poderia concluir minha diatribe com a afirmação de que "nenhum argumento oferecido por um analista político de telejornal *pode* ter força suficiente para provar sua conclusão". O que pretendo dizer é que, *dado o traço deplorável da reprodução desses argumentos*, jamais seria razoável aceitar a conclusão desse argumento com base no próprio argumento. A posição de Hume, de modo semelhante, é que, *dado o traço deplorável da reprodução do testemunho religioso que apoia a ocorrência de milagres (junto com a evidência contrária à ocorrência de qualquer*

[46] Fogelin, *Defense*, 31.
[47] Hume, "Of Miracles", 122; grifos meus.

milagre fornecida pela experiência), jamais seria razoável acreditar que um milagre ocorreu com base unicamente nesse testemunho. Não obstante, Hume argumenta em "Dos Milagres" que Cristo pode ter ressurgido da morte. A posição de Hume é que, seja como for, não é razoável *para nós* acreditarmos que a Ressurreição ocorreu com base no testemunho que alega que a Ressurreição ocorreu. Adeptos da religião exclamaram, muitas vezes, "Milagre!".

5. O contra-ataque de Lewis

O primeiro capítulo de *Milagres* contém o seguinte texto:

> Muitas pessoas julgam que se pode decidir se um milagre realmente ocorreu no passado por meio de um exame da evidência, "de acordo com as regras usuais da investigação histórica". Mas as regras usuais não podem ser empregadas até que tenhamos decidido se os milagres são possíveis e, em caso positivo, qual sua probabilidade; pois, se eles forem impossíveis, então nenhum conjunto de evidências históricas irá convencer-nos. Se eles forem possíveis, porém imensamente improváveis, então somente a evidência matematicamente demonstrada poderá convencer-nos de algo; e como a história nunca fornece esse grau de evidência para todo e qualquer evento, a história jamais poderá convencer-nos de que um milagre ocorreu. Por outro lado, se os milagres não forem intrinsecamente improváveis, então a evidência existente será suficiente para convencer-nos de que vários milagres ocorreram. O resultado de nossas investigações históricas depende, pois, de concepções filosóficas, às quais sustentamos antes mesmo de começar a examinar a evidência. A questão filosófica, portanto, deve ser previamente enfrentada.[48]

Lewis está particularmente preocupado com os milagres cristãos e principalmente com a Ressurreição, o milagre central do cristianismo. As questões filosóficas que Lewis coloca para si mesmo são as seguintes: são possíveis esses

[48] Lewis, *Miracles*, 2. Essa passagem explica por que o subtítulo de *Milagres* é *Um Estudo Preliminar.* Consiste de um estudo *filosófico* preliminar a toda investigação *histórica* acerca dos milagres cristãos.

milagres? Em caso afirmativo, deixando de lado a evidência histórica que lhes é favorável, qual é a probabilidade de que tenham ocorrido? De modo mais específico, se os milagres forem suficientemente prováveis, independentemente da evidência histórica, caso a evidência histórica também seja considerada, seria razoável acreditar que realmente aconteceram? O projeto central de *Milagres* é estabelecer que a resposta correta para esta última questão é positiva.

Lewis define um milagre como "uma intervenção na Natureza por um poder supranatural".[49] Seu percurso em *Milagres* é o de considerar e criticar as diversas razões que alguém poderia sustentar a fim de oferecer uma resposta negativa para a última questão colocada. A primeira razão que Lewis considera está fundada no naturalismo, de acordo com o qual nada existe fora da natureza. Se o naturalismo fosse verdadeiro, então os milagres seriam obviamente impossíveis, uma vez que não haveria poder supranatural fora da natureza que pudesse intervir na natureza. Com base na ideia de que o naturalismo é falso, Lewis recusa essa razão para duvidar dos milagres cristãos, apoiando-se no argumento da razão para refutar o naturalismo.

Lewis considera, a seguir, a seguinte posição: ainda que exista um poder supranatural, a natureza não é o tipo de coisa na qual esse poder é capaz de intervir. A recusa dessa concepção compromete Lewis em uma discussão acerca da natureza das leis da natureza, cujos detalhes não nos interessa aqui.[50] O próximo alvo de Lewis é a concepção de que, mesmo que um poder supranatural existisse e *pudesse* intervir na natureza, o poder supranatural não é o tipo de coisa que *poderia* intervir na natureza. Um fundamento para essa posição é uma concepção que Lewis chama "panteísmo", de acordo com o qual o poder supranatural é totalmente passivo. Lewis recusa essa concepção principalmente pela seguinte razão: se o Panteísmo fosse verdadeiro, a própria natureza não deveria existir.[51]

---

[49] Ibid, 5. Lewis não pensa, diferentemente de Hume, que um milagre necessariamente viole alguma lei da natureza, e as análises que os dois pensadores oferecem acerca do milagre parecem diferir. Entretanto, podemos seguramente ignorar essa discordância, já que os dois pensadores concordam que a Ressurreição de Cristo constitui um milagre.

[50] Ibid., cap. 8.

[51] Ibid., cap. 11.

Outro fundamento para um poder supranatural que não intervém é o deísmo; já consideramos a crítica de Lewis a essa concepção na seção 3.3.

Assim, nos doze primeiros capítulos de *Milagres*, Lewis considera ter estabelecido a existência de um poder supranatural ativo que poderia intervir na natureza e que a natureza é o tipo de coisa que poderia sofrer a intervenção desse poder. Lewis volta então sua atenção para o famoso argumento de Hume em "Dos Milagres". Ele começa com um argumento bastante humeano: "A maioria das narrativas sobre eventos milagrosos é provavelmente falsa; e, com efeito, a maioria das histórias sobre eventos naturais é falsa. Mentiras, exageros, mal-entendidos e boatos compõem talvez mais da metade de tudo o que é dito e escrito no mundo".[52] Em razão disso, diz Lewis, "devemos [...] encontrar um critério por meio do qual possamos julgar qualquer relato particular sobre milagres".[53] Como veremos, o critério alcançado por Lewis provém diretamente de sua principal crítica ao argumento de Hume.

Porém, antes de desenvolver sua principal crítica, Lewis dirige uma acusação de circularidade contra Hume. Ele sintetiza a essência do argumento de Hume do seguinte modo: "Existe, de fato, uma 'experiência uniforme' contra o milagre; de outro modo, diz Hume, não seria um milagre. O milagre é, portanto, o mais improvável de todos os eventos. É sempre mais provável que a testemunha estivesse mentindo ou enganada do que um milagre tenha ocorrido".[54] Segue a acusação de circularidade:

> Devemos, contudo, concordar com Hume que, se existir uma "experiência uniforme" absoluta contra os milagres, *se, em outras palavras, eles nunca aconteceram*, então por que eles nunca ocorreram? Infelizmente, sabemos que a experiência a eles contrária é absolutamente uniforme somente se tivermos conhecimento de que todos os relatos a seu respeito são falsos. E podemos saber que todos os relatos são falsos somente se conhecermos anteriormente que os milagres nunca ocorreram. Com efeito, estamos argumentando em círculo.[55]

---

[52] Ibid., 159.
[53] Ibid.
[54] Ibid., 162.
[55] Ibid.; grifos meus.

O ponto crucial da crítica de Lewis é que Hume toma simplesmente como premissa a afirmação de que nenhum milagre jamais ocorreu. Isso quer dizer que, se Hume realmente assume, de saída, essa suposição, ele torna seu argumento completamente não convincente. Mas Hume faz isso?

Penso que não. A frase crucial aqui é "experiência universal". Lewis refere-se a todas as experiências de todo ser humano que alguma vez viveu. Interpretado desse modo, a afirmação de Hume é a de que nenhum ser humano que alguma vez viveu observou um milagre. E, como coloca Lewis, é difícil ver como poderíamos conhecer isso a não ser que já soubéssemos que nenhum milagre jamais aconteceu. Todavia, não penso que esse seja o modo correto de entender o argumento de Hume. Note como enuncio a primeira premissa do argumento de Hume:

1. Para qualquer milagre M, nossa experiência nos fornece uma prova (humeana) de que M não ocorreu (excluindo qualquer testemunho religioso que sustente a ocorrência de M).

Em particular, note a referência a *nossa* experiência. Isso indica que a experiência relevante não é aquela de todo ser humano que alguma vez viveu, mas antes as experiências da ***audiência de Hume.*** E a audiência de Hume, com efeito, é limitada a pessoas que nasceram muito tempo depois da época de Cristo. O argumento de Hume é dirigido àquelas pessoas que não observaram, por si mesmas, qualquer milagre. É à experiência *dessas* pessoas, e a *elas*, que Hume pretende fornecer uma prova (humeana) de que nenhum dado milagre ocorreu (excluindo o testemunho religioso contrário). Portanto, Hume não está simplesmente assumindo que nenhum milagre jamais ocorreu; antes, ele está assumindo a suposição plausível de que a maioria dos leitores de seu ensaio não observou diretamente qualquer milagre. Assim, a primeira objeção de Lewis erra seu alvo.[56]

---

[56] Fogelin discute essa objeção de Lewis em Fogelin, *Defense*, 19.

Entretanto, Lewis imediatamente oferece uma objeção muito mais interessante:

> A ideia completa de Probabilidade (como Hume a entende) depende do princípio de Uniformidade da Natureza. A não ser que a natureza sempre siga o mesmo caminho, o fato de uma coisa ter ocorrido dez milhões de vezes não torna um milímetro mais provável que ela ocorrerá novamente [...]. As probabilidades que Hume está interessado sustentam, em seu interior, a estrutura de uma suposta Uniformidade da Natureza.[57]

As observações de Lewis aqui parecem dirigir-se a comentários como o seguinte:

> Um homem sábio [...] conforma sua crença à evidência [...]. Ele pesa os experimentos contrários [...]. Cem exemplos ou experimentos de um lado e cinquenta de outro oferecem uma expectativa duvidosa de qualquer evento; enquanto cem experimentos uniformes, com apenas um contraditório, geram, com razoabilidade, um grau bastante forte de segurança.[58]

Com base em comentários como este, atribuí o seguinte princípio a Hume:

Princípio de Probabilidade: devemos estimar a ocorrência do evento A como mais provável do que a ocorrência do evento B se e somente se: a evidência fornecida por nossa experiência apoiar a ocorrência de A em um grau maior do que a ocorrência de B.

O argumento de Lewis é que o próprio Princípio de Probabilidade repousa sobre o que ele denomina "princípio de Uniformidade da Natureza", de acordo com o qual "a Natureza sempre segue o mesmo caminho".[59] Su-

---

[57] Ibid., 162-164.
[58] Hume, "Of Miracles", 108.
[59] Lewis, *Miracles*, 162.

geri anteriormente que, de acordo com Hume, na luz de sua experiência passada, um homem sábio será extremamente confiante em sua convicção de que o Sol se levantará amanhã. Mas essa confiança baseia-se na suposição de que o universo natural continuará a se comportar no futuro do mesmo modo como se comportou no passado. E essa afirmação repousa, por sua vez, na suposição de que nenhum poder supranatural intervirá na natureza, fazendo com que ela se comporte de um modo diferente do que aquele do passado. O observado é um guia confiável para o não observado somente se o não observado assemelhar-se ao observado, e podemos estar seguros de que o não observado se assemelha ao observado somente se pudermos seguros que nenhum milagre ocorreu. Assim, a objeção de Lewis pode ser esboçada do seguinte modo: O Princípio de Probabilidade é verdadeiro somente se o princípio de Uniformidade da Natureza for verdadeiro. E este último princípio é verdadeiro somente se milagres jamais ocorreram. Portanto, o argumento de Hume contra os milagres repousa na suposição de que, afinal, milagres nunca ocorrem (não, todavia, do modo como Lewis sugere em sua primeira objeção).

Segue, novamente, o argumento de Hume:

O argumento de Hume contra os milagres

1. Para qualquer milagre M, nossa experiência nos fornece uma prova (humeana) de que M não ocorreu (excluindo qualquer testemunho religioso que sustente a ocorrência de M).

2. Para qualquer testemunho religioso T sobre a ocorrência de um milagre M, nossa experiência contém evidência mais que o suficiente de que T é falso.

3. Logo, para qualquer testemunho religioso T sobre a ocorrência de um milagre M, a evidência fornecida por nossa experiência apoia a falsidade de T em um grau maior do que apoia a ocorrência de M (a partir de 1 e 2).

4. Logo, para qualquer testemunho religioso T sobre a ocorrência de um milagre M, deveríamos estimar a falsidade de T como mais provável que a ocorrência de M (a partir de 3 e do Princípio de Probabilidade).

5. Portanto, jamais é razoável acreditar que um milagre M ocorreu unicamente com base no testemunho religioso T sobre a ocorrência de M (a partir de 4 e da máxima de que um homem sábio conforma sua crença à evidência).

Creio que Lewis recusaria a premissa (4), porquanto esta é a premissa que repousa sobre o Princípio de Probabilidade. Lewis argumentaria que o Princípio de Probabilidade é verdadeiro somente se milagres nunca ocorreram. Assim, Hume basicamente contorna a questão colocada contra o Cristão assumindo simplesmente que milagres nunca ocorreram. Se Hume pudesse fornecer um bom argumento para a uniformidade da natureza, ele poderia salvar o argumento de "Dos Milagres". Contudo, é evidente que, se ele pudesse fazer isso, o argumento de "Dos Milagres" seria completamente supérfluo.

Essa objeção é interessante; entretanto, ela poderia ser uma faca de dois gumes. Steve Lovell sugere que qualquer um que pretende estabelecer a ocorrência de um milagre com base no testemunho deve também assumir que a natureza é uniforme, pelo menos em um grau relevante.[60] Como aponta Hume, a conjectura a favor dos milagres, que se baseia no testemunho, repousa em "nossa observação da veracidade do testemunho humano e da usual conformidade dos fatos com os relatos das testemunhas".[61] Se, todavia, a natureza não é suficientemente uniforme, então as observações acerca da veracidade do testemunho humano nada nos dizem sobre os milagres. Se a natureza não é suficientemente uniforme, a experiência passada nada nos diz sobre o não observado; de outro modo, qualquer coisa pode ser dita.

Ambas as partes do debate podem evitar essa faca de dois gumes por se dar conta de que o raciocínio fundado na experiência passada pode ser muito confiável, mesmo que a natureza não seja *perfeitamente* uniforme; tudo o que se requer é que a natureza seja *quase* uniforme.[62] Lewis fornece, talvez

[60] Cf. Steve Lovell, "Philosophical Themes from C. S. Lewis" (Ph.D. dissertation, University of Sheffield, 2003), cap. 4, 75.
[61] Hume, "Of Miracles", 109.
[62] Lovell, *Philosophical Themes*, cap. 4, 76.

por antecipar esse ponto, uma justificação para a crença de que a natureza é *quase* perfeitamente uniforme. A justificação para essa crença, sugere Lewis, está enraizada em nosso "sentido de adequação das coisas":

> "Na ciência", afirmou o falecido Sir Arthur Eddington, "temos algumas vezes convicções que estimamos, mas que não podemos justificar; somos influenciados por algum senso inato de adequação das coisas". Esse critério pode parecer perigosamente subjetivo e estético; mas será que podemos duvidar que seja uma das principais fontes de nossa crença na Uniformidade? Um universo em que eventos sem precedentes e imprevisíveis fossem lançados a cada momento na natureza não seria apenas inconveniente para nós: ele seria profundamente repugnante. Não aceitaríamos esse universo de maneira alguma. Nós o detestaríamos, pois choca "nosso senso de adequação das coisas".[63]

Com efeito, *parece certo* que o universo é (pelo menos quase) uniforme. Mas será que podemos estar seguros de que esse sentimento de adequação constitui um guia confiável em relação ao modo de ser atual do universo? Lewis recorre a seu Argumento da Razão para responder essa questão:

> Se tudo o que existe é a Natureza [...], se nossas convicções mais profundas são meramente subprodutos de um processo irracional, então claramente não existirá o menor fundamento para supor que nosso senso de adequação e nossa consequente fé na uniformidade nos digam algo sobre uma realidade externa a nós mesmos. [...] Se o naturalismo for verdadeiro, não temos razão alguma para confiar em nossa convicção de que a natureza é uniforme. Somente se pode confiar nessa convicção se uma metafísica muito diferente for verdadeira. Se a coisa mais profunda na realidade, o Fato que é a fonte de toda a realidade, for algo até certo ponto semelhante a nós mesmos – se for um Espírito Racional e derivarmos nossa racionalidade dele –, então nossa convicção poderá realmente ser confiável.[64]

---

[63] Lewis, *Miracles*, 166.
[64] Ibid., 168.

Desse modo, podemos confiar em nosso senso inato de adequação das coisas contanto que exista um Poder Superior que "é mais semelhante a uma mente do que a qualquer outra coisa que conhecemos".[65] Assim, de acordo com Lewis, podemos utilizar o conhecimento do observado para adquirir conhecimento sobre o não observado somente se o Naturalismo for falso.

O componente final da resposta de Lewis ao argumento de Hume consiste de um critério para julgar a probabilidade de qualquer dado milagre (de modo independente da evidência histórica favorável ao milagre). Lewis afirma que, para avaliar a probabilidade de um determinado milagre, devemos confiar em nosso senso inato de adequação.[66] A probabilidade de que um determinado milagre tenha ocorrido (independentemente de qualquer evidência histórica favorável) é diretamente proporcional a seu nível de adequação. Se seu nível de adequação for suficientemente alto, o milagre seria assim tão provável que a evidência histórica disponível a seu favor tornaria razoável a crença de que ele realmente ocorreu. Confiando na "adequação", Lewis diz não estar fazendo nada novo: "Mesmo os que consideram absurdas todas as histórias de milagres julgam algumas bem mais absurdas que outras: mesmo os que creem em todas elas (se é que alguém acredita) consideram que algumas exigem uma fé particularmente robusta. O critério utilizado por ambas as partes é o da adequação".[67]

Desse modo, Lewis recusa o Princípio de Probabilidade e, com este, a quarta premissa do argumento de Hume. O Princípio de Probabilidade nos conduz, ao avaliarmos a probabilidade de que um milagre tenha ocorrido, a considerar *somente* a experiência passada. Em vez disso, Lewis sustenta que devemos levar em consideração o nível de adequação do milagre. Isso pode levar-nos a atribuir uma probabilidade à ocorrência do milagre bem mais alta do que aquela que atribuiríamos se estivéssemos levando em consideração somente a experiência passada.[68] Assim, nosso sentido inato

---

[65] C. S. Lewis, *Mere Christianity* (New York: HarperCollins, 2001), 25.
[66] Lewis, *Miracles*, 170.
[67] Ibid., 171.
[68] De modo mais preciso: Hume pensa que a afirmação relevante de probabilidade condicional é P (milagre M ocorrido/experiência passada), enquanto Lewis que pensa afirmação relevante seja P (milagre M ocorrido/nível de adequação de M).

de adequação não somente nos permite saber que a natureza é (quase) uniforme, mas também nos auxilia a identificar aquelas raras ocasiões em que a natureza sofre uma intervenção de um Poder Superior. Como Lewis habilmente coloca, "a teologia lhe oferece um plano de trabalho que deixa livre o cientista para continuar com seus experimentos e o cristão para continuar com suas preces".[69]

Uma vez que essa discussão sofreu vários giros e torções, permitir-me-ei resumir o que considero ser a mais interessante objeção de Lewis ao argumento de Hume. A objeção segue assim: o argumento de Hume contrário à existência de milagres requer, pelo menos, a suposição de que a natureza seja *quase* perfeitamente uniforme. Mas estamos justificados em acreditar nessa suposição somente se pudermos confiar em nosso sentido de adequação, e podemos fazer isso somente se existir um Poder Superior supranatural que seja a fonte de nossa racionalidade. Se existe esse Poder, então (contrariamente a Hume) a experiência passada não é o único fator relevante na determinação da probabilidade de um dado milagre. Deveríamos, em vez disso, confiar em nosso sentido de adequação para realizarmos essa avaliação. Então, se estivermos justificados em acreditar que a natureza é quase perfeitamente uniforme, então o Princípio de Probabilidade de Hume é falso. Mas se não estivermos justificados em acreditar que a natureza é quase uniforme, então também não estaremos justificados em aceitar o Princípio de Probabilidade. Portanto, ou o Princípio de Probabilidade é falso (se estivermos justificados em aceitar a quase uniformidade da natureza), ou nós não estamos justificados em aceitar o princípio (se não estivermos justificados em aceitar a quase uniformidade da natureza). De qualquer modo, não podemos confiar razoavelmente no Princípio de Probabilidade e, consequentemente, o suporte para a quarta premissa do argumento de Hume é destruído. O seguinte argumento captura os passos principais do raciocínio de Lewis:

---

[69] Ibid., 170.

A objeção de Lewis ao argumento de Hume contra os milagres

1. Ou estamos justificados em acreditar que a natureza é quase uniforme ou não estamos.
2. Se estivermos justificados em acreditar que a natureza é quase uniforme, então o Princípio de Probabilidade é falso.
3. Se não estivermos justificados em acreditar que a natureza é quase uniforme, então não estamos justificados em acreditar no Princípio de Probabilidade.
4. Logo, ou o Princípio de Probabilidade é falso, ou não estamos justificados em acreditar nele.
5. Se (4), então não deveríamos aceitar a quarta premissa de Hume.
6. Portanto, não deveríamos aceitar a quarta premissa de Hume.

Lewis não está satisfeito em somente refutar o argumento de Hume; ele também pretende mostrar que os milagres cristãos apresentam um alto grau de adequação – alto o suficiente que, quando se leva também em consideração a evidência histórica, é razoável acreditar que eles aconteceram. Na próxima seção, examinaremos a tentativa de Lewis para estabelecer a adequação do que ele denomina "o Grande Milagre" – a Encarnação ("em que Deus se tornou Homem"), da qual a Ressurreição é um componente fundamental.[70]

6. A adequação da Encarnação

O capítulo em que Lewis tenta estabelecer a adequação da Encarnação é, sem dúvida, o mais longo capítulo de *Milagres*. Ele começa recorrendo à analogia introduzida em sua resposta ao argumento deísta de Hume – Deus como um Autor e sua Criação como um Romance:

[70] Ibid., 173.

> Suponhamos que possuímos as partes de um romance [...]. Alguém nos traz um pedaço de um manuscrito recém-descoberto e diz: "Esta é a parte que falta na obra. Este é o capítulo em que toda a trama do romance se baseia [...]". Nossa tarefa seria a de verificar se a nova passagem, caso admitida no espaço central que o descobridor reivindicou para ela, realmente esclarece todas as partes que já conhecemos e "as engendra conjuntamente" [...]. Devemos proceder desse modo com a doutrina da Encarnação. Aqui, em vez de um romance, temos todo o estoque de nosso conhecimento. A credibilidade dependerá da extensão em que a doutrina, caso aceita, possa iluminar e integrar-se a todo esse estoque.[71]

A passagem fornece-nos alguma indicação de como Lewis, nesse contexto, entende a adequação. A Encarnação é adequada na medida em que concorda, unifica e explica outras coisas que conhecemos.

Para justificar isso, Lewis identifica diversas características conhecidas (em sua concepção) do universo e delineia suas conexões com a Encarnação. Essas características são: (i) a "existência composta" dos seres humanos,[72] (ii) a descida e a reascensão, (iii) a "seletividade", (iv) o princípio do "vicariato", (v) o fato de os seres humanos considerarem cômicas as piadas obscenas, e (vi) o fato de os seres humanos considerarem a morte como misteriosa. Consideremos brevemente cada uma dessas características.

Quando Lewis fala da "existência composta" dos seres humanos, ele está referindo-se a sua concepção de que os seres humanos possuem um componente supranatural, bem como um componente natural. O componente natural é o corpo físico; o componente supranatural é a parte capaz de ter conhecimento. O fato de os seres humanos serem assim compostos é inferido a partir do argumento da razão, formulado por Lewis. A conexão entre nossa existência composta e a Encarnação é razoavelmente direta. A Encarnação envolve um tipo especial de união entre o supranatural e o natural, mas no caso de todo ser humano comum ocorre algo de similar a

71 Ibid., 175-176.
72 Ibid., 178.

essa união. Como coloca Lewis, nossa própria existência composta é "uma imagem pálida da própria Encarnação Divina – o mesmo tema em um tom muito menor".[73]

Lewis vê a descida e a reascensão no coração da Encarnação. De acordo com essa doutrina, Deus desce "das alturas do ser absoluto" até a Terra, "desce até as próprias raízes e profundezas da Natureza por Ele criada".[74] O desígnio da descida é trazer a humanidade (e, na verdade, toda a natureza) de volta a Ele, tornar a humanidade e a natureza algo muito melhor do que eram antes. Lewis afirma que esse mesmo padrão pode ser encontrado por toda a parte da natureza, que ele está "escrito em todo o mundo".[75] A Encarnação oferece uma explicação considerável para a universalidade desse padrão: "O padrão está na Natureza porque estava no princípio em Deus".[76] Lewis menciona, como exemplos desse padrão, a reprodução animal e vegetal (por exemplo, a semente cai ao chão e então cresce para cima), e também "nossa vida moral e emocional" (nossos desejos iniciais espontâneos devem ser controlados ou dominados, e a partir deles podemos ascender à virtude).[77]

A "seletividade" manifesta-se na Encarnação por meio da seleção feita por Deus de um pequeno grupo de pessoas, entre toda a humanidade, que está diretamente envolvido com a própria Encarnação. Uma mulher particular é selecionada para ser a mãe do Filho de Deus; um grupo pequeno de homens é escolhido como Seus discípulos.[78] Além disso, diz Lewis, encontramos o mesmo padrão na natureza. Entre a imensidão do espaço, apenas uma minúscula porção contém matéria. De zilhões de estrelas, somente um número relativamente pequeno possui planetas. Dos planetas em nosso sistema solar, apenas um deles mantém a vida. Das muitas espécies de vida em nosso planeta, apenas uma é capaz de raciocinar. Dos muitos seres

[73] Ibid.
[74] Ibid., 179.
[75] Ibid., 180.
[76] Ibid., 181.
[77] Ibid., 180.
[78] Ibid., 190.

humanos, apenas alguns "atingem a excelência da beleza, do vigor ou da inteligência".[79]

Quando Lewis fala de "vicariato" na Encarnação, ele está referindo-se a Cristo que sofre pelos pecados da humanidade; Cristo, em certo sentido, toma o lugar da humanidade. Lewis afirma que isso é também "uma característica da Natureza".[80] Esse princípio de substituibilidade mostra-se primariamente na Natureza em forma de interdependência: "Tudo está comprometido com tudo o mais, é sacrificado por tudo o mais, é dependente de tudo o mais".[81] Recordo-me aqui da ideia de cadeia alimentar que aprendi no colégio; cada criatura na cadeia depende para sua sobrevivência das criaturas situadas abaixo dela na cadeia. Lewis menciona, particularmente, a interdependência entre abelhas e flores, entre o parasita e o hospedeiro, entre a mãe e o feto.[82]

Examinamos, até este ponto, quatro temas que, de acordo com Lewis, podem ser encontrados tanto na Encarnação quanto na natureza. Assim, a justificação de Lewis para a adequação da Encarnação está, por enquanto, enraizada em *temas comuns.* A relação entre as duas características remanescentes do universo, consideradas por Lewis, e a Encarnação é um pouco diferente; a ideia aqui parece ser que a concepção cristã do universo, da qual a Encarnação constitui um elemento central, *explica* as características em questão.

Comecemos com a questão das piadas obscenas. O argumento de Lewis para uma conexão entre o cristianismo e piadas obscenas é, de acordo com meu modo de pensar, uma de suas contribuições mais engenhosas para a história das ideias. A chave para essa conexão é a Queda do Homem (a qual, embora distinta da Encarnação, prepara o caminho para esta). De acordo com a exposição de Lewis sobre a Queda, uma de suas consequências foi uma perda de controle por parte dos humanos sobre seus desejos: "E os desejos começaram a penetrar na mente do homem não do modo como sua razão escolheu, mas de acordo com os fatos bioquímicos e ambientais que vieram a

[79] Ibid., 188.
[80] Ibid., 191.
[81] Ibid.
[82] Ibid.

lhes causar".[83] Entre esses desejos estão, é claro, o desejo sexual, o qual parece ser o menos controlável de nossos diversos desejos. Nossa inabilidade para controlar o desejo sexual conduz a várias incongruências, muitas das quais são francamente hilárias. Qualquer homem macho que passou pela puberdade está ciente com o fenômeno da ereção incontrolável (e, muitas vezes, não provocada). Esses eventos ocorrem frequentemente nas ocasiões mais inoportunas, como quando, por exemplo, alguém é solicitado a apresentar-se na frente da classe para resolver na lousa um problema de matemática. É a incongruidade, a justaposição do sofisticado, do intelecto nobre e do incontrolável que estabelece o desejo que leva ao cômico. Imagine um perito em matemática solicitado a se aproximar da lousa e resolver um problema de cálculo, o qual ele possui inteira capacidade intelectual para resolver, incapacitado a resolvê-lo por causa de seu membro ereto e obstinado, e você entenderia o sentido que Lewis tem aqui em mente. Por causa da Queda do Homem, a piada obscena nasceu; por causa da Queda, nós (corretamente) nos consideramos ridículos.

Outra consequência da Queda é que ela tornou a morte possível. Na morte, os dois componentes do ser humano composto (supranatural e natural) se separam, deixando para trás um cadáver inerte. A Queda corrompeu a natureza, e a existência de cadáveres é um aspecto e uma reminiscência dessa corrupção. Isso, de acordo com Lewis, é a razão de considerarmos os cadáveres como desprovidos de alento, antinaturais e misteriosos.

Isso completa a justificação de Lewis para a adequação da Encarnação. E também completa o argumento central de *Milagres*. É importante ter em mente que Lewis não pretende que seu argumento central, por si só, torne razoável a crença de que a Encarnação ocorreu. Em vez disso, Lewis procura completar o projeto filosófico preliminar de estabelecer que nosso senso de adequação mostra que a probabilidade da ocorrência da Encarnação é suficientemente alta, de modo que, *quando se leva em consideração também a evidência histórica*, é razoável concluir que a Encarnação realmente ocorreu.[84]

---

[83] C. S. Lewis, *The Problem of Pain* (New York: HarperCollins, 2001), 77-78.

Ao chegar a essa conclusão, Lewis refutou, se seu argumento tiver sido bem-sucedido, o naturalismo, o panteísmo, o deísmo e o argumento influente de Hume de que jamais seria razoável acreditar que um milagre ocorreu com base unicamente no testemunho religioso. O êxito em todas essas tarefas deveria tornar *Milagres* uma notável obra de filosofia. Considerar se Lewis foi bem-sucedido em todas essas tarefas será o tópico da próxima seção.

7. A vitória mitigada de Lewis e o trilema

A fraqueza mais significativa que percebo no argumento de Lewis consiste em sua alegação de que estamos justificados em acreditar que a natureza é (quase) uniforme somente se existir um Poder Superior que seja a fonte de nossa racionalidade. A fraqueza da alegação encontra-se no fato de que ela é ou uma mera asserção ou depende do argumento da razão que, como argumentei no capítulo anterior, não é conclusivo. Com essa alegação sem justificação, o argumento de Lewis contra o Princípio de Probabilidade fracassa. Parece suficientemente claro que todos nós sabemos que a natureza é, pelo menos, quase uniforme; mas *de que maneira* isso é por nós conhecido constitui uma interessante questão filosófica, embora Lewis não tenha estabelecido que esse conhecimento requer um Poder Superior fora da natureza.

Apesar dessa fraqueza, Lewis identificou uma deficiência significativa no argumento principal de Hume contra os milagres. A fim de entendermos isso, será proveitoso considerar algumas áreas de acordo entre Hume e Lewis e examinar precisamente os pontos de divergência. Creio que ambos manteriam que, levando em consideração a suspeição geral sobre o testemunho religioso concernente a milagres, nossa atitude inicial e normal em relação a esse testemunho, anteriormente a qualquer investigação séria, deveria ser a de ceticismo. Que Hume sustenta essa concepção, isso não deveria ser um ponto sem controvérsia; eu também a atribuo a Lewis, principalmente com base em comentários como o seguinte: "A maioria

[84] Lewis, *Miracles*, 213.

das narrativas sobre eventos milagrosos é provavelmente falsa: se assim é, a maioria das histórias sobre eventos naturais é falsa. Mentiras, exageros, mal-entendidos e boatos compõem talvez mais da metade de tudo o que é dito e escrito no mundo".[85]

Encontramo-nos confrontados com uma série de hesitantes testemunhos concernentes a eventos milagrosos. Hume e Lewis concordam com o fato de que sabemos, quando muito, que uma pequeníssima fração desses relatos é verdadeira. De que modo, situados na Terra, poderíamos presumir ter encontrado a agulha da verdade neste palheiro de falsidade? A resposta de Hume é que não podemos. Mesmo que alguns desses relatos sejam verdadeiros, uma vez que tudo o que temos para prosseguir é a experiência, nunca poderíamos razoavelmente inferir a verdade de um relato particular. A resposta de Lewis é que nós podemos encontrar a verdade apoiando-se em nosso senso de adequação. Alguns desses alegados milagres possuem simplesmente um sentido de adequação maior que outros; alguns mostram que a evidência histórica, junto com sua adequação, são razoáveis para nós concluirmos que realmente aconteceram. A Ressurreição de Cristo é uma boa candidata para esse milagre.[86] Como coloca Lewis, "O que quer que os homens possam *dizer*, ninguém realmente pensa que a doutrina cristã da Ressurreição está exatamente no mesmo nível que algumas tagarelices piedosas sobre como a Madre Egarée Louise milagrosamente descobriu seu dedal com a ajuda de Santo Antônio".[87]

Quem está certo? "Depende", é a resposta. Se tivéssemos um bom argumento filosófico a favor da existência de um Poder Superior fora da natureza,

---

[85] Ibid., 159.
[86] É interessante notar que Lewis parece aceitar a conclusão oficial de Hume. Hume e Lewis concordam que o testemunho religioso, *unicamente*, jamais é suficiente para tornar razoável a crença na ocorrência de um milagre, mas Lewis pensa que a adequação e o testemunho conjuntamente podem conferir crédito. Todavia, o argumento de Hume apoia uma conclusão mais forte do que a que ele oficialmente extrai. Se o argumento de Hume for bem-sucedido, ele mostra que é razoável acreditar que todo testemunho religioso em defesa de milagres é falso. Isso está em conflito com a posição de Lewis, o que explica por que Lewis está tão interessado em criticar o raciocínio de Hume.
[87] Ibid., 170.

e que pudesse mostrar a plausibilidade de que esse Poder Superior poderia e deveria intervir na natureza de um modo particular, então parece possível que essas considerações poderiam tornar razoável a crença de que essa intervenção tenha de fato ocorrido, caso o tipo correto de evidência histórica também estiver disponível.[88] Se isso estiver correto, então o ataque de Hume contra os milagres depende implicitamente da suposição de que nós não possuímos esse argumento. Em suma, Lewis não mostrou que o Princípio de Probabilidade é falso, mas Hume não está autorizado a considerá-lo como obviamente verdadeiro.

Uma questão interessante aqui é se o próprio Hume teria pensado que seu argumento contra os milagres dependeria implicitamente da alegação de que não existe um bom argumento para a existência de um Poder Superior. Terence Penelhum sugere que não: "O fato de [Hume] apresentá-lo [o argumento contra os milagres] anteriormente a qualquer discussão de teologia natural indica que ele o considera [o argumento contra milagres] conclusivo, mesmo que alguma forma de teologia natural seja consensualmente bem-sucedida".[89] A evidência de que Penelhum está correto pode ser encontrada próximo ao final do próprio ensaio de Hume:

> Embora o Ser ao qual o milagre se atribui seja [...] Onipotente, [o milagre alegado] não se torna, por essa razão, nem um pouco mais provável, visto que nos é impossível apreender os atributos ou os atos desse Ser, senão por meio da experiência que temos de suas produções no curso ordinário da natureza. Isso nos subjuga à observação passada e nos obriga a comparar os exemplos de violação da verdade no testemunho dos homens com aqueles de violação das leis da natureza devido a milagres a fim de julgarmos qual deles é o mais verossímil e provável.[90]

---

[88] Charles Taliaferro alcança uma conclusão semelhante em sua discussão do argumento de Hume contra os milagres; cf. Charles Taliaferro, ***Evidence and Faith: Philosophy and Religion since the Seventeenth Century*** (Cambridge: Cambridge University Press, 2005), 197.

[89] Terence Penelhum, "Hume's Criticisms of Natural Theology", in James F. Sennett and Douglas Groothius (eds.), ***In Defense of Natural Theology: A Notes to Post-Humean Assessment*** (Downers Grove, IL: InterVarsity Press, 2005), 25.

[90] Hume, "Miracles", 123-124.

Hume alega que, mesmo que soubéssemos, de algum modo, que existe um poder supranatural onipotente, o argumento contra os milagres seria bem-sucedido porque nós ainda teríamos de confiar *unicamente* na experiência passada para avaliar a plausibilidade de que um determinado fragmento de testemunho religioso em apoio à ocorrência de um milagre seja verdadeiro. Como mostrou Lewis, sobre esse ponto particular, Hume parece equivocar-se.[91]

Em todo caso, uma conclusão importante sobre tudo isso é que nem o argumento de Hume em "Dos Milagres", nem a defesa de Lewis a favor da adequação da Encarnação, que esbocei na seção anterior, podem sustentar-se por si mesmos. A defesa de Lewis a favor da adequação deve apoiar-se sobre um argumento suficientemente convincente a favor da existência de um Poder Superior, enquanto o argumento de Hume contra milagres depende da alegação de que não existe esse argumento. Sem esse argumento, ficamos com a experiência como nosso único guia; e penso que o argumento de Hume, pelo menos, estabelece suficientemente o seguinte: *se experiência é nosso único guia*, então não é razoável inferir que o relato cristão da Ressurreição de Cristo está correto com base no testemunho a seu favor.

Esse resultado tem implicações para o famoso "trilema" de Lewis. Uma versão do trilema aparece em *Mero Cristianismo*:

> Um homem que fosse apenas um homem e que dissesse o tipo de coisas que Jesus disse não seria um grande professor de moral. Ele seria ou um lunático [...] ou então seria o Demônio das Trevas [...]. A mim me parece agora óbvio que Ele não era nem um lunático nem um demônio: e, consequentemente, embora possa parecer estranho, assustador ou improvável, devo aceitar a concepção de que Ele era e é Deus.[92]

---

[91] É certo que entre os textos de Hume encontram-se críticas à teologia natural. Os *Diálogos Sobre a Religião Natural* contêm críticas dos principais argumentos teístas então populares, notadamente o argumento do desígnio (para mais sobre isso, cf. cap. 4, seção 3). Penelhum argumenta que a seção XI da *Investigação sobre o Entendimento Humano* (a que imediatamente a seção "Dos Milagres") também tem a intenção de solapar o argumento do desígnio; cf. Terence Penelhum, "Religion in the *Enquiry* and After", in *Themes in Hume: The Self, the Will, Religion* (Oxford: Oxford University Press, 2000), 222-243.

[92] Lewis, *Mere Chrstianity*, 52-53.

A sentença inicial da passagem indica que o trilema é uma reação à concepção de que Jesus não era divino, mas um grande professor moral, uma concepção sustentada, entre outros, por Thomas Jefferson, autor da Declaração de Independência e fundador do Partido Republicano dos Estados Unidos.[93] O trilema segue assim: Cristo era (a) insano, (b) malvado ou (c) Deus. Mas Cristo não era (a) nem (b); portanto, Ele era (c).

Existem duas coisas importantes a se considerar no trilema. A primeira é que ele se apoia em uma comparação da plausibilidade das diversas explicações possíveis sobre a evidência histórica disponível acerca de Cristo. A posição de Lewis sustenta que (c) é a mais plausível das três possíveis explicações sobre a evidência histórica e que, consequentemente, deveria ser aceita. O segundo ponto que merece consideração aqui é que (a), (b) e (c) não esgotam todas as explicações logicamente possíveis. Com efeito, está longe de ser evidente que elas esgotam todas as explicações plausíveis; tem-se argumentado, por exemplo, que outra explicação plausível é que Cristo acreditou equivocadamente, mas de modo são, que ele era divino.[94] Segue ainda uma outra explicação que é, pelo menos, logicamente possível: em algum momento durante sua vida, Cristo foi substituído por um autômato criado por alienígenas detentores de uma tecnologia extremamente avançada. E mais, os estrangeiros fizeram dois autômatos idênticos. Após a Crucificação e enquanto o primeiro autômato permanecia inerte no interior da tumba, os alienígenas substituíram, por meio de teletransporte, esse primeiro autômato inerte por um autômato funcional. A seguir, o autômato funcional emergiu da tumba, caminhou durante algum tempo e encontrou vários conhecidos de Cristo que acreditaram que o autômato era Cristo; depois flutuou no céu e, após desaparecer do alcance da visão, ou foi recuperado pelos alienígenas ou se autodestruiu.

Essas observações sobre o trilema sugerem duas estratégias para lhe resistir. Primeiro, alguém poderia aceitar que (a), (b) e (c) são as únicas opções disponíveis, mas argumentar que (c) não é a opção mais plausível. Um exem-

---

93 Cf. R. B. Bernstein, *Thomas Jefferson* (Oxford: Oxford University Press, 2003), 139-140 e 179.

94 Cf. Daniel Howard-Snyder, Was Jesus Mad, Bad, or God? [...] or Merely Mistaken", *Faith and Philosophy* 21:4 (October 2004), 456-479.

plo dessa estratégia é o trilema do ateu: Cristo era insano, malvado ou Deus; ele não era Deus e nem malvado; logo, ele teria sido insano. De fato, alguns psiquiatras têm oferecido sugestões nesse sentido. Por exemplo, um psiquiatra sugeriu recentemente que Jesus poderia ter "uma fixação homossexual latente como resultado de um complexo de Édipo negativo".[95] Segundo, alguém poderia negar que estamos frente a um trilema; talvez devêssemos dizer que Cristo era insano, malvado, Deus, que estava equivocado porém são, ou ainda que era um ou mesmo dois autômatos alienígenas.

A segunda estratégia torna claro que o trilema funciona somente se uma grande quantidade de alternativas logicamente possíveis puderem ser excluídas. Consideremos três opções logicamente possíveis, duas das quais parece razoável, pelo menos, levá-las inicialmente em consideração, enquanto a terceira pode ser excluída de saída. Lewis inclui no trilema as possibilidades de Cristo ser insano ou mentiroso; o que faz que essas possibilidades sejam consideradas? A resposta parece ser a experiência. Nossa experiência comum contém uma profusão de mentirosos e lunáticos, particularmente no contexto da religião. Tenhamos ou não alguma crença religiosa, todos nós certamente reconhecemos que existem muitos religiosos loucos e inescrupulosos pelo mundo afora. Considere a opção do autômato alienígena. Mesmo após essa opção nos ter sido aventada, somos relutantes em considerá-la seriamente (o que é, penso, correto). Mas por quê? Novamente, uma grande parte da resposta parece indicar a experiência. Nossa experiência comum não contém algo semelhante ao autômato alienígena; assim, somos inclinados a pensar, de modo razoável, que *o universo simplesmente não opera desse modo.* Em razão disso, a opção do autômato alienígena não pode permanecer no domínio das explicações plausíveis, a não ser que exista alguma evidência independente a seu favor.

Um desafio para os partidários do trilema de Lewis consiste em que a explicação cristã sobre a evidência histórica acerca da vida e da morte de Cris-

[95] Richard Chessick, "Who Does He Tlfink He Is: Remarks on the Psychology of Jesus", *American Journal of Psychoanalysis* 55:1 (March 1995), 36.

to (a terceira opção, Deus) é muito mais semelhante à opção do autômato alienígena, uma vez que nossa experiência lhe é contrária, do que à opção do mentiroso ou do lunático. Se sua experiência for, de algum modo, semelhante a minha, ele inclui uma fascinante panóplia de mentirosos e lunáticos, mas não deuses ou alienígenas. Assim, a opção Deus pode permanecer no domínio das explicações plausíveis somente se existir alguma evidência independente a seu favor.

Creio que Lewis admitiria esse ponto. A apresentação de Lewis do trilema, em *Mero Cristianismo*, segue seu argumento moral e sua crítica do dualismo. Ele menciona brevemente o trilema em *Milagres*, mas apenas recentemente em seu argumento completo.[96] Uma versão rudimentar do argumento aparece no capítulo introdutório de *O Problema do Sofrimento*, em que se apresenta como um dilema (insano e mal caem em uma única possibilidade).[97] O argumento aí aparece como uma quarta "linha" de cristianismo; linhas iniciais do cristianismo envolvem o reconhecimento de um grande ser ou espírito que é a fonte de reverência e de moralidade. Vemos, portanto, que, embora apareça em cada um dos três principais livros de Lewis sobre apologética cristã, o trilema nunca aparece no início de seu esforço para estabelecer a racionalidade do credo cristão. Por que simplesmente não introduzir o trilema logo de saída? A resposta, penso, é que Lewis percebeu que sem o tipo correto de fundamento filosófico, o trilema seria, de modo aproximado, tão convincente como o seguinte argumento: Cristo era ou um lunático, ou um mentiroso, ou um autômato alienígena; desde que ele não era um lunático nem um mentiroso, ele teria sido um autômato alienígena.

Onde isso nos leva? Hume estava certo em pensar que a experiência apresenta um *formidável* obstáculo a qualquer conjectura histórica a favor da Ressurreição de Cristo, mas estava equivocado em pensar que a experiência apresenta um obstáculo *insuperável* a essa conjectura. Lewis percebeu corretamente que a conjectura histórica poderia ser bem-sucedida apesar do

---

[96] Lewis, *Miracles*, 174.
[97] Lewis, *Problem of Pain*, 13.

argumento de Hume – mas somente se um fundamento filosófico adequado para essa conjectura pudesse ser estabelecido. Sua deficiência, em minha concepção, é que ele não foi capaz de fornecer esse fundamento.

8. Conclusão

Tenho argumentado que a solução proposta por Lewis ao problema do sofrimento é incompleta, que sua defesa cumulativa a favor da existência de um Poder Superior não é muito convincente e que (por conseguinte) seu esforço para estabelecer um fundamento filosófico adequado para uma defesa histórica a favor da Ressurreição de Cristo fracassa. Entretanto, os argumentos que temos considerado deixam o ateu e o cristão com problemas semelhantes. O problema mais desafiador para o ateu, que emergiu na discussão precedente, é o de explicar o aparecimento da intencionalidade, enquanto o problema mais desafiador que apareceu para o cristão é explicar a presença no mundo do sofrimento natural infantil não aperfeiçoante da vítima.

No quarto e último capítulo, trataremos da relação entre fé e razão, do argumento do desígnio e da natureza da verdadeira religião. Examinando esses tópicos, encontraremos algumas surpreendentes áreas de acordo entre nossos três pensadores. Apesar de todas as suas diferenças, eles compartilham um importante fundamento comum. E quando todos eles, C. S. Lewis, David Hume e Bertrand Russell, aceitam uma determinada proposição, deveríamos, com efeito, considerá-la muito seriamente.

Fé, desígnio e a verdadeira religião

1. Introdução

A discussão em relação a esse ponto centra-se principalmente em torno a áreas de desacordo entre Lewis, Hume e Russell. O presente capítulo é dedicado a um exame de algumas áreas de acordo entre esses três pensadores. Em particular, trataremos de questões sobre a natureza da fé, do estatuto dos argumentos do desígnio e da natureza da verdadeira religião. Veremos que os três pensadores concordam sobre coisas fundamentais e, por vezes, surpreendentes.

2. Fé

2.1. Lewis e Russell sobre a fé

A fé é frequentemente contrastada com a razão. A expressão popular "dar um salto de fé" exprime essa ideia; o salto aludido é um salto para além daquilo que pode ser estabelecido pela razão e pela evidência.[1] A. C. de Grayling, humanista contemporâneo e estudioso de Russell, resume sucintamente essa concepção popular:

> A fé é uma negação da razão. A razão é a faculdade de adequar o juízo à evidência, depois de inicialmente ponderar a evidência. A fé é uma cren-

---

[1] Charles Freeman sugere que as raízes, internas à tradição cristã, de tal concepção da fé podem ser encontradas nos textos de Paulo, o Apóstolo; cf. Charles Freeman, *The Closing of the Western Mind: The Rise of Faith and the Fall of Reason* (New York: Vintage Books Freeman, 2005), 119-120.

ça, mesmo em face de evidência contrária. Soren Kierkegaard definiu a fé como o salto tomado apesar de tudo, apesar do próprio absurdo daquilo em que se solicita a acreditar.[2]

Uma famosa observação de Tertuliano, um dos primeiros pensadores cristãos, ilustra essa concepção da fé em atividade: "O Filho de Deus morreu; deve-se nisso necessariamente crer, pois é absurdo. Ele foi sepultado e novamente ressurgiu; isso é certo porque é impossível".[3] Nessa concepção, acreditar em algo "por meio da fé" é uma atividade irracional. Russell considerou a fé como irracional do seguinte modo: "Penso que a fé é um vício, pois significa acreditar em uma proposição quando nenhuma boa razão existe para nela se acreditar. Pode-se tomar isso como uma definição de fé".[4] Considerando a fé como um vício, Russell buscou a virtude oposta, a qual ele se refere por meio de uma variedade de nomes, incluindo "veracidade", "honestidade" e "integridade intelectual". Ele caracteriza essa virtude como "nosso hábito de decidir, de acordo com a evidência, questões controversas ou, então, de permanecermos indecisos onde a evidência não é conclusiva".[5] Russell mostra particular desprezo pelos que argumentam que se deve crer em certas proposições não porque elas são verdadeiras ou se apoiam na predominância da evidência, mas por alguma outra razão, por exemplo, que a aceitação difundida dessas proposições terá consequências boas:

> Tão logo seja afirmado que alguma crença, seja qual for, é importante por qualquer outra razão que não sua veracidade, toda uma hoste de demônios estará pronta para aparecer. O desencorajamento da investigação [...] é o primeiro desses demônios, mas outros, seguramente, seguir-se-ão [...]. Mais cedo ou mais tarde, a ausência de espírito ortodoxo será consi-

---

[2] A. C. Grayling, "Faith", in *Meditations for the Humanist: Ethics for a Secular Age* (Oxford: Oxford University Press, 2002), 117.

[3] Citado em Freeman, *Western Mind*, 272.

[4] Bertrand Russell, "The Existence and Nature of God", in L. Greenspan & S. Andersson (eds.), *Russell on Religion* (New York: Routledge, 1999), 94.

[5] Bertrand Russell, "Can Religion Cure Our Troubles?", in *Why I Am Not a Christian and Other Essays on Religion and Related Subjects* (New York: Simon & Schuster, 1957), 194.

derada um crime, a ser punido com a fogueira, o expurgo ou o campo de concentração. Posso respeitar os homens que argumentam que a religião é verdadeira e que, por isso, devemos acreditar nela, mas não posso sentir senão uma profunda aversão moral por aqueles que dizem que se deve acreditar na religião porque ela é útil e que a indagação acerca de sua veracidade constitui um desperdício de tempo.[6]

Em outra parte, Russell oferece razões adicionais de por que a veracidade deveria ser estimulada e a fé desencorajada. Ele sustenta que o conhecimento é um dos dois ingredientes essenciais de uma vida humana boa (o amor seria o outro ingrediente) e que, seguramente, é mais provável a veracidade, em vez da fé, conduzir ao conhecimento.[7] Uma das discussões mais extensas de Russell acerca da veracidade aparece em seu ensaio de 1944, "O Valor do Pensamento Livre" ["The Value of Free Thought"]. Nesse ensaio, Russell caracteriza o livre pensador (aquele que possui a virtude da veracidade) como alguém que, na formação de sua crença, é livre da força da tradição e da "tirania de suas próprias paixões".[8] Escreve Russell: "Ele não se curvará à autoridade dos outros e nem a seus próprios desejos, mas se submeterá à evidência".[9] Uma coletividade de livres pensadores, diz Russell, irá furtar-se a se sujeitar a um governo tirânico, enquanto livres pensadores individuais irão evitar certo tipo de covardia intelectual – a saber, a de acreditar em certas alegações apesar da falta de evidência, uma vez que se teme enfrentar a possibilidade de que essas alegações sejam falsas.[10] Assim, um livre pensador não é alguém que acredita simplesmente em tudo aquilo que lhe ocorre sentir inclinação a acreditar, nem é livre para mudar suas crenças por capricho. Ele é livre no sentido de que ele é livre de todas as influências, exceto uma: a evidência.

---

[6] Ibid., 197. Para uma discussão proveitosa da conexão entre a concepção que Russell aqui critica e os horrores do stalinismo, cf. Jonathan Glover, *Humanity: A Moral History of the Twentieth Century* (New Haven, CT and London: Yale University Press, 2000), 274-282.
[7] Bertrand Russell, "What I Believe", in *Not a Christian*, 56.
[8] Bertrand Russell, "The Value of Free Thought", in A. Seckel (ed.), *Bertrand Russell on God and Religion* (Amherst, NY: Prometheus Books, 1986), 239.
[9] Ibid., 240.
[10] Ibid., 253-254.

Lewis, quando se refere à importância de regular as crenças em conformidade com a evidência, está em completo acordo com Russell:

> Obviamente [...] um homem sensato aceita ou rejeita algum enunciado não porque ele quer ou não quer fazer isso, mas porque a evidência lhe parece favorável ou desfavorável. Se estiver enganado sobre a favorabilidade da evidência, não significa que ele é um homem mal, mas somente que não é muito esperto. E se ele considerar que a evidência é desfavorável, mas tentar constranger-se a crer a despeito dela, seria apenas estúpido [...]. Eu não estou pedindo para ninguém aceitar o cristianismo caso seu melhor raciocínio diga que o peso da evidência lhe seja contrário.[11]

Lewis também compartilha o desdém de Russell para com a defesa da aceitação de proposições em razão não de sua verdade, mas sim de alguma outra razão, chegando ao ponto, em *As Cartas de Screwtape*, de tornar esse método uma das ferramentas do diabo Screwtape: "A grande coisa é fazer-lhe avaliar uma opinião por consideração a alguma outra qualidade que a verdade, introduzindo assim um elemento de desonestidade e fingimento".[12] Em outro texto, Lewis adverte os "pastores tolos", que "sempre lhe estão dizendo o quanto o cristianismo irá ajudá-lo e como ele é bom para a sociedade", de que, "se o cristianismo fosse falso, então nenhum homem honesto acreditaria nele", e, "se fosse verdadeiro, todo homem honesto desejaria nele acreditar, mesmo que ele não lhe fornecesse qualquer ajuda".[13]

Dado o acordo de Lewis com Russell sobre esses pontos, Lewis deve ou aceitar a concepção de Russell de que a fé é um vício, ou rejeitar a concepção de que a fé requer a crença naquilo que não possui apoio na evidência. Lewis assume a segunda opção, alegando que "a fé baseia-se na razão".[14] Ele

---

[11] C. S. Lewis, *Mere Christianity* (New York: HarperCollins, 2001), 138.

[12] C. S. Lewis, *The Screwtape Letters* (New York: Touchstone, 1996), 59. Victor Reppert argumenta que essa concepção da fé também é evidente em *As Crônicas de Nárnia*; cf. Victor Reppert, "The Green Witch and the Great Devate: Freeing Narnia from the Spell of the Lewis-Anscombe Legend", in Greg Bassham and Jerry Walls (eds.), *The Chronicles of Narnia and Philosophy* (Chicago: Open Court Press, 2005), 260-272.

[13] C. S. Lewis, "Man or Rabbit", in *God in the Dock: Essays on Theology and Ethics* (Grand Rapids, MI: Eerdmans, 1970), 108-109.

[14] Lewis, *Mere Christianity*, 139. Para uma definição semelhante, cf. C. S. Lewis, "Religion: Reality or Substitute?", in *Christian Reflections* (Grand Rapids, MI: Eerdmans, 1995), 42.

define a fé como "a arte de firmar-se a coisas que sua razão uma vez aceitou, apesar de sua disposição inconstante".[15] Ele fornece o seguinte exemplo para ilustrar como uma disposição ou humor pode dominar a razão e alterar as crenças de um indivíduo:

> Minha razão está perfeitamente convencida por adequada evidência que a anestesia não me sufocará e que cirurgiões corretamente treinados não irão iniciar a intervenção cirúrgica até que eu esteja inconsciente. Mas isso não altera o fato de que quando eles me têm deitado sobre a mesa e golpeiam suas horríveis máscaras em cima de minha face, um simples pânico infantil se inicia dentro de mim. Começo a pensar que vou sufocar e tenho medo de que eles comecem a me cortar antes que eu esteja adequadamente entorpecido. Em outras palavras, eu perco minha fé na anestesia.[16]

Uma característica crucial do exemplo é que as crenças sobre a sufocação e sobre a possibilidade de ser cortado enquanto ainda consciente não se baseiam em qualquer nova evidência que veio a ser conhecida; as novas crenças são produzidas por emoções que não se baseiam na evidência. Fé é a virtude que previne esse tipo de coisa; na consideração de Lewis, "a batalha se dá entre, de um lado, fé e razão, contra, de outro lado, a emoção e a imaginação".[17]

Russell e Lewis reconhecem um fato importante acerca dos seres humanos: nós não somos máquinas puramente racionais de formação de crenças. Somos suscetíveis a uma variedade de emoções, e essas emoções influenciam tudo, de nossas ações a nossa saúde e a nossas crenças. Diz Lewis:

> Embora a razão seja divina, seres humanos racionais não o são. Quando outrora a paixão fez parte do jogo, a razão humana, sem o auxílio da Graça, tinha aproximadamente tanta chance de firmar-se em verdades já adquiridas quanto um floco de neve tem de reter sua consistência dentro da boca de uma fornalha a vapor.[18]

---

[15] Lewis, *Mere Christianity*, 140.
[16] Ibid., 139.
[17] Ibid.
[18] Lewis, "Reality or Substitute", 43.

Russell e Lewis lamentaram essa característica da natureza humana. Lewis a lamenta porque ela torna possível uma série de ataques contra a crença cristã, ataques que não podem ser efetivamente contestados unicamente por meio do uso da razão. Na concepção de Lewis, a evidência favorece o cristianismo. Mas porque não se pode julgar que os seres humanos regulem suas crenças de acordo com a evidência, apresentar meramente a evidência não é, por si só, suficiente para a conversão ou para a preservação da crença naqueles que já se converteram. Comenta Lewis: "Se você examinar uma centena de pessoas que perderam a fé no cristianismo, eu gostaria de saber quantas delas saíram porque refletiram com base em argumento honesto. Será que a maioria das pessoas não foi simplesmente levada pela correnteza?"[19] Essa concepção é também evidente em *As Cartas de Screwtape*; Screwtape incita constantemente seu sobrinho Wormwood a centrar seus esforços em explorar as emoções do "paciente" que ele está tentando eliciar do cristianismo. A terceira sentença da primeira carta de Screwtape a Wormwood contém o seguinte comentário sarcástico: "Soa como se você supusesse que o argumento seria o modo de mantê-lo distante da influência do Inimigo [de Deus]".[20] E a carta termina assim: "Lembre-se de que você está lá para confundi-lo. Do modo como alguns de seus jovens demônios falam, qualquer um deveria supor que nosso trabalho era *ensinar*!"[21]

Russell pensava que a evidência não aponta para o cristianismo. Ele lamentava a influência de emoções na formação da crença, pois pensava que essas emoções, principalmente o medo, fossem as principais causas da crença em superstições nocivas, incluindo o cristianismo:

> A religião baseia-se [...], primária e principalmente, no medo. Por um lado, é o medo do desconhecido e, de outro, [...] o desejo de sentir que você tem um tipo de irmão mais velho que estará pronto para acudi-lo em todas as suas dificuldades e questionamentos. O medo é o fundamento de toda a coisa – medo do misterioso, medo de malogro, medo da morte.[22]

---

[19] Lewis, *Mere Christianity*, 141.
[20] Lewis, *Screwtape Letters*, 19.
[21] Ibid., 21.
[22] Bertrand Russell, "Why I Am Not a Christian", in Greenspan and Andersson (eds.), *Russell on Religion*, 90.

Russell e Lewis concordaram que se deve seguir a evidência no caso da formação da crença, embora discordem em relação a que lugar a evidência conduz quando se trata do cristianismo. E ambos consideraram a emoção humana como um obstáculo primário para uma adequada formação da crença. Por isso, a capacidade para resistir a essas emoções é assim tão importante. Note a semelhança notável entre as duas seguintes passagens. A primeira é de *Mero Cristianismo*:

> Os ânimos irão mudar qualquer concepção que sua razão acolher [...]. Por isso, a fé é uma virtude tão necessária: a não ser que você ensine seus humores "onde eles devem se retirar", você nunca poderá ser um profundo cristão ou mesmo um profundo ateu, mas apenas uma criatura que se bate de um lado para o outro, com suas crenças determinadas ao sabor do clima ou do estado de sua digestão.[23]

A segunda passagem é do ensaio "O Sentido do Pecado" ["The Sense of Sin"], escrito por Russell em 1930:

> Os homens não devem permitir que sejam dominados por seus humores, crendo em uma coisa num momento e, em outro momento, em outra coisa [...]. Não esteja satisfeito com uma alternância entre momentos de racionalidade e momentos de irracionalidade. Olhe de perto a irracionalidade com a determinação de não acatá-la, e não a permita dominar-lhe [...]. Não se permita continuar existindo como uma criatura vacilante, dominada parte pela razão e parte pelo desatino infantil.[24]

2.2. A obstinação cristã

John Beversluis rejeitaria a interpretação dada às concepções de Lewis sobre seguir a evidência, interpretação que propus há pouco. Escreve Beversluis: "poderia parecer que o conceito lewisiniano de religião racional requer

---

[23] Lewis, *Mere Christianity*, 141.

[24] Bertrand Russell, "The Sense of Sin", in Greenspan and Andersson (eds.), *Russell on Religion*, 189-190.

que adequemos nossas crenças ao estado da evidência em qualquer momento dado. Todavia, essa não era verdadeiramente sua concepção".[25] Beversluis sustenta essa afirmação baseando-se, principalmente, no ensaio "Sobre a obstinação na crença" ["On Obstinacy in Belief"], escrito por Lewis em 1955. Ele alega que Lewis atribui, nesse ensaio, uma qualificação significativa à concepção que ele desenvolve em *Mero Cristianismo*. Todavia, penso que uma leitura cuidadosa do ensaio revela que ele é perfeitamente consistente com a concepção inicial de Lewis.

Em "Sobre a obstinação na crença", Lewis distingue entre "o modo no qual um cristão primeiramente dá seu assentimento a certas proposições" e "o modo no qual ele posteriormente as defende".[26] Lewis nunca identifica explicitamente as proposições que ele tem em mente, mas a discussão que se sucede sugere que entre elas está a proposição de que o Deus cristão existe. Segue aqui uma passagem que parece conflitar com a concepção que atribuí a Lewis na seção anterior:

> Mas devemos agora considerar algo bastante diferente; a adesão [dos cristãos] a sua crença após ela ter sido uma vez formada. É aqui que a acusação de irracionalidade e a resistência em relação à evidência tornam-se realmente importantes. Pois é necessário admitir, desde logo, que os cristãos exaltam essa adesão como se ela fosse meritória; e mesmo, em certo sentido, mais meritória quanto mais forte torna-se a aparente evidência contrária a sua fé.[27]

A passagem certamente *dá a impressão* de que Lewis está sugerindo que sua regra geral de que se deve crer de acordo com a evidência admite uma exceção: logo que alguém se torna um cristão, a pessoa não deve mais crer de acordo com a evidência quando esta se refere ao próprio cristianismo. Ao

---

[25] John Beversluis, *C. S. Lewis and the Search for Rational Religion* (Grand Rapids, MI: Eerdmans, 1985), 93.

[26] C. S. Lewis, "On Obstinacy in Belief", in *The World's Last Night and Other Essays* (New York: Harcourt, 1955), 17.

[27] Ibid., 21.

contrário, deve-se continuar a crer que o cristianismo ***desconsidera a evidência que lhe é contrária.*** Se esta interpretação estiver correta, Lewis operou, em *Mero Cristianismo*, uma mudança radical em sua concepção de que "um homem sensato aceita ou rejeita um enunciado não porque ele queira ou não fazê-lo, mas porque a evidência lhe parece favorável ou desfavorável".[28] Estaria Lewis sugerindo, em seu ensaio "Sobre a obstinação na crença", que os cristãos deveriam entregar-se a um tipo de insanidade mental?

Já esclareci que considero disponível uma interpretação do último ensaio de Lewis que não nos obriga a essa conclusão. Chegou o momento de fornecer essa interpretação. Tornar-se-á claro, penso, que aquilo que Lewis denomina "obstinação cristã" está perfeitamente em linha com a regra geral de que, em todas as ocasiões, deve-se crer de acordo com a evidência.[29] A fim de entender isso, devemos examinar dois exemplos que Lewis discute em "Sobre a obstinação na crença".

Um dos exemplos é descrito na seguinte passagem:

> Uma coisa é perguntar, *in vacuo*, se Fulano irá juntar-se a nós hoje à noite, outra é discutir isso quando a reputação de Fulano lhe compromete a vir e alguma questão importante depende de sua vinda. No primeiro caso, seria meramente razoável, enquanto o relógio faz tique-taque, esperá-lo cada vez menos. No segundo caso, uma expectativa continuada até altas horas da noite seria devida ao caráter de nosso amigo, se o tivéssemos julgado anteriormente digno de confiança. Quem de nós não se sentiria ligeiramente envergonhado se, pouco depois de termos desistido de sua chegada, ele tivesse chegado com uma explicação completa de seu atraso? Deveríamos sentir que deveríamos tê-lo conhecido melhor.[30]

Nesse exemplo, o crescente avanço das horas constitui evidência crescente contra a proposição que afirma a chegada de Fulano. Porém, sugere Lewis, deveríamos aderir a nossa crença de que ele chegará. Por quê? Um modo de en-

[28] Lewis, *Mere Christianity*, 138.
[29] Lewis, "Obstinacy", 22.
[30] Ibid., 27.

tender a passagem é que Lewis esteja sugerindo que devemos persistir na crença de que Fulano chegará apesar do fato de, afinal de contas, a evidência mostrar o contrário. Mas uma leitura cuidadosa da passagem revela que isso não é o que Lewis tem em mente. Observe atentamente a última linha. O caso descrito por Lewis é aquele em que conhecemos algo sobre o caráter do Fulano. A ideia de Lewis é que, por abandonarmos nossa crença – de que Fulano chegará – em razão do avançado da hora, nós não estaríamos dando peso suficiente à outra parte da evidência a nossa disposição, a saber, a natureza do caráter do Fulano. O avanço das horas é apenas uma parte da evidência, mas não toda. A adesão à convicção de que Fulano chegará é exigida pela regra de que alguém deve crer de acordo com *toda* a evidência disponível. Nosso conhecimento pessoal sobre Fulano nos fornece a evidência de que não teríamos de outro modo, e essa evidência faz toda a diferença. A relevância desse exemplo para a obstinação cristã é que Lewis pensa que os cristãos conhecem algo sobre o caráter de Deus:

> Pois nos parece [...] que temos algo como um conhecimento-por-familiaridade acerca da Pessoa que acreditamos, ainda que imperfeito e intermitente esse conhecimento possa ser. Acreditamos não porque existe "um Deus", mas porque *este* Deus existe. Ou ainda, se nós mesmos não nos atrevemos a declarar que o "conhecemos", a cristandade o faz, e acreditamos, do mesmo modo, pelo menos em alguns de seus representantes: por causa do tipo de pessoas que eles são.[31]

A ideia é que os cristãos deveriam aderir à crença no Deus do cristianismo frente a certos tipos de evidência contrária a essa crença, uma vez que eles têm acesso à evidência adicional, de modo que, afinal de contas, a adesão à crença cristã é exigida pela regra de que alguém deve crer de acordo com a evidência. Essa adesão é meritória não porque ela implica uma crença contrária à evidência disponível, mas antes porque se baseia em uma compreensão, que não é facilmente alcançada, acerca da natureza do caráter de Deus.

[31] Ibid., 25.

Por enquanto, pouco foi dito acerca de que *tipo* de evidência contrária Lewis tem em mente em relação à existência do Deus Cristão. Um segundo exemplo discutido por Lewis esclarece esse ponto:

> Existem ocasiões em que podemos fazer tudo aquilo que uma criatura da mesma condição necessita somente se ela em nós confiar. Retirar um cachorro de uma armadilha, extrair um espinho do dedo de uma criança, ensinar um garoto a nadar ou a salvar alguém que não consegue nadar, controlar um novato amedrontado em um lugar sórdido em cima de uma montanha: o único obstáculo fatal pode ser a desconfiança deles. Estamos pedindo-lhe que confiem em nós, em seus sentidos, na imaginação e na inteligência deles. Pedimo-lhes que acreditem que o que é doloroso irá aliviar-lhes a dor e que aquilo que lhes parece perigoso é a única segurança deles. Pedimo-lhes que aceitem as aparentes impossibilidades: que o mover a pata mais para dentro da armadilha é o modo para sair dela – que ferir o dedo ainda mais irá pôr fim ao ferimento do dedo [etc.].[32]

Não é por acaso que todos esses exemplos envolvem dor, perigo e/ou medo. Penso que esses são precisamente os tipos de casos que Lewis tem em mente quando fala de encontrar evidência aparente contra o cristianismo. Em resumo, Lewis está aqui pensando principalmente acerca do sofrimento como evidência aparente contrária à existência do Deus cristão. Lewis relaciona da seguinte maneira os exemplos da passagem há pouco citada com a obstinação cristã:

> Ora, aceitar a proposição cristã é, *ipso facto*, acreditar que estamos para Deus, continuamente, como aquele cachorro, criança, banhista ou montanhista está para nós, só que muito mais [...]. Se a vida humana for, de fato, ordenada por um ser beneficente, cujo conhecimento em relação a nossas reais necessidades e ao modo no qual podem ser satisfeitas excede infinitamente nosso próprio conhecimento, devemos esperar *a priori* que Suas operações frequentemente a nós parecerão como outra coisa que beneficentes e sábias, e que será nossa mais alta prudência lhe dar nossa confiança apesar disso.[33]

---

32 Ibid., 23.
33 Ibid., 24-25.

O cristianismo, corretamente entendido, implica que irá existir sofrimento no mundo, sofrimento para o qual não existe explicação aparente. O cristianismo inclui a proposição de que existe uma enorme diferença entre as habilidades cognitivas e o conhecimento que pertence aos seres humanos e as habilidades cognitivas e o conhecimento que pertence a Deus. O verdadeiro na asserção de que "Deus opera por vias misteriosas" é que Deus, às vezes, opera por vias misteriosas *para nós* – assim como, por exemplo, nosso esforço para mover a pata do cachorro mais para dentro da armadilha pode ser bastante misterioso (ou completamente assustador!) para o cachorro. Como diz Daniel Howard-Snyder, "quando Deus é posto no banco dos réus, nós não podemos presumir que conhecemos muito bem os tipos de razões que *ele* estaria a ocultar".[34]

Se o cristianismo implica que existirá sofrimento para o qual não existe explicação aparente, segue-se que a presença do sofrimento sem explicação aparente não constitui, em absoluto, evidência real contrária ao cristianismo.[35] Se pensarmos no cristianismo enquanto uma teoria, então podemos colocar a questão do seguinte modo: o cristianismo prediz que o mundo irá conter sofrimento para o qual não existe explicação evidente. Portanto, a presença desse sofrimento dificilmente constitui evidência contra a teoria. Em sua discussão acerca da obstinação cristã, Lewis muitas vezes (mas não sempre) fala de obstinação em face da aparente evidência contrária ao cristianismo. Por exemplo, ao descrever pela primeira vez a obstinação cristã, ele diz que ela é "mais meritória quanto mais forte se torna a aparente evidência contrária a sua fé".[36] Penso que não seja por acaso que Lewis inclui frequentemente essa qualificação. Sua concepção é que o sofrimento sem explicação evidente pode *parecer* constituir uma evidência contrária ao cristianismo, mas um entendimento mais completo revela que ele não constitui efetiva evidência contrária ao Cristianismo.

---

[34] Daniel Howard-Snyder, "God, Evil, and Suffering", in Michael J. Murray (ed.), *Reason for the Hope Within* (Grand Rapids, MI: Eerdmans, 1999), 113.

[35] A interpretação da concepção de Lewis que estou aqui defendendo é bem parecida com a concepção desenvolvida por Stephen Wykstra em "The Humean Obstacle to Evidential Arguments from Suffering: On Avoiding the Evils of 'Appearance'", *International Journal for Philosophy of Religion* 16 (1984), 73-93.

[36] Lewis, "Obstinacy", 21; grifos meus.

Vale revisitar a discussão do problema do sofrimento, realizada no primeiro capítulo, levando esse ponto em consideração. No final do primeiro capítulo, sugeri que, em *O Problema do Sofrimento*, Lewis não fornece uma explicação plausível para a existência do *sofrimento natural infantil não aperfeiçoante da vítima*, o qual não é o resultado da livre ação humana e não contribui em nada para a felicidade genuína da criança que padece do sofrimento. Sugeri que a presença em nosso mundo desse sofrimento constitui evidência contrária à existência do Deus do cristianismo tradicional. Mas esse sofrimento é um sofrimento para o qual não existe justificação aparente. Seguir-se-ia da posição de Lewis acerca da obstinação cristã que esse sofrimento não constituiria, em absoluto, evidência contrária ao cristianismo?

Penso que não, e o seguinte simples exemplo deve ilustrar a razão. Imagine uma teoria científica que prediz igualmente que (i) existem objetos esféricos e que (ii) não existem objetos azuis. Suponha que encontremos uma esfera azul e que ofereçamos isso como evidência contrária à teoria. Não é razoável, ao defensor da teoria, mostrar que a teoria prediz a existência de esferas e que, porque a evidência putativa contrária à teoria é uma esfera, essa evidência não constitui, em absoluto, evidência real contrária à teoria. Essa defesa da teoria fracassa porque o objeto em questão é também azul, e é a sua cor azul que o torna evidência contrária à teoria.

Considere um exemplo de sofrimento que (i) não tenha explicação aparente e que (ii) seja um sofrimento natural infantil que não aperfeiçoe a vítima. Se alguém sugerisse que esse exemplo de sofrimento constitui evidência contrária ao cristianismo em virtude de o sofrimento não ter explicação aparente, então a indicação de Lewis de que o cristianismo prediz o sofrimento com essa característica é tanto pertinente como eficaz.[37] Mas estou a sugerir que esse sofrimento constitui evidência contrária ao cristianismo em virtude de ser um caso de sofrimento natural infantil não aperfeiçoante da vítima. A

[37] Com efeito, existe farta literatura acerca de argumentos que correm nessa linha; uma parte saudável dessa literatura está convenientemente associada em torno de Daniel Howard-Snyder (ed.), *The Evidential Argument from Evil* (Bloomington: Indiana University Press, 1996).

indicação de Lewis não se aplica a essa asserção; argumentar que esse sofrimento não constitui evidência real contrária ao cristianismo porque se trata de um sofrimento que não tem explicação aparente não é mais sensato do que argumentar que a esfera azul não constitui evidência contrária à teoria científica discutida há pouco porque se trata de uma esfera. Assim, estou inclinado a manter minha posição inicial de que constitui evidência contrária ao cristianismo o fato (se isso for um fato) de nosso mundo conter sofrimento natural infantil não aperfeiçoante da vítima. A diferença postulada pelo cristianismo entre as habilidades cognitivas dos seres humanos e as de Deus pode impedir que a presença do sofrimento natural infantil não aperfeiçoante da vítima constitua evidência *decisiva* contrária ao cristianismo, mas ela não impede de ser evidência contrária ao cristianismo.

Em todo caso, a obstinação cristã é perfeitamente consistente com a regra de que se deve crer de acordo com toda evidência disponível. Lewis oferece dois argumentos distintos que apoiam essa posição. Primeiro, o cristão irá considerar a natureza do caráter de Deus ao avaliar a evidência relevante a favor e contra o cristianismo. Essa evidência será muitas vezes suficiente para inclinar a balança a favor do cristianismo, apesar da presença de evidência contrária. Segundo, o cristão compreenderá que certas características do mundo (por exemplo, que existe sofrimento que não tem explicação evidente), as quais podem parecer constituir evidência contrária ao cristianismo, não constituem realmente, afinal de contas, evidência desse tipo. Para aqueles que carecem da intuição do cristão, pode aparecer como se o cristão estivesse continuando a crer apesar da esmagadora evidência contrária ao cristianismo, mas isso é mera aparência. A obstinação do cristão é meritória porque ela envolve uma avaliação mais acurada da evidência disponível. Se isto estiver correto, então, contrariamente a Beversluis, o último ensaio de Lewis sobre a obstinação não está em conflito com seu compromisso ao princípio que sempre devemos crer de acordo com a evidência. A obstinação cristã é uma extensão da consideração de Lewis acerca da fé que se baseia na razão.

Mantenho, portanto, meu argumento de que Lewis e Russell creem que sempre deveríamos esforçar-nos para seguir a evidência, mas discordam acerca do lugar para o qual a evidência nos conduz. Quando alguém pensa que a evidência disponível apoia uma determinada posição, mas descobre que muitas pessoas se inclinam para uma posição diferente, se é tentando a atribuir a irracionalidade às crenças dos outros. Essa é uma tentação à qual Russell frequentemente sucumbe quando trata da crença religiosa, enquanto que algumas das observações de Lewis em *Mero Cristianismo* e em *As Cartas de Screwtape* dão a impressão de que Lewis sucumbe à mesma tentação quando trata da descrença. Todavia, em "Sobre a Obstinação na Crença", Lewis oferece uma avaliação da situação que me aparece como (quase) absolutamente correta:

> Os homens desejam ambos os lados [...]. Existe realização-por-medo bem como realização-por-desejo, enquanto temperamentos hipocondríacos sempre irão tender a considerar como verdadeiro aquilo que eles mais desejam que seja falso. Assim, em vez de uma única situação sobre a qual nossos oponentes ocasionalmente se concentram, existem, na realidade, quatro. Um homem pode ser um cristão porque ele quer que o cristianismo seja verdadeiro. Ele pode ser um ateu porque ele quer que o ateísmo seja verdadeiro. Ele pode ser um ateu porque ele quer que o cristianismo seja verdadeiro. Ele pode ser um cristão porque ele quer que o ateísmo seja verdadeiro. Mas é certo que essas possibilidades se anulariam reciprocamente? [...]. Não penso que elas subvertam a concepção de que existe evidência tanto favorável quanto contrária à proposição cristã de que mentes perfeitamente racionais, operando honestamente, podem avaliar de maneiras distintas.[38]

2.3. Hume e o evidencialismo

O leitor atento talvez esteja por ora surpreso sobre as concepções de Hume acerca da fé e da razão. Hume parece considerar a fé de acordo com os modos russellianos, como algo que certamente se contrasta com a razão em vez de lhe subsumir.[39] A posição de Hume em relação aos argumentos favoráveis (ou

[38] Lewis, "Obstinacy", 19-20. Afirmei que essas observações são *quase* que absolutamente corretas porque Lewis faz a falsa suposição de que o cristianismo e o ateísmo são as únicas opções. De modo que existem muito mais do que os quatro predicamentos identificados por Lewis.

[39] Cf, por exemplo, David Hume, *Enquiries Concerning Human Understanding and Concerning the Principles of Morals*, third edition, ed. L. A. Selby-Bigger (Oxford: Oxford University Press, 1975), 165.

contrários) a proposições que se baseiam nas consequências da aceitação de tais proposições é um tanto diferente do franco desdém compartilhado por Lewis e Russell. Por um lado, Hume entende que as consequências da aceitação de uma determinada proposição nada nos dizem acerca de sua verdade, e observa que "não é evidente que uma opinião seja falsa porque suas consequências sejam perigosas".[40] Em outra passagem, ele observa que "o amor à verdade [...] não é jamais, nem pode ser, elevado a um grau demasiado alto".[41] E, com efeito, já vimos sua declaração, em "Sobre os Milagres", de que "um homem sábio [...] conforma sua crença à evidência".[42] À luz de observações como essa, David O'Connor classifica Hume como um "evidencialista", como alguém que aceita o princípio de que "*qualquer* crença é racional somente se estiver em proporção direta ao peso da evidência a ela favorável".[43] Por outro lado, também encontramos em Hume a seguinte observação:

> Embora a verdade filosófica de qualquer proposição não dependa, de modo algum, de sua tendência em promover os interesses da sociedade; um homem, ainda que de má índole, que estabelece uma teoria, mesmo que verdadeira, deve confessar que ela conduz a uma prática perigosa e perniciosa [...]. Verdades que são *perniciosas* para a sociedade, se essas verdades existem, irão sustentar erros que são salutares e *vantajosos*.[44]

Essa passagem sugere que a paixão pela verdade talvez possa ser levada demasiado longe se conduzida à promoção de verdades que são perniciosas à sociedade. É importante notar, todavia, que a má vontade se manifesta a si mesma na *absolvição* da teoria perniciosa, não em sua *aceitação*. Assim, pode ser que Hume considere que sempre deveríamos seguir a evidência quando se trata de crenças que sustentamos, mas não necessariamente quando se trata de crenças que compartilhamos com os outros.

---

[40] Ibid., 96.
[41] Ibid., 41.
[42] Ibid., 110.
[43] David O'Connor, *Hume on Religion* (New York: Routledge, 2001), 9.
[44] Hume, *Enquiries*, 279.

É claro, entretanto, que Hume não é um evidencialista puro. A fim de elucidar as concepções de Hume acerca da razão, da evidência e da crença, devemos considerar brevemente seu projeto filosófico mais amplo. Hume foi indiscutivelmente tanto um psicólogo como um filósofo. Ele estava interessado em entender a natureza e os limites das diferentes capacidades da mente humana. Como diz Hume, ele esperava "descobrir, pelo menos em parte, as fontes e os princípios secretos que atuam nas operações da mente humana".[45] Ele estava particularmente interessado em estabelecer, de uma vez por todas, os limites da razão humana, delineando os objetos sobre os quais se poderia esperar que a razão humana produzisse conhecimento e aqueles que se situam além de seu alcance. Um dos principais benefícios desse projeto, aos olhos de Hume, é que ele poria fim à "filosofia abstrusa e ao jargão metafísico", libertando a humanidade do fardo de tentar entender obras filosóficas sutis e muitas vezes obscuras.[46] Hume reconhecia que esse projeto requereria um pouco de filosofia sutil e difícil, mas argumentava que "devemos submeter-nos a essa fadiga a fim de viver tranquilos todo o resto do tempo".[47] Como H. O. Mounce coloca, a concepção de Hume é a de que, "a fim de remediar a desordem na filosofia, devemos [...] primeiro considerar aquilo que existe no mundo ao qual estamos ajustados a entender".[48]

Na medida em que Hume leva a cabo sua investigação acerca dos limites da razão, ele descobre algumas sérias lacunas naquilo que a razão pode fazer. Uma das mais famosas dessas lacunas envolve o problema da indução. Tomando emprestado um dos exemplos de Hume: no passado, todo pão que comi me alimentou. Reconhecendo isto, deduzo que todo pão – mesmo o pão que não comi ou ainda nem encontrei – alimenta.[49] Em relação a esse tipo de transição, Hume escreve: "Concederei, se permitires, que uma pro-

---

[45] Ibid., 14.
[46] Ibid., 12.
[47] Ibid.
[48] H. O. Mounce, *Hume's Naturalism* (New York: Routledge, 1999), 15.
[49] Hume, *Enquiries*, 34.

posição pode ser deduzida justificadamente de outra: sei, com efeito, que ela é sempre inferida. Mas se insistes que a inferência é realizada por uma cadeia de raciocínios, desejaria que construas esse raciocínio".[50]

Hume argumenta que, de fato, não existe uma cadeia adequada de raciocínios que pudesse autorizar o tipo de inferência em questão. Ele mostra que "todas as conclusões a partir da experiência supõem, como seu fundamento, que o futuro será semelhante ao passado"; todavia, não existe qualquer bom argumento filosófico que estabeleça essa suposição.[51]

Deixemos de lado a questão de se Hume tem razão acerca desse ponto. O que é importante para nosso propósito é a conclusão adicional de que Hume retira do alegado fracasso da razão para justificar a indução. Poder-se-ia esperar que Hume negasse que o raciocínio indutivo pudesse conduzir ao conhecimento. Mas essa não é a conclusão extraída por Hume. Com efeito, existe já uma sugestão bem clara, na passagem que há pouco citei, de que Hume não extrairia essa conclusão. Nessa passagem, Hume concede que "uma proposição pode ser deduzida justificadamente de outra".[52] Mas a inferência não é realizada por meio de alguma cadeia de raciocínio. Portanto, deve ser realizada de algum outro modo.

A seção que imediatamente segue aquela na qual Hume discute o problema da indução é intitulada "Solução cética dessas dívidas". Nessa seção, Hume extrai precisamente a conclusão que descrevi acima:

> Em todos os raciocínios derivados da experiência, a mente dá um passo sem se apoiar em qualquer argumento ou processo do entendimento [...]. Se a mente não é levada por argumento a dar esse passo, [então] deve ser persuadida por algum outro princípio de igual peso e autoridade.[53]

---

[50] Ibid.

[51] Ibid., 37. Esse ponto deveria soar familiar; recorde-se que Lewis argumentou que podemos conhecer que o futuro será semelhante ao passado somente se conhecermos que o naturalismo é falso.

[52] Ibid.

[53] Ibid., 41.

Hume identifica o "outro" princípio ou faculdade como o "Costume ou Hábito" que ele descreve como "o grande guia da vida humana".[54] Ele expõe a importância do costume na seguinte passagem:

> Sem a influência do costume, seríamos completamente ignorantes de toda questão de fato que está para além daquilo que imediatamente está presente à memória e aos sentidos. Nunca saberíamos como ajustar os meios aos fins e tampouco como empregar nossas faculdades naturais na produção de qualquer efeito. Seria, ao mesmo tempo, o fim de toda ação, bem como da principal parte da especulação.[55]

Essa passagem deixa claro que o costume pode produzir conhecimento.[56] O costume parece ser um instinto ou disposição inato que produz certas crenças sob determinadas circunstâncias. Retornando ao exemplo do pão, quando reflito sobre todos os pães que comi, o costume leva-me (causa-me) a formar a crença de que o futuro será semelhante ao passado e, consequentemente, chego à conclusão de que o pão que comerei no futuro nutrirá a mim da mesma maneira que o pão que já comi. Ou talvez o costume simplesmente me leve (cause) a formar a crença de que todo pão nutre (já que comi muito pão nutritivo).[57]

Crenças produzidas pelo costume podem ser justificadas e, consequentemente, podem ser exemplos de conhecimento, ainda que não sejam alcançadas por meio de qualquer argumento filosófico profundo.[58]

---

[54] Ibid., 43-44.
[55] Ibid., 45.
[56] Em sua obra anterior, *Tratado da Natureza Humana*, Hume reserva o termo "conhecimento" para "relações [...] que [dependem] unicamente de ideias"; David Hume, *A Treatise of Human Nature*, 2ª ed., ed. L. A. Selby-Bigge (Oxford: Oxford University Press, 1978), 70. Crenças formadas com base no raciocínio indutivo não estão nessa categoria e, assim, no sentido estrito, o Hume do *Tratado* não deveria tomá-las como exemplos de conhecimento. Enquanto, no *Tratado*, Hume parece querer contar como conhecimento somente as crenças que são absolutamente certas, além de qualquer dúvida possível, na *Investigação* ele parece empregar o termo "conhecimento" em um senso mais fraco – um sentido mais próximo ao uso corrente, ao uso não filosófico. Assim, quando atribuo a Hume a concepção de que o costume pode produzir conhecimento, estou empregando o termo "conhecimento" no sentido mais fraco.
[57] Cf. Hume, *Enquiries*, 104.
[58] Quando falo de justificação, refiro-me à justificação epistêmica – justificação como algo que transforma a crença verdadeira em conhecimento.

Hume acredita naquilo que os filósofos contemporâneos chamam de *crenças apropriadamente básicas*.[59] Essas são crenças cuja garantia não é derivada de qualquer outra crença. (Crenças não básicas são, pois, aquelas cuja garantia, se alguma, é derivada de outras crenças.) O costume é uma importante fonte de crenças apropriadamente básicas; com efeito, de acordo com Hume, sem o costume, faltar-nos-ia o conhecimento requerido para qualquer tipo de ação.[60]

Assim, Hume não sustenta que *todas* as crenças somente são justificadas na medida em que sejam apoiadas pelo saldo total da evidência disponível. Algumas crenças são apropriadamente básicas. Estamos justificados em aceitar tais crenças mesmo que não tenhamos evidência alguma que as apoie.[61] Isso porque nenhuma evidência é necessária para apoiar essas crenças; tipicamente (mas nem sempre), crenças apropriadamente básicas são simplesmente verdadeiras de modo evidente. Hume parece incluir nessa categoria a proposição de que o futuro será semelhante ao passado.[62] Desse modo, Hume sustenta aquilo que podemos denominar de *evidencialismo qualificado*. Essa é a concepção de que existem algumas crenças apropriadamente básicas que estamos justificados a acreditar mesmo que não tenhamos evidência que as apoiem, embora sempre devamos crer de acordo com a evidência quando se trata de crenças não básicas.

Torna-se claro que Russell e Lewis também sustentam precisamente essa concepção. Escreve Russell:

> Visto que provas precisam de premissas, é impossível provar qualquer coisa a não ser que algumas coisas sejam aceitas sem prova.

---

[59] Cf., por exemplo, Alvin Plantinga, "Reason and Belief in God", in J. Sennett (ed.), *The Analytic Theist: An Alvin Plantinga Reader* (Grand Rapids, MI: Eerdmans, 1998), 102-161.

[60] Assim, Hume sustenta a concepção que H. O. Mounce denomina "naturalismo epistemológico", de acordo com a qual "nosso conhecimento depende do que nos é dado pela natureza" (Mounce, *Hume's Naturalism*, 11).

[61] É importante notar que, embora não exista qualquer evidência que confira justificação a essas crenças, não se segue que *nada* lhes forneça justificação; elas podem ter uma justificação derivada de outra fonte. Para mais sobre isso, cf. Plantinga, "Reason and Belief".

[62] Isso indica o modo como Hume responderia à pergunta do final do capítulo 3: qual é o fundamento de nossa crença de que a natureza é uniforme? A resposta de Hume: é uma crença apropriadamente básica, uma crença que podemos conhecer ainda que não possamos inferir a partir dela outras coisas que conhecemos.

Devemos, portanto, perguntar a nós mesmos: em que tipo de coisa é razoável acreditar sem prova? Eu responderia: os fatos da experiência sensível e os princípios da matemática e da lógica – incluindo a lógica indutiva empregada na ciência. Essas são coisas que dificilmente podemos colocar em dúvida.[63]

E Lewis tem isto a dizer:

Creio que os princípios morais primários, dos quais todos os outros dependem, são percebidos racionalmente. Nós "apenas vemos" que não existe qualquer razão por que a felicidade de meu vizinho deveria ser sacrificada à custa de minha própria, assim como "apenas vemos" que coisas que são iguais à mesma coisa são iguais entre si. Se não podemos provar qualquer axioma, não é porque eles são irracionais, mas porque são autoevidentes e todas as provas deles dependem. Sua racionalidade intrínseca brilha por sua própria luz.[64]

Hume, Lewis e Russell são, portanto, evidencialistas qualificados. Cada um deles sustenta que existem crenças apropriadamente básicas que não precisam de qualquer evidência (embora nem sempre concordem sobre o que são essas crenças). Mas eles acreditam que, quando se trata de crenças que não são básicas, devemos sempre acreditar de acordo com a evidência disponível a nós na ocasião.

Na próxima seção, retornaremos a um tópico que mencionamos brevemente no segundo capítulo: os argumentos do desígnio. Descobriremos, uma vez mais, algumas áreas surpreendentes de acordo entre nossos três pensadores nesse tópico. Também iremos obter algum discernimento em torno das concepções de nossos três pensadores acerca da natureza da verdadeira religião e de como ela difere de seus falsos imitadores. Essa

---

[63] Bertrand Russell, "The Faith of a Rationalist", in Seckel (ed.), *Bertrand Russell on God and Religion*, 88. Cf. também Bertrand Russell, *The Problems of Philosophy* (Oxford: Oxford University Press, 1959), 111-112.

[64] C. S. Lewis, *Miracles: A Preliminary Study* (New York: HarperCollins, 2001), 54. Cf. também C. S. Lewis, "Why I Am Not a Pacifist", in *The Weight of Glory* (New York: HarperCollins, 2001), 66.

distinção entre religião verdadeira e religião falsa (ou corrompida), uma distinção examinada por todos os três filósofos, será o foco da seção final deste capítulo.

3. Desígnio

3.1. Hume sobre o desígnio

Nos *Diálogos sobre a religião natural*, Cleantes oferece a seguinte versão do argumento do desígnio:

> Olhem para o mundo ao redor, contemplem o todo e cada uma de suas partes: vocês irão descobrir que ele nada mais é que uma grande máquina, subdividida em um número infinito de máquinas menores que, por sua vez, admitem novamente subdivisões em um grau que ultrapassa o que os sentidos e as faculdades humanas podem descobrir e explicar. Todas essas diversas máquinas, e mesmo suas partes mais diminutas, ajustam-se umas às outras com uma precisão que arrebata em admiração todos aqueles que alguma vez as contemplaram. A curiosa adaptação dos meios aos fins, ao longo de toda a natureza, assemelha-se exatamente, embora as exceda em muito, às produções do engenho humano – do desígnio, do pensamento, da sabedoria e da inteligência humanas. E uma vez que os efeitos são semelhantes uns aos outros, somos levados a inferir, por meio de todas as regras da analogia, que também as causas são semelhantes, e que o Autor da Natureza é, de algum modo, semelhante à mente humana, embora possuidor de faculdades muito mais amplas, proporcionais à grandeza da obra que realizou. É por meio desse argumento *a posteriori*, e apenas por meio dele, que provamos a existência de uma Divindade e sua similaridade com a mente e a inteligência humanas.[65]

[65] David Hume, *Dialogues Concerning Natural Religion*, 2ª ed. (Indianapolis: Hackett, 1998), 15.

O argumento repousa em dois princípios essenciais. O primeiro é que, "a partir de efeitos semelhantes, inferimos causas semelhantes".[66] De modo mais preciso:

Princípio de Causalidade: o grau em que as *causas* de x e de y são semelhantes entre si é diretamente proporcional ao grau em que *x e y* são semelhantes entre si.

O segundo princípio é como segue:

Princípio de Superioridade: se A é o realizador de x e B é o realizador de y, então A é superior a B no mesmo grau em que x é superior a y.[67]

O argumento de Cleantes pode ser formulado da seguinte maneira:

O argumento do desígnio por Cleantes

1. O universo é (i) bastante semelhante a máquinas que são o resultado da inteligência humana e (ii) muito superior a essas máquinas.
2. Se (1), então a causa do universo é (i) bastante semelhante à inteligência humana e (ii) muito superior à inteligência humana.
3. Portanto, a causa do universo é bastante semelhante à inteligência humana, porém muito superior.

Suponha x = o universo e y = alguma máquina artificial. A primeira premissa nos diz que x e y são bastante semelhantes. Aplicando o Princípio de Causalidade, podemos inferir que a causa do universo é semelhante à inteligência humana (enquanto esta é a causa da máquina artificial). Assim, A = a

[66] Ibid., 18.
[67] Algumas qualificações poderiam ser aqui requeridas; por exemplo, o princípio vale somente quando as criações em questão representam a melhor obra que dois realizadores são capazes. Mas nada do que segue depende desse ponto.

inteligência que projetou o universo e B = a inteligência humana. A primeira premissa nos diz também que o universo é muito superior a qualquer máquina artificial. Aplicando o Princípio de Superioridade, podemos inferir que a inteligência que produziu o universo é muito superior à inteligência humana.

Esse argumento aparece na Parte II dos *Diálogos*. No restante da Parte II, como também nas seis partes subsequentes, o argumento é alvo de uma desconcertante variedade de objeções, a maioria das quais é sugerida por Filo. Não iremos examinar todas essas objeções. A tarefa aqui, mencionada no primeiro capítulo, embora deixada de lado, é difícil: determinar a posição *de Hume* acerca do argumento do desígnio. Começaremos por considerar a primeira crítica de Filo ao argumento de Cleantes, bem como a resposta de Cleantes a essa crítica na Parte III dos *Diálogos*.

A reação imediata de Filo diante do argumento de Cleantes é a de questionar sua primeira premissa. Ele rejeita a afirmação de que existe muita similaridade entre o universo e as máquinas artificiais: "A dessemelhança é tão marcante que o máximo que você pode pretender, nesse caso, é supor, conjeturar ou presumir uma causa semelhante".[68] Filo oferece um argumento, cujos detalhes não nos interessam aqui, contra a similaridade do universo com uma máquina artificial. O que é importante é que Cleantes claramente toma a principal objeção de Filo como dirigida contra a afirmação da similaridade. Isso é evidente a partir da fala de Cleantes no início da Parte III dos *Diálogos*, em que ele observa: "Não é, de modo algum, necessário aos teístas provar a similaridade entre as obras da natureza e as da arte, pois essa similaridade é autoevidente e inegável".[69] Cleantes prossegue essa observação descrevendo dois casos imaginários nos quais se supõe evidente que um desígnio inteligente esteja operando, e argumenta que o desígnio é similarmente evidente no caso do universo atual. Mais uma vez, o detalhamento desses casos não nos interessa aqui. O que nos interessa é um argumento importante e muito discutido que segue imediatamente à apresentação de Cleantes dos

---

[68] Ibid., 16.
[69] Ibid., 23.

dois exemplos. Trata-se do assim denominado "argumento irregular", o qual comparece na seguinte passagem, proferida por Cleantes a Filo: "Considere, analise o olho; examine sua estrutura e seu plano, e diga-me com toda a sinceridade se não lhe ocorre imediatamente, com tanta força como a de uma sensação, a ideia de um planejador. A conclusão mais óbvia, seguramente, é favorável à existência de um desígnio".[70]

A exata natureza e função desse argumento irregular nos *Diálogos* é matéria de certo debate. Alguns comentadores supõem que seja um novo tipo de argumento do desígnio, distinto do argumento anterior de Cleantes na Parte II.[71] Outros sugerem que não se trata, de modo algum, de um argumento, mas simplesmente de um sentimento que, definitivamente, nada acrescenta ao debate.[72] Defendo uma terceira possibilidade: que esse argumento irregular não é um argumento do desígnio completamente novo e distinto, mas antes que ele pretende apoiar o argumento de Cleantes na Parte II. Creio que o argumento irregular tem a intenção de levar Filo a reconhecer que o universo natural (ou pelo menos algumas de suas partes) é obviamente semelhante a uma máquina artificial. O contexto em que Cleantes apresenta o argumento irregular apoia essa interpretação; Cleantes consumiu toda a Parte III em tentar estabelecer a obviedade dessa similaridade. Seria estranho que, repentinamente, no meio do percurso, ele oferecesse um tipo completamente novo de argumento do desígnio.

Se essa interpretação estiver correta, então o que *é* exatamente o argumento irregular? De que modo se supõe que as observações de Cleantes levem Filo a reconhecer a obviedade da similaridade entre o olho humano e as máquinas artificiais? Para responder essa questão, devemos retornar, uma

[70] Ibid., 25.

[71] O'Connor, por exemplo, refere-se ao "segundo argumento do desígnio formulado por Cleantes"; cf. O'Connor, *Hume on Religion*, 77-93. Charles Taliaferro também considera o argumento irregular como um argumento que, diferentemente do argumento anterior de Cleantes, baseia-se em uma inferência para a melhor explicação; cf. Charles Taliaferro, *Evidence and Faith: Philosophy and Religion since the Seventeenth Century* (Cambridge: Cambridge University Press, 2005), 186.

[72] Essa parece ser a posição de Gaskin; cf. J. C. A. Gaskin, *Hume's Philosophy of Religion*, 2ª ed. (Atlantic Highlands, NJ: Humanities Press International, 1988), 51, 129.

vez mais, ao exemplo de Hume sobre o pão que alimenta e suas concepções acerca do costume.

Suponhamos que eu entre esfomeado em um restaurante. Logo após sentar-me, um garçom me traz uma tigela de pão. O pão é de uma variedade que nunca experimentei. Quase que imediatamente, formo a crença de que esse pão me alimentará; com efeito, a crença cai sobre mim com uma força semelhante a da sensação. O que exatamente aconteceu aqui?

Vai aqui uma explicação humeana do que segue desse exemplo. Minha observação do pão aciona a operação de uma série de faculdades cognitivas inatas. Essas faculdades cognitivas operam, em grande medida, fora de minha atenção consciente. O pão sobre a mesa, embora de uma variedade que nunca experimentei, *assemelha-se* aos diversos pães que experimentei. A similaridade é, com efeito, evidente. Essa similaridade é registrada por minhas faculdades cognitivas, ainda que eu não necessariamente forme a crença consciente de que o novo pão assemelha-se ao pão que previamente experimentei. Registrando a similaridade, minhas faculdades cognitivas levam-me a formar a crença de que esse novo pão me alimentará, assim justificando a ocasião para o frenesi, que inevitavelmente se segue, de comer o pão. O costume, que é "o grande guia da vida humana", conduziu-me a um importante conhecimento. O conhecimento de que o pão me alimentará está radicado em sua similaridade com o pão que anteriormente experimentei, mas eu não me ocupei de uma cadeia de raciocínio que se inicia com premissas sobre o pão que anteriormente experimentei e que termina com a conclusão de que esse novo também deveria me alimentar. Com efeito, porquanto sou uma pessoa que raciocina de modo cuidadoso, sou consciente de que não existe essa cadeia adequada de raciocínio; portanto, não fosse pelo costume, eu me encontraria sentado à mesa, desamparado, com o desejo de saber se esse novo pão enfim me alimentará.[74]

[73] Cf. Hume, *Treatise*, 103-104.
[74] Hume, *Enquiries*, 43-44.

O ponto crucial do exemplo é o seguinte: o fato de a crença de que o pão me alimentará tomar-me de assalto com essa força deveria me revelar (se penso sobre isso) que reconheço, pelo menos implicitamente, a forte similaridade entre este novo pão e o pão que previamente experimentei. Dado o modo como minhas faculdades cognitivas operam (quando funcionam corretamente), a crença não deveria ter-me ocorrido com essa força se não houvesse uma forte similaridade entre o pão familiar a mim e o novo pão. Isso porque minhas faculdades não poderiam ter produzido a crença em questão se não tivessem reconhecido a similaridade em questão (assumindo, novamente, que elas estão funcionando corretamente).

Neste ponto, surge uma questão: existe uma profusão de *outras* conclusões que eu poderia ter razoavelmente extraído com base na similaridade. Por que, por exemplo, não me ocorreu a crença de que este pão contém farinha? A resposta humeana, penso, é que, das muitas crenças que *poderiam* ter sido formadas com base na similaridade, a que *é* realmente formada depende de meus interesses na ocasião. No exemplo, eu estava com muita fome, de modo que naturalmente quis saber se o pão iria me nutrir, em vez de quais eram seus ingredientes ou de como foi elaborado.

Com tudo isso em mente, retornemos a Cleantes e Filo. Quando Cleantes pede a Filo para refletir sobre o olho e "examinar sua estrutura", ele assume que essa inspeção acionará as faculdades cognitivas automáticas de Filo para produzir em Filo "a ideia de um planejador".[75] O ponto é conseguir que Filo reconheça que, apesar de seus argumentos filosóficos fantasiosos contra a similaridade do universo com máquinas artificiais, as operações de suas próprias faculdades cognitivas sugerem que ele mesmo reconhece implicitamente a similaridade. Existe, é claro, a possibilidade de que a ideia de um planejador seja um resultado não do funcionamento correto das faculdades cognitivas de Filo, mas antes de algum tipo de erro ou predisposição. Todavia, a presença da ideia de um planejador constitui, de todo modo, um caso *prima facie* para a significativa similaridade entre o universo e as máquinas artificiais. Desse modo, o

[75] Hume, *Dialogues*, 25.

ceticismo excessivo de Filo é desafiado pelo costume. O argumento irregular, portanto, não é um argumento no sentido tradicional. Ele não é uma cadeia de proposições, as quais mantêm entre si determinadas relações lógicas a fim de fornecer apoio a uma conclusão. Em vez disso, trata-se de uma experiência de pensamento posta por Cleantes a fim de levar Filo a reconhecer que ele implicitamente aceita a própria similaridade que ele anteriormente negou.

Após apresentar esse argumento irregular, Cleantes afirma:

> Algumas vezes acontece, devo admitir, que os argumentos religiosos não exercem a devida influência sobre um selvagem ignorante e bárbaro; não porque esses argumentos sejam obscuros e difíceis, mas porque o selvagem jamais se faz qualquer pergunta sobre eles. De onde provém a peculiar estrutura de um animal? Da copulação de seus pais? E estes, de onde provêm? De *seus* pais? Alguns poucos passos levam as coisas a essa distância que desaparecem, para ele, em obscuridade e confusão, e tampouco lhe despertam a curiosidade de seguir seu rastro.[76]

Nossas faculdades cognitivas inatas estão, contínua e calmamente, olhando ao redor, registrando as incontáveis semelhanças e diferenças entre os diversos objetos que encontramos. As semelhanças e as diferenças que essas faculdades registram fornecem os materiais para incontáveis *bits* de conhecimento, materiais cuja maior parte nunca iremos adquirir. Quais *bits* de conhecimento nós adquirimos em algum dado momento são determinados, em grande medida, por nossas preocupações nessa ocasião. O selvagem ignorante não consegue formar a crença de que o olho é um produto de desígnio inteligente pela mesma razão de eu não conseguir formar a crença de que o pão diante de mim contém farinha.[77] Eu não

---

[76] Ibid., 26. Hume faz observações bem parecidas (em sua própria formulação) em *A História Natural da Religião*. Cf. David Hume, *Dialogues and Natural History of Religion*, ed. J. C. A. Gaskin (Oxford: Oxford University Press, 1993), 137.

[77] Tanto Gaskin como O'Connor argumentam que, na concepção de Hume, a crença em Deus não é o que Gaskin denomina de uma "crença natural". Ambos argumentam que a crença em Deus não satisfez um das condições que se requer para uma crença natural: que seja universalmente aceita (cf. Gaskin, *Hume's Philosophy of Religion*, 122-123; e O'Connor, *Hume on Religion*, 92). A passagem que acabei de citar sugere a *explicação* de Hume de por que a crença em Deus não satisfaz essa exigência de universalidade.

estou interessado nos ingredientes do pão; o selvagem não está interessado na origem do olho. Filo, entretanto, é diferente. Por um lado, ele está no meio de uma discussão acerca da origem última do universo. Por outro, ele possui, de acordo com Cleantes, uma "disposição investigativa e perquiridora".[78] Desse modo, Cleantes é confiante de que pode contar com as faculdades cognitivas de Filo para produzir a ideia de um planejador, forçando assim Filo a reconhecer a similaridade entre o olho e as máquinas artificiais. E, como a única objeção de Filo ao argumento de Cleantes nesse momento é dirigida contra a similaridade, logo que Filo reconhece a similaridade, ele nada terá a dizer em oposição ao argumento original de Cleantes. Ele deveria ter ficado mudo – pelo menos temporariamente.

E isso é exatamente o que acontece. Quando Cleantes para de falar, Panfilo (que, lembre-se, reconta a Hérmipo toda a discussão que envolve Cleantes, Filo e Demea) observa que Filo está "um pouco embaraçado e confuso".[79] Esse é um desenvolvimento significativo; como as "William Sessions" sugerem, "esse é um daqueles raros momentos de ação (registrada) nos *Diálogos*, e estamos obrigados a tomá-lo seriamente".[80] Minha teoria sobre a causa do silêncio de Filo é que Filo realmente levou a cabo a experiência de pensamento que Cleantes lhe solicitou. Filo refletiu acerca do olho, e a ideia de um planejador lhe ocorreu com certa força. Cleantes teve êxito em forçar Filo a reconhecer a similaridade entre "as obras da natureza" e "aquelas da arte".[81] Hume deixou Filo em um silêncio embaraçado nesse momento para sinalizar que Cleantes alcançou uma vitória. Essa é uma boa evidência, penso, de que o próprio Hume, pelo menos em certa medida, é simpático à asserção de similaridade feita por Cleantes.

Essa é apenas uma das peças do quebra-cabeça que constitui os *Diálogos*. A fim de determinar o veredicto último de Hume em relação ao argumento do desígnio elaborado por Cleantes, devemos examinar algumas outras se-

---

[78] Hume, *Dialogues*, 26.
[79] Ibid.
[80] William Lad Sessions, *Reading Hume's Dialogues: A Veneration for True Religion* (Bloomington: Indiana University Press, 2002), 83.
[81] Hume, *Dialogues*, 23.

ções dos *Diálogos*, em especial a última parte, a Parte XII. Antes de considerarmos a própria Parte XII, algumas informações gerais serão úteis.

Ao longo das Partes II a VIII, Filo apresenta uma série desconcertante de possíveis explicações alternativas para o universo natural – alternativas em relação à hipótese do planejador inteligente defendida por Cleantes. Entre essas hipóteses estão: (i) que o mundo é um corpo animal, e Deus, sua alma (em vez de seu planejador); (ii) que o mundo é um tipo de vegetal e, consequentemente, foi produzido por "vegetação" (crescimento?), antes que por meio de um desígnio inteligente; e (iii) que o universo contém um número finito de átomos que se movem ao acaso e que a configuração presente originou-se por meio do acaso.[82] No final da Parte VIII, Filo oferece o seguinte veredicto sobre os vários "sistemas religiosos" considerados:

> Todos os sistemas religiosos [...] estão sujeitos a grandes e insuperáveis dificuldades. Cada um dos disputadores, por sua vez, experimenta o triunfo, empenhando-se na ofensiva e denunciando os absurdos, as barbaridades e as opiniões perniciosas de seu antagonista. Mas todos eles, em conjunto, preparam um triunfo completo para o cético, que lhes diz que nenhum sistema deve ser adotado em relação a esses tópicos [...]. Uma completa suspensão do juízo é aqui nosso único recurso razoável.[83]

Ao longo de várias passagens dos *Diálogos*, Cleantes argumenta a favor do *antropomorfismo*, a concepção de que o universo é o produto de uma Mente divina que é tanto significativamente similar quanto compreensível à mente humana. Demea argumenta a favor do *misticismo*, a concepção de que o universo é o produto de uma Mente divina perfeita e infinita que está completamente além da compreensão da razão humana. E Filo, por sua vez, segue um tipo de *ceticismo*, de acordo com o qual a razão humana é incapaz de adquirir qualquer conhecimento determinado sobre a causa (ou causas) do universo.

---

[82] Cf. Partes VI, VII e VIII, respectivamente.
[83] Ibid., 53.

No final da Parte XI, Demea fica escandalizado pela sugestão de Filo de que, à luz da mistura de bem e de mal no universo, a hipótese mais provável é que a causa do universo seja moralmente indiferente (e, consequentemente, não seria perfeitamente boa, como Demea e o cristianismo tradicional a consideram). Demea abandona abruptamente a discussão, deixando que Cleantes e Filo a encerrem. A primeira fala de Filo na Parte XII contém, de modo aparentemente surpreendente, a seguinte reversão de sua posição inicial de ceticismo:

> Você, Cleantes, com quem convivo em uma intimidade sem reservas, bem sabe que, apesar da liberdade que tomo nas discussões e de minha afeição por argumentos inusitados, ninguém tem um sentimento religioso mais profundamente inscrito em sua mente, nem dedica uma adoração mais profunda ao Ser Divino, tal como ele se revela à razão por meio do inexplicável plano e artifício da natureza. O pensador mais desatento, o mais estúpido, depara-se em toda parte com um propósito, uma intenção, um desígnio; e isso não pode ser sempre rejeitado, mesmo pelos mais obstinados em sistemas absurdos.[84]

A essa aparente revelação inesperada de que Filo aceita, de fato, a posição básica de Cleantes, segue, um pouco depois, uma fala em que Filo essencialmente reafirma e endossa o argumento original do desígnio formulado por Cleantes na Parte II dos *Diálogos*.[85]

O que devemos fazer da aparente manifestação do verdadeiro matiz antropomórfico de Filo? Essa reversão é um dos obstáculos centrais para se discernir as concepções de Hume nos *Diálogos*. Em sua introdução aos *Diálogos*, J. C. A. Gaskin relata o comentário de um colega que havia lido recentemente a obra pela primeira vez: "Em que o desconcertado colega realmente *acredita*, enfim?".[86] Muitos comentadores concordam que a retirada de Demea imediatamente antes da aparente reversão de Filo é significativa, mas discordam sobre o que isso exa-

---

84 Ibid., 77.
85 Ibid., 79.
86 Gaskin in Hume, *Natural History*, xxiii.

tamente significa. David O'Connor sugere que a fala de Filo no começo da Parte XII é "menos sobre a verdade e a falsidade da hipótese do desígnio que sobre o restabelecimento de uma atmosfera amigável e social", e observa que os dois "parecem estar agindo de um modo que é bastante comum entre amigos [...] quando uma conversação torna-se muito inflamada".[87] Na visão de O'Connor, a amizade que existe entre Filo e Cleantes nos dá razão para duvidar sobre a sinceridade da adoção abrupta de Filo às concepções de Cleantes.

As "William Sessions" assume uma posição um pouco diferente:

> Até a presença de Demea [...] não podemos tomar seus argumentos como carregando as verdadeiras concepções de Filo, nem suas conclusões (principalmente negativas) ou sua disposição (de modo geral, cética). Assim, em particular, os detalhes do começo controversial das objeções e chicanas de Filo, nas Partes II a XI, contra o argumento do desígnio formulado por Cleantes, devem ser considerados com certo cuidado; não representam necessariamente as verdadeiras concepções próprias de Filo [...]. Filo somente pode falar abertamente quando, na Parte XII, está sozinho em uma conversação não combativa com seu velho amigo Cleantes.[88]

Ora, tal é o jeito da filosofia. Isso está bastante claro: a partida de Demea e a amizade entre Cleantes e Filo, por si mesmas, não nos dizem se a reversão de Filo é sincera. Devemos procurar outras pistas acerca da real concepção de Filo.

O'Connor e as "William Sessions" concordam que a reversão de Filo, sincera ou não, é seguida por uma série de qualificações que enfraquecem grandemente sua aparente e completa aceitação inicial do antropomorfismo de Cleantes. Muito desse "esvaziamento" do antropomorfismo de Cleantes ocorre em uma longa fala de Filo na qual este argumenta que o debate entre teístas e ateus é uma disputa puramente verbal.[89] Filo afirma que teístas e ateus concordam que a causa do universo assemelha-se, em certa medida, à mente

[87] O'Connor, *Hume on Religion*, 195.

[88] Sessions, *Reading Hume's Dialogues*, 185.

[89] "Esvaziamento" ["*Hollowing out*"] é tomado de O'Connor; cf. O'Connor, *Hume on Religion*, 197.

humana, mas discordam sobre o *quão forte* é essa semelhança.[90] Ele afirma que teístas e ateus honestos, de um lado e de outro, irão fazer certas concessões. O teísta deveria admitir, por sua vez, que "existe uma grande e imensurável, porquanto incompreensível, diferença entre a mente *humana* e a mente *divina*".[91] O ateu, por sua vez, deveria reconhecer que existe "certo grau de analogia entre todas as operações da natureza [...], seja o apodrecimento de um legume, a geração de um animal e a estrutura do pensamento humano".[92] Desde que todos os processos naturais se assemelham entre si em *alguma* medida, o ateu deveria fazer a concessão adicional de que é provável que "o princípio que inicialmente produziu essa ordem e que continua a mantê-la neste universo carrega [...] alguma remota e inconcebível analogia com outras operações da natureza e, de resto, com a economia da mente e do pensamento humanos".[93]

As concessões que Filo descreve revelariam uma posição que é mais próxima ao ceticismo original de Filo do que ao antropomorfismo de Cleantes. A posição de transigência inclui as seguintes afirmações: (i) que a diferença entre a mente divina e a mente humana é *incompreensível* e (ii) que a semelhança entre a mente humana e a mente divina, enquanto existente, é *inconcebível.* Filo também insiste em que os atributos morais da mente divina são totalmente diferentes das virtudes da benevolência e da justiça, na medida em que os seres humanos entendem essas virtudes:

> Devo reconhecer também, Cleantes, que, assim como as obras da Natureza mantêm uma analogia muito maior com efeitos de *nossa* arte e engenho do que com os de *nossa* benevolência e justiça, temos razão para inferir que os atributos naturais da Divindade possuem uma maior semelhança em relação aos atributos naturais dos homens do que sua moral em relação às virtudes humanas.[94]

---

[90] Hume, *Dialogues*, 80-81. Irei ignorar a questão de se o desacordo que Filo descreve é propriamente caracterizado como um desacordo puramente verbal.

[91] Ibid., 80.

[92] Ibid., 81. Aqui vemos Filo fazendo explícita alusão a duas de suas alternativas inicias à hipótese do desígnio.

[93] Ibid.

[94] Ibid. Isso está em contraste direto com a insistência de Lewis de que a bondade de Deus não pode ser inteiramente diferente da bondade humana.

Filo está aqui fazendo alusão a sua apresentação anterior acerca do problema do sofrimento nas Partes X e XI. Durante essa discussão, Filo estava completamente seguro de que a presença do sofrimento no universo impede qualquer inferência de um Planejador justo e benevolente a partir da ordem estabelecida no universo: "Encontro-me aqui, Cleantes, à vontade em meu argumento. Aqui, eu triunfo".[95] As últimas observações de Filo durante o "esvaziamento" de sua concessão a Cleantes indicam que ele mantém sua anterior declaração de vitória. O esvaziamento culmina, quase no final da Parte XII (e do próprio *Diálogos*), com a sugestão de Filo de que "toda a teologia natural [...] resume-se em uma simples proposição, *que a causa ou as causas da ordem no universo provavelmente guardam alguma remota analogia com a inteligência humana*", e que essa proposição "não é capaz de extensão, variação ou, de modo mais particular, de explicação".[96]

A evidência adicional de que a posição de transigência é mais próxima ao ceticismo original de Filo do que ao antropomorfismo de Cleantes pode ser vista na reflexão da seguinte questão: suponha que o ceticismo sobre a religião natural (como expresso pelas observações de Filo no final da Parte VIII) fosse verdadeiro; quais as implicações *práticas* que a religião natural deveria ter em relação ao modo como deveríamos viver? A resposta é clara: essencialmente nenhuma, além talvez de que não deveríamos tentar utilizar a razão humana para entender Deus. De acordo com Filo, a posição de transigência possui exatamente a mesma falta de relevância prática. Ele sugere que ela "não pode dar lugar a qualquer inferência que afeta a vida humana, nem pode ser a fonte de qualquer ação ou abstenção".[97]

Considerando tudo isso, penso que o seguinte argumento captura a posição final de Filo:

[95] Ibid., 66.
[96] Ibid., 88.
[97] Ibid.

O argumento do desígnio "esvaziado" por Filo

1. O universo é (i) um tanto similar a máquinas que são o resultado da inteligência humana e (ii) contém muito sofrimento.

2. Se (1), então a causa do universo é (i) um tanto similar à inteligência humana, mas (ii) não benevolentes ou justas no mesmo sentido em que seres humanos são justos e benevolentes.

3. Portanto, a causa do universo é um tanto similar à inteligência humana, mas não benevolentes ou justas no mesmo sentido em que seres humanos são justos e benevolentes.[98]

A conclusão desse argumento é vaga. Isso é intencional; Filo observa que a conclusão sugerida pela teologia natural é "um tanto ambígua".[99]

O propósito dessa discussão tem sido o de determinar a natureza das concepções próprias de Hume sobre o argumento do desígnio. Creio que as concepções próprias de Hume não se equiparam perfeitamente às concepções de algum dos personagens dos *Diálogos*. No primeiro capítulo, mencionei que Hume trabalhou nos *Diálogos* por aproximadamente trinta anos. Penso que os *Diálogos* constituem a tentativa de Hume para elaborar as implicações de três ideias.

A primeira dessas implicações é a de que o delineamento dos limites da razão humana é importante. Como vimos anteriormente neste capítulo, encontrar os limites da razão humana constituía um dos objetivos centrais

---

[98] Jerry Will tem feito a interessante sugestão de que, se também incluirmos, nos dados sob consideração, a natureza moral dos seres humanos de acordo com o descrito por Hume, a conclusão apropriada a extrair é que a causa do universo é realmente mal (porque ela nos constrói de tal modo a nos preocuparmos profundamente com a felicidade humana, enquanto a própria causa não se preocupa absolutamente com a felicidade humana). Para esse argumento, cf. Jerry Walls, "Hume on Divine Amorality", *Religious Studies* 26 (June 1990), 257-266. A conclusão final de Walls é que "o único tipo de Deus que podemos plausivelmente acreditar é em um Deus perfeitamente bom" (ibid., 265), mas essa conclusão repousa em um tipo de argumento moral que, até onde posso dizer, torna o argumento humeano completamente supérfluo. Uma vez que nossa preocupação aqui é com a posição real de Hume, não irei considerar em detalhes o argumento de Walls.

[99] Hume, *Dialogues*, 88.

de Hume. Nessa mesma discussão, salientei que Hume estava interessado em acabar com a má filosofia, cuja maior parte ele pensava ser produzida por pensadores que tentavam levar a razão humana para além de seus limites. Hume era particularmente cético em relação à ideia de que a razão humana pode ser empregada para determinar muitas das questões sobre a existência e a natureza de Deus. Nos *Diálogos*, Filo conduz o ceticismo sobre a religião natural ao extremo. O personagem de Filo fornece a Hume uma oportunidade para desenvolver os melhores argumentos que ele poderia ter desenvolvido a favor do ceticismo em torno da religião natural.

Todavia, Hume também estava profundamente ciente, penso, do fato de que o universo certamente *parece* ser um produto de desígnio inteligente. Hume sentia muito fortemente a naturalidade dessa concepção. No primeiro parágrafo de *A História Natural da Religião*, ele observa que "todo o plano da natureza anuncia um autor inteligente".[100] Ele faz afirmações semelhantes não menos que nove vezes ao longo da mesma obra.[101] E vimos anteriormente que Hume fez com que o cético Filo ficasse temporariamente atônito diante da aparente obviedade do desígnio. O personagem de Cleantes fornece a Hume uma oportunidade para desenvolver o melhor argumento do desígnio que ele poderia ter desenvolvido e avaliá-lo.

Finalmente, Hume sentiu a força do problema do mal, em particular do mal na forma do sofrimento. Na *História Natural*, Hume nos diz que, "para bons raciocinadores", os males inesperados "constituem as principais dificuldades em admitir uma inteligência suprema".[102] Vimos, no primeiro capítulo, que duas das doze seções dos *Diálogos* são dedicadas ao problema do mal, e indiquei na presente seção que Filo concebe o sofrimento no mundo como a base de sua mais forte crítica ao argumento do desígnio formulado por Cleantes. O personagem de Filo (e, em menor extensão, Demea) fornece a Hume a oportunidade de examinar as implicações que o sofrimento tem para a religião natural.

---

[100] Hume, *Natural History*, 134.
[101] Ibid., 136, 138, 142, 150, 153, 154, 155, 159, 183.
[102] Ibid., 153.

A influência dessas três ideias (ceticismo, desígnio e sofrimento) é evidente na posição de transigência descrita por Filo na seção final dos *Diálogos*. O ceticismo se manifesta na falta de certeza e na natureza minimalista dessa posição. O desígnio se manifesta no fato de que a transigência inclui a noção de que a causa do universo é algo semelhante à mente humana. E o problema do mal se manifesta no fato de que, de acordo com a posição de transigência, os atributos morais da causa do universo são, de todos seus atributos, os menos compreensíveis a nós. Com efeito, pode existir um Deus com uma natureza muito mais rica e determinada que a causa indeterminada do universo retratada pela posição de transigência, mas a natureza de tal Deus encontra-se além do alcance da razão humana. De acordo com Susan Neiman, "era a razão, não Deus, o alvo principal da obra de Hume".[103]

Assim, creio finalmente que a melhor suposição acerca das concepções próprias de Hume sobre o argumento do desígnio é a de que elas são capturadas pela posição de transigência de Filo. Essa posição representa a culminação dos esforços de Hume para desenvolver as implicações do ceticismo, do desígnio e do mal. Com efeito, existe razão para crer que Hume, de modo intermitente ao longo de toda a sua vida adulta, lutou com essas questões. Em uma carta escrita em 10 de março de 1751, Hume relata que ele destruiu recentemente um manuscrito sobre religião natural que escrevera antes dos vinte anos de idade. Ele descreve assim o manuscrito destruído:

> Começa com uma Procura ansiosa por Argumentos, a fim de confirmar a Opinião comum; Dúvidas nele insinuadas, dissipadas e que reaparecem são novamente dissipadas, e novamente reaparecem; e era uma luta perpétua de uma Imaginação inquieta contra uma Inclinação, talvez contra a Razão.[104]

---

[103] Susan Neiman, *Evil in Modern Thought: An Alternative History of Philosophy* (Princeton, NJ: Princeton University Press, 2002), 167.
[104] Hume, *Natural History*, 25.

Essa mesma "luta perpétua" continua nos *Diálogos*, e a posição final de transigência por parte de Filo, na última parte da obra, indica que Hume sempre possuiu uma clara e decisiva resolução de combate.[105]

3.2. Lewis sobre o desígnio

Consideramos anteriormente, no segundo capítulo, a concepção de Lewis acerca do argumento do desígnio, de modo que precisamos apenas recordar aqui essa concepção. A posição de Lewis sobre o argumento do desígnio pode ser apreendida por meio da avaliação de Filo, na Parte XI dos *Diálogos* de Hume, de que, "por mais consistente que o mundo possa ser com a ideia dessa Divindade, concedendo certas suposições e conjeturas, isso jamais nos pode proporcionar uma inferência acerca da existência dessa Divindade".[106] Em *Mero Cristianismo*, Lewis diz que, se tivéssemos de basear nosso conhecimento sobre a natureza de Deus exclusivamente sobre aquilo que conhecemos do universo físico observável, "deveríamos concluir que Ele é um grande artista (pois o universo é um lugar muito bonito), mas também que Ele é bastante impiedoso e que não é amigo do homem (pois o universo é um lugar muito perigoso e apavorante)".[107]

Considere a seguinte proposição:

> O Condicional de Hume: Se todo o nosso conhecimento de Deus deve basear-se inteiramente no universo físico observável, então nós não podemos conhecer que Deus é onipotente, onisciente e perfeitamente bom.

---

[105] O'Connor alcança uma conclusão até certo ponto semelhante, apesar de abordar apenas duas das três ideias que identifiquei (ceticismo e desígnio) e sugerir que Hume talvez nunca tenha alcançado uma posição estabelecida, mas, antes, que ele era "genuinamente de duas mentes, que se inclinava, ao mesmo tempo, para dois caminhos contrários" (O'Connor, *Hume on Religion*, 218). Para uma interpretação um pouco diferente, cf. Terence Penelhum, "Natural Belief and Religious Belief in Hume's Philosophy" e "Religion in the *Enquiry* and After", ambos em *Themes in Hume: The Self the Will, Religion* (Oxford: Oxford University Press, 2000), 204-243. No final do último ensaio, Penelhum conclui que Hume era provavelmente um "ateu reservado" (242).

[106] Hume, *Dialogues*, 69.

[107] Lewis, *Mere Christianity*, 29.

Lewis e Hume, ambos, aceitam esse condicional. Hume também afirma o antecedente do condicional e, consequentemente, sustenta que nós não podemos conhecer que Deus é onipotente, onisciente e perfeitamente bom. Lewis, de outro lado, rejeita o antecedente. Sua defesa da existência de um Deus bom não repousa no universo físico observável, mas antes na natureza humana. Para Hume, o argumento do desígnio repousa no coração mesmo da religião natural. Para Lewis, o argumento é um arenque vermelho.

3.3. Russell sobre o desígnio

Russell também endossa o condicional de Hume. Além disso, pelo menos em algumas passagens, ele parece apoiar o condicional pelo mesmo raciocínio de Filo e de Lewis: "Se pretenderdes julgar o Criador pela criação, devereis também supor que Deus é parcialmente bom e parcialmente mal, que Ele gosta de poesia, de música, de arte, e que Ele também gosta de guerra e massacres".[108] Russell gostava de sugerir que um Deus perfeito poderia (e deveria) ter feito um universo muito melhor do que aquele em que nos encontramos:

> Quando você examina esse argumento do desígnio, a coisa mais surpreendente é que pessoas podem acreditar que este mundo, com todas as coisas que estão nele, com todos os seus defeitos, deveria ser o melhor que a onipotência e a onisciência teriam sido capaz de produzir em milhões de anos. Eu não posso, realmente, acreditar nisso.[109]

Em diferentes momentos de sua vida, Russell sustentou diferentes concepções sobre se o mal que encontramos no universo seria consistente com a existência de um Deus onipotente, onisciente e perfeitamente bom. Em 1939, ele escreveu que a existência desse tipo de Deus "pode ser atualmente

---

[108] Russell, "Existence and Nature", 98.

[109] Russell, "Not a Christian", 82. Russell fez, doze anos depois, observações semelhantes; cf. Russell, "Existence and Nature", 94.

refutada", e a base da prova parece ser a existência do mal.[110] Em 1944, ele concedeu que a criação, por um Deus onipotente, onisciente e perfeitamente bom, de um universo que contém algum mal, "é logicamente possível".[111] Contudo, ele nunca oscilou em seu endosso da tese de que argumentos a partir do desígnio não podem, por si mesmos, estabelecer a existência do Deus tradicional do cristianismo. Como Hume e Lewis, Russell viu o mal no universo como um dos principais obstáculos para esses argumentos.

Muitos aludem à teoria evolucionista de Darwin como constituindo uma punhalada no coração do argumento do desígnio, e Russell, em algumas passagens, endossa essa concepção. Por exemplo, em "Por que eu não sou cristão", ele escreve:

> Desde o tempo de Darwin, compreendemos muito melhor por que os seres vivos estão adaptados ao ambiente em que vivem. Não é que seu ambiente foi a eles se ajustando, mas eles sim foram se ajustando ao ambiente, e isso é o que constitui a base da adaptação. Nisso, não existe evidência alguma de desígnio.[112]

Na medida em que a teoria da evolução é plausível, ela traz dificuldade para certas versões do argumento do desígnio. Todavia, existem outras versões que a teoria não toca. Por exemplo, o argumento do desígnio de Cleantes, na Parte II dos *Diálogos* de Hume, não é atingido pela teoria da evolução. Isso porque esse argumento baseia-se na similaridade entre o universo todo e as máquinas artificiais. A teoria da evolução não explica (nem pretende explicar) toda a ordem no universo; ela apenas pretende explicar de que modo todas as espécies atualmente existentes podem ter surgido a partir de um único organismo simples, e talvez por que todas as espécies atualmente existentes estão tão bem ajustadas aos ambientes em que vivem. Mas existem outras características do universo acerca das quais a teoria simples-

[110] Ibid., 96.
[111] Russell, "Free Thought", 257.
[112] Russell, "Not a Christian", 81.

mente não tem nada a dizer. Por exemplo, argumentos contemporâneos de sintonia-fina tomam como ponto de partida a observação de que os valores das constantes nas leis fundamentais da física caem todos na minúscula gama requerida para a vida surgir, mesmo que aí possa existir uma enorme gama de possíveis valores que essas constantes poderiam ter assumido.[113] A teoria da evolução não fornece uma explicação para essas "coincidências antrópicas".

Posteriormente, Russell conduziu um tipo diferente de objeção, que se dirigia à onipotência:

> O desígnio implica a necessidade do uso de meios, os quais não existem para a onipotência. Quando desejarmos uma casa, temos de construí-la por meio do trabalho, mas o gênio Aladin poderia causar a existência de um palácio por meio de magia. O longo processo de evolução poderia ser necessário a um Artífice divino que já encontrasse a matéria em existência e que tivesse de lutar para trazer a ordem a partir do caos. Mas para o Deus do Gênesis e da teologia ortodoxa não foi preciso qualquer processo laborioso.[114]

É provável que Russell tenha obtido essa objeção de John Stuart Mill, que foi padrinho de Russell. Na Parte II de seu ensaio "Teísmo", Mill escreve:

> Não é muito dizer que toda indicação de Desígnio no Cosmos constitui bastante evidência contra a Onipotência do Planejador. Pois o que pretende o Desígnio? Disposição: a adaptação de meios a fins. Mas a necessidade para a disposição – a necessidade de empregar meios – é uma consequência da limitação de poder [...]. Um homem não usa uma maquinaria para mover seus braços. Se ele assim o fizesse, isso seria somente quando a paralisia o tivesse privado do poder de movê-los por meio da volição [...]. Portanto, as evidências da Teologia Natural sugerem distintamente que o autor do Cosmos trabalhou sob limitações.[115]

---

[113] Cf., por exemplo, Peter van Inwagen, *Metaphysics* (Boulder, CO: Westview Press, 1993), 132-148.

[114] Russell, "Free Thought", 258.

[115] John Stuart Mill, "Theism", in *Three Essays on Religion* (Amherst, NY: Prometheus Books, 1998), 176-177.

Essa é uma tentativa engenhosa para virar de ponta-cabeça o argumento do desígnio. A ideia é que as mesmas características do universo que sugerem a existência de um planejador inteligente também sugerem que o planejador não é onipotente. A presença de meios a fins na natureza indica um desígnio inteligente, mas o uso de meios para alcançar fins indica, ao mesmo tempo, uma falta de poder no planejador. Um planejador onipotente deveria simplesmente produzir diretamente seus fins, sem utilizar quaisquer meios, como no exemplo de Mill sobre o movimento dos braços e o exemplo de Russell da construção de uma casa. A implicação é que um plano produzido por um planejador onipotente seria destituído de qualquer indicação de que tenha sido projetado.

O argumento repousa no seguinte princípio:

> O Princípio de Mill: O uso de meios para alcançar um fim sempre indica uma falta de poder em quem emprega os meios.

Esse princípio é falso por pelo menos duas razões. Primeiro, existe a simples questão de que um fim é uma meta, e é possível de se ter como meta a consecução de um fim particular *por um meio particular*. Por exemplo, é perfeitamente concebível alguém ter como meta o movimento de seu braço *por meio do emprego de dispositivos complicados*. Poder-se-ia ter isso como meta, mesmo que esse alguém fosse capaz de movimentar seu braço de uma maneira mais direta e usual. Uma inabilidade para mover diretamente o braço é *uma* razão possível para alguém empregar uma maquinaria complicada a fim de efetuar o movimento, mas não é a *única* razão possível. Aplicando esse ponto às primeiras observações de Russell, podemos dizer que, embora não tenha sido necessário, para o Deus do cristianismo tradicional, utilizar a evolução para criar seres humanos, é possível que o objetivo de Deus não fosse meramente que existissem seres humanos, mas que os seres humanos viessem a existir por meio da evolução.

Uma segunda razão da falsidade do princípio é que alguns fins são impossíveis de serem atingidos diretamente. Recorde-se a concepção de Lewis (discutida no primeiro capítulo) de que a onipotência não inclui a habilidade para fazer absolutamente qualquer coisa. Algumas coisas são simplesmente impossíveis (na terminologia de Lewis, são "intrinsecamente impossíveis").[116] Se existem fins tais que sua realização direta é intrinsecamente impossível, então o fato de que um determinado ser emprega um meio para alcançá-los não implica uma falta de poder nesse ser. Lewis fornece um exemplo plausível desse fim. No primeiro capítulo, consideramos também a ideia de Lewis de que um dos principais objetivos de Deus em relação à humanidade é que os seres humanos venham a amá-lo *livremente*. Por causa da natureza da livre vontade, esse não é um objetivo que pode ser produzido diretamente por Deus. Esse objetivo somente pode ser alcançado por meios um tanto indiretos (recorde-se a observação de Screwtape de que "Deus não pode encantar. Ele pode somente persuadir").[117] Assim, o princípio de Mill é falso, e o argumento de Russell, inspirado por Mill, fracassa.

Encontramos também em Russell outro modo de argumentar em defesa do condicional de Hume. Deve-se distinguir cuidadosamente esse argumento da abordagem assumida por Filo na Parte XII dos *Diálogos* e por Lewis em *Mero Cristianismo*. Eles argumentam que, se todo o nosso conhecimento de Deus deve basear-se inteiramente no universo físico observável, então devemos concluir que Deus não é perfeitamente bom. O condicional de Hume segue imediatamente dessa asserção. Outra estratégia, entretanto, é a de argumentar que existem muitas hipóteses sobre a natureza do Planejador que explicam igualmente bem o universo físico observável. Se tudo o que temos é o universo físico observável, não existe qualquer razão para favorecer alguma dessas hipóteses em detrimento de outras. Isso também conduz ao condicional de Hume. Russell apresenta o argumento do seguinte modo:

> Parecia [...] não existir qualquer evidência de que o curso dos eventos teria sido planejado por uma Divindade onipotente ou por uma não onipotente; também não existe evidência de que ele não tenha sido planejado. Tampouco, se existir uma Divindade, existe qualquer evidência

[116] Lewis, *Problem of Pain*, 18.
[117] Lewis, *Screwtape Letters*, letter VIII, 41.

> quanto a seus atributos morais. Ela pode estar a fazer o seu melhor, sujeita a dificuldades; Ela pode estar a fazer o seu pior, e ser incapaz de impedir a emergência acidental de uma migalha de bem de vez em quando. Ou, ainda, seus propósitos podem ser puramente estéticos; Ele pode não estar preocupado se suas criaturas são felizes ou infelizes, mas somente se elas proporcionam um espetáculo prazeroso. Todas essas hipóteses são igualmente prováveis, no sentido de que não existe um fragmento de evidência a elas favorável ou adverso. [...] Das possíveis hipóteses, não existe qualquer fim, mas, na ausência de evidência, não temos direito algum de nos inclinar em direção àquelas que nos acontece de encontrarmos agradável.[118]

Com um pouco de imaginação, não é difícil acrescentar hipóteses àquelas que Russell enumera. O ensaio de Russsell, "A Free Man's Worship", de 1903, abre com um Criador que cria nosso universo simplesmente para o espetáculo e o drama de todas elas.[119] Hume também entra em cena, deixando sua imaginação correr imoderadamente através das especulações de Filo:

> Este mundo, por tudo o que se conhece [...], é apenas o primeiro rude esboço de alguma divindade pueril que o abandonou a seguir, envergonhada de sua desastrada realização. É meramente o trabalho de alguma divindade inferior e subalterna, e constitui motivo de chacota para seus superiores. É o produto da velhice e senilidade de alguma divindade decrépita e está, desde sua morte, entregue ao próprio destino, movendo-se pelo primeiro impulso e força ativa que dela recebeu [...].[120]

A ficção científica traz uma abundância de hipóteses adicionais. Em *The Sirens of Titan*, de Kurt Vonnegut, a Terra e toda a vida sobre ela existe inteiramente para a fabricação de uma peça de reposição para uma espaçonave interestelar que se encontra encalhada.[121] No quarto livro da série *Hitchhiker's*

---

118 Russell, "Free Thought", 261.
119 Bertrand Russell, "A Free Man's Worship", in *Not a Christian*, 105-106.
120 Hume, *Dialogues*, 37-38.
121 Kurt Vonnegut, *The Sirens of Titan* (New York: Dell Publishing, 1998).

Guide to the Galaxy, de Douglas Adam, a mensagem final de Deus para Sua Criação se revela: "Apologizamos por inconveniência".[122]

Lewis, Hume e Russell, todos eles identificam uma fraqueza fundamental comum a todos os argumentos do desígnio: o mais longe que esses argumentos podem levar-nos é até a existência de algum ou outro planejador inteligente. Se o universo é realmente um artefato de algum tipo, ele é um artefato acerca do qual conhecemos relativamente pouco. Não podemos saber quais partes são importantes aos olhos do planejador e quais são, se algumas, meramente meios para algum fim ou ainda subprodutos acidentais. Certamente, não estamos em posição para julgar o propósito ou os propósitos últimos do artefato. Dado nosso estado atual de conhecimento, determinar o propósito do universo seria semelhante a inferir um relógio a partir do conhecimento de uma de suas molas. Dado isso, é difícil perceber como poderíamos alcançar qualquer conclusão determinada acerca da natureza do planejador, se tudo o que temos disponível é o universo físico.

O debate contemporâneo sobre o desígnio inteligente tende a centrar-se em torno da teoria da evolução. Mas o legado da teoria da evolução deveria, no melhor dos casos, eliminar uma parte de uma alternativa à versão cristã tradicional da hipótese do desígnio. Incontáveis alternativas devem permanecer intocadas. O fato de que poucos, no Ocidente, defendem (ou mesmo consideram) essas alternativas é relevante para este ponto. Talvez a crítica contemporânea do desígnio inteligente bem devesse enfatizar seus resultados fundamentalmente desapontadores: ela conduz diretamente à posição de transigência de Filo, uma posição que "não permite qualquer inferência que afeta a vida humana, nem pode ser a fonte de qualquer ação ou abstenção".[123] Recorde-se a declaração de Paulo, o apóstolo, de que a natureza de Deus pode ser "entendida e vista através das coisas que ele fez".[124] O sonho que essa observação supõe, muitas vezes, representar, o sonho de

---

[122] Douglas Adams, "So Long, and Thanks for All the Fish", in *The Ultimate Hitchhiker's Guide to the Galaxy* (New York: Ballantine Books, 2002), 610.

[123] Hume, *Dialogues*, 88.

[124] Romanos 1,20.

inferir a existência de um Deus todo-poderoso, onisciente e perfeitamente bom, a partir unicamente da existência do universo físico observável, está morto. O assassino desse sonho não foi Darwin, mas Hume.[125]

4. A verdadeira religião

4.1. Hume: a verdadeira religião e os sonhos do homem doente

As "William Sessions" sugerem que os *Diálogos* contêm uma distinção entre teologia e piedade, na qual piedade é "religião prática, de que maneira alguém vive, bem como pensa e sente".[126] Recorde-se a sugestão de Filo de que os resultados da religião natural equivalem à seguinte proposição: "Que a causa ou as causas da ordem no universo carregam provavelmente alguma remota analogia com a inteligência humana".[127] Logo após alcançar essa conclusão, Filo reflete sobre suas implicações práticas. Empregando a distinção das "Sessions", podemos dizer que Filo oferece a seguinte consideração da piedade relacionada com sua teologia:

> O que restaria ao homem mais inquisitivo, pensativo e religioso, senão dar um assentimento pleno e filosófico à proposição [dada anteriormente], todas as vezes que ela ocorre, e acreditar que os argumentos sobre os quais ela se baseia superam as objeções que se levantam contra ela? Com efeito, alguma dose de espanto resultará naturalmente da grandiosidade do objeto, alguma melancolia resultará de sua obscuridade, algum desprezo resultará da razão humana, que não é capaz de fornecer uma solução mais satisfatória para uma questão tão extraordinária e tão magnífica.[128]

---

[125] Isso pode explicar por que muitos apologistas cristãos contemporâneos desenvolvem argumentos de caso cumulativo, dos quais os argumentos do desígnio constituem apenas uma parte; por exemplo, cf. James Sennett, "Hume's Stop-per and the Natural Theology Project", e R. Douglas Geivett, "David Hume and a Cumulative Case Argument", ambos em James F. Sennett & Douglas Groothius (eds.), *In Defense of Natural Theology: A Post-Humean Assessment* (Downers Grove, IL: InterVarsity Press, 2005), 82-104 e 297-329.

[126] *Hume's Dialogues*, 196.

[127] Hume, *Dialogues*, 88.

[128] Ibid., 88-89.

Tudo o que a razão, sem qualquer ajuda, pode dizer-nos sobre a causa do universo (a qual chamamos de "Deus") é que esta é, provavelmente, algo semelhante a uma mente humana. A resposta emocional própria a esse resultado é um sentimento misturado de surpresa (pela grandeza misteriosa de Deus), de melancolia (pelos escassos frutos desapontadores da razão humana nessa área) e de desprezo (pela razão humana não fazer melhor em relação a essa importante questão). Isso resume as concepções de Hume acerca da verdadeira religião – as crenças e atitudes que sustentam a religião natural corretamente cumprida. A verdadeira religião humeana quase que não possui implicação alguma em relação ao modo como deveríamos agir na vida cotidiana. Ela não inclui qualquer alegação de uma vida após a morte; na *Investigação sobre o Entendimento Humano*, Hume argumenta que a religião natural não consegue estabelecer a existência de uma vida após a morte.[129] Escreve Hume: "Nenhum fato novo jamais pode ser inferido a partir da hipótese religiosa; nenhum evento pode ser previsto ou predito; nenhuma recompensa ou castigo podem ser esperados ou temidos, além do que já se conhece pela prática e pela observação".[130]

À luz de tudo isso, a seguinte observação de Filo é enigmática: "Uma pessoa acostumada a um senso justo das imperfeições da razão natural lançar-se-á com a maior avidez à verdade revelada [...]. Ser um cético filosófico é, em um homem de letras, o primeiro e o mais importante passo para tornar-se um cristão autêntico e de fé".[131] Uma leitura literal da passagem sugere que o reconhecimento dos resultados desapontadores da religião natural conduzirá eventualmente o pensador ponderado ao cristianismo do seguinte modo: notando os muitos defeitos da razão humana em geral e sua inabilidade para produzir muitas das coisas de interesse na área particular da religião, um pensador ponderado irá dirigir-se, em relação ao conhecimento de Deus, para

[129] Hume, *Enquiry Concerning Human Understanding*, 132-148.
[130] Ibid., 146.
[131] Hume, *Dialogues*, 89.

a religião revelada. As lacunas substanciais deixadas pela razão humana em nosso conhecimento de Deus serão preenchidas pela palavra de Deus contida na Bíblia cristã. Assim, o reconhecimento das deficiências da mente humana constitui o primeiro passo na conversão para o cristianismo.

Existe uma boa razão, entretanto, para não se tomar as observações de Filo em seu valor de face. Essas observações, no final dos *Diálogos*, estão conectadas com a Parte I, cujo tópico é o método apropriado de educar o jovem. Na Parte I, Demea esboça um currículo que tem a intenção de instilar uma firme e inabalável crença religiosa em seus estudantes. O estudo da religião será deixado por último; todos os outros assuntos devem ser examinados primeiro. Ao longo do estudo dos outros assuntos, a imperfeição e deficiência da razão humana são repetidamente enfatizadas. Em uma universidade conduzida pelos princípios de Demea, cada curso terminaria com o professor a observar: "E vemos, então, a partir de nossos estudos (cálculo, geologia, química, sociologia etc.), o quão propensa ao erro é a razão humana". O objetivo é instilar no estudante a dúvida sobre sua habilidade para pensar satisfatoriamente por si mesmo sobre qualquer coisa, particularmente quando se trata da existência e da natureza de Deus. Uma vez que essa autodúvida está posta, os estudantes estão prontos para serem expostos a algo em que eles podem confiar – a palavra de Deus:

> Assim, submetendo suas mentes a uma apropriada submissão e autodesconfiança, não mais hesito em introduzi-los nos maiores mistérios da religião, sem temer aquela arrogância pretensiosa da filosofia, que poderia levá-los a rejeitar as doutrinas e opiniões mais bem estabelecidas.[132]

A mesma desconfiança quanto à razão humana que torna os estudantes receptivos à religião revelada isola suas crenças religiosas da refutação filosófica; afinal de contas, argumentos filosóficos contrários à existência ou à bondade de Deus são produtos da razão humana, e os estudantes aprenderam muito bem o quão incerta é essa peculiar faculdade.

---

[132] Ibid., 4.

Próximo ao final da Parte I, Filo oferece uma devastadora crítica da abordagem de Demea. Filo mostra que aqueles que sustentam crenças religiosas empregam, em diferentes idades, diferentes estratégias apologéticas, às vezes exaltando as virtudes da razão humana, às vezes enfatizando suas deficiências. Ele explica a estratégia contemporânea (isto é, do século dezoito) do seguinte modo:

> Na época atual, quando a influência da educação encontra-se muito diminuída, quando os homens, por conta de um comércio mais aberto do mundo, aprenderam a comparar os princípios populares das diversas nações e épocas, nossos sagazes teólogos modificaram inteiramente seu sistema de filosofia e passaram a falar a linguagem dos *Estoicos*, dos *Platônicos* e dos *Peripatéticos*, não a dos *Pirrônicos* e *Acadêmicos. Se desconfiarmos da razão humana, não nos restará agora qualquer outro princípio para nos conduzir à religião.*[133]

A última linha da passagem atinge o coração do sistema de educação de Demea. A globalização tornou claro que existem múltiplas e incompatíveis alegadas palavras de Deus: como sabemos qual dessas, se alguma, é a genuína? A questão de Filo na última sentença é que devemos confiar na razão para avaliar os vários textos e determinar quais, se algum, constitui genuína revelação divina. Se não pudermos confiar absolutamente na razão humana, então não teremos um modo satisfatório de decidir em qual alegada religião revelada acreditar. Portanto, no contexto da globalização, o método de educação de Demea contém as sementes de seu próprio fracasso.

Uma consequência disso é que, se o primeiro passo para se tornar um cristão é tornar-se um cético filosófico, o ceticismo em questão não deve ser muito extremo, senão nenhum passo além do primeiro pode ser dado. Qualquer passo adicional em direção ao cristianismo deve basear-se em uma avaliação, pela razão humana, dos vários textos religiosos.[134] E o ensaio de Hume, "Dos Milagres", discutido no capítulo anterior, contém as concep-

---

[133] Ibid., 12, *emphasis added.*

[134] A globalização torna mais evidente a necessidade da razão; ainda que houvesse apenas um alegado texto sagrado, a razão deveria ainda ser requerida para avaliar sua autenticidade.

ções de Hume sobre os resultados desse projeto: "Nenhum testemunho humano pode ter força tal de modo a provar a ocorrência de um milagre e torná-lo o verdadeiro fundamento para algum sistema de religião".[135]

No início da Parte X dos *Diálogos*, Demea sugere que o melhor modo para instilar a crença religiosa em pessoas é conseguir que reconheçam a própria miséria e imbecilidade. Em resposta a essa sugestão, Filo observa: "Estou realmente persuadido [...] de que o melhor e, com efeito, o único método de despertar em alguém um sentimento adequado é por meio de representações oportunas da miséria e da maldade do homem.[136] O que Filo diz aqui, estritamente falando, é algo em que ele acredita; não obstante, o enunciado está equivocado. Filo considera que o reconhecimento da miséria humana conduziria à dúvida sobre a bondade de Deus, mas sabe que Demea não entenderá corretamente sua observação e que pensará que Filo concorda consigo. Creio que a observação de Filo, no final dos *Diálogos*, de que "o primeiro e o mais importante passo para se tornar um cristão autêntico e de fé" é tornar-se um cético filosófico, é muito semelhante a sua observação anterior na Parte X.[137] É, no sentido exato, algo em que Filo (e talvez também Hume) acredita. Contudo, Hume, em todo caso, também acredita que nenhum passo adicional pode ser dado por meio da razão humana em direção ao cristianismo. O único modo para passar da posição de transigência de Filo para o cristianismo é pela via de um salto irracional de fé.[138] Que o ceticismo os leve a dirigir-se para a religião revelada pode ser um fato psicológico sobre os seres humanos, mas o movimento do ceticismo para a religião revelada não é um movimento razoável. A observação de Filo pode ter, na realidade, a intenção de ser precisamente um tipo de *advertência* contra esse movimento irracional.[139] Hume também pode estar advertindo o leitor para não esperar que a posição de transigência de Filo torne-se amplamente acreditada

---

[135] Hume, "Of Miracles", in *Dialogues*, 122.
[136] Hume, *Dialogues*, 58.
[137] Ibid., 89.
[138] Gaskin sugere uma interpretação semelhante; cf. Gaskin, *Hume's Philosophy of Religion*, 227.
[139] Devo essa sugestão a Jordan Harp.

simplesmente por ser a posição mais razoável. Assim como Lewis e Russell, Hume está bastante ciente do fato de que os humanos não são simplesmente investigadores racionais da verdade.

Quando considerarmos todos os textos de Hume sobre a religião, vemos que sua concepção é a de que a razão humana não nos pode conduzir além da posição de transigência de Filo. A aceitação da posição de transigência, junto com a surpresa, a melancolia e o desprezo anteriormente descritos, constitui a verdadeira religião. A verdadeira religião não possui qualquer implicação para a vida ordinária. Não existe qualquer necessidade para a separação entre a Igreja da verdadeira religião e o Estado, pois a verdadeira religião não possui absolutamente qualquer implicação política. Hume evidentemente reconhece que sua verdadeira religião tem poucos adeptos, e ele é cuidadoso em distingui-la da religião popular, "a religião que comumente tem sido encontrada no mundo".[140] Na Parte XII dos *Diálogos*, Filo critica a religião popular, notando suas "consequências perniciosas sobre os negócios públicos", as quais incluem "guerras civis, perseguições, subversões de governo, opressão e escravidão".[141] Ele sugere que é a prevalência da religião popular que torna a separação entre Igreja e Estado uma ideia tão boa: "Existe, na política, alguma máxima mais certa e infalível do que aquela que recomenda que tanto o número quanto a autoridade de sacerdotes sejam mantidos dentro de limites muito estreitos, e que o magistrado civil deve, em todas as circunstâncias, manter suas *fasces* e *machados* longe de mãos tão perigosas?"[142]

Outros textos de Hume deixam claro que suas próprias concepções acerca dessa questão estão próximas daquelas de Filo. Em *A História Natural da Religião*, Hume escreve: "Observemos a maioria das nações e épocas. Examinemos os princípios religiosos que, de fato, têm prevalecido no mundo. Dificilmente nos persuadiremos de que eles são algo mais que "sonhos de homens doentes" ou "esquisitas brincadeiras de macacos com forma huma-

[140] Hume, *Dialogues*, 85.
[141] Ibid., 82.
[142] Ibid., 85. O significado da observação sobre "fasces e machados" é que tanto a autoridade política quanto o poder militar deveriam ser mantidos fora do alcance das mãos de líderes religiosos.

na.[143] Em seu ensaio, "Da Superstição e do Entusiasmo", Hume distingue duas "corrupções da verdadeira religião".[144] As duas corrupções são, naturalmente, a superstição, que está enraizada no terror, e o entusiasmo, que está enraizado na exaltação. Cada uma tem suas próprias vantagens e desvantagens, mas a concepção de Hume acerca do valor desses sentimentos, em comparação com a verdadeira religião, torna-se clara pelo fato de que ele os apresenta como evidência a favor da alegação de que "a corrupção das coisas boas produz coisas piores".[145]

Temos visto que Hume pensa que a razão não conduz ao cristianismo; mas ele considera o cristianismo como uma corrupção da verdadeira religião, nada mais que o sonho de um homem doente? Ele não tem dúvida alguma em incluir o catolicismo nessa categoria: "Não há qualquer doutrina, em todo o paganismo, que ofereça um lugar tão favorável ao ridículo quanto aquela da *presença real*".[146] Com efeito, a doutrina da transubstanciação é a única doutrina explicitamente rejeitada pelo cristianismo reformado, de modo que essa observação nos deixa sem um veredicto concernente ao estatuto desse tipo de cristianismo. Sabemos que Hume tinha boas razões para anular qualquer crítica ao cristianismo reformado, mas existem duas passagens na *História Natural* que sugerem que ele considera todas as versões do cristianismo como corrupções da verdadeira religião. A primeira passagem é a seguinte:

> Suponhamos que existisse uma religião [...] que (às vezes pintasse a Divindade com as cores mais sublimes, como a criadora do céu e da terra; que às vezes a rebaixasse quase ao nível das criaturas humanas, em seus poderes e faculdades), enquanto, ao mesmo tempo, atribuísse-lhe convenientes fraquezas, paixões e predileções de tipo moral. Essa religião, após seu desaparecimento, também seria citada como um exemplo dessas contradições que surgem das concepções naturais, vulgares e grosseiras dos homens [...]. Nada, decerto, poderia provar mais fortemente a origem divina de

[143] Hume, *Natural Religion*, 184.
[144] David Hume, "Of Superstition and Enthusiasm", in *Selected Essays* (Oxford: Oxford University Press, 1998), 38.
[145] Ibid.
[146] Hume, *Natural Religion*, 167.

uma religião do que descobrir (e, felizmente, esse é o caso do cristianismo) que ela escapa a uma contradição tão própria à natureza humana.[147]

Apesar da desaprovação maliciosa, é claro que Hume, na passagem entre parênteses, está aludindo, de um modo não tão sutil, à doutrina cristã da Encarnação. Isso se torna ainda mais claro pelo fato de que, em uma versão inicial da *História Natural*, o texto segue assim:

> Suponhamos que existisse uma religião [...] que (às vezes rebaixasse a Divindade quase ao nível das criaturas humanas, representando-a em combate com um homem, a andar no frio do anoitecer mostrando suas partes traseiras e descendo do Céu para informar-se do que se passa na terra) [...].[148]

Uma segunda passagem irônica ocorre no final de uma seção em que Hume observa que, quando se trata de controvérsias religiosas, a opinião mais absurda tipicamente prevalece. Ele escreve: "Opor-se à torrente da religião escolástica por meio de máximas tão débeis como estas, que *é impossível para a mesma coisa ser e não ser*, que *o todo é maior que a parte* e que *dois e três fazem cinco*, equivale a pretender conter o oceano por meio de uma barreira de juncos".[149] Note a terceira das "máximas débeis" de Hume. Ele seleciona uma verdade matemática como um exemplo de uma verdade evidente com a qual conflitam certas religiões populares. Mas qual religião popular conflita com a afirmação de que $2 + 3 = 5$? É provável que Hume esteja, de modo não tão sutil, a aludir novamente ao cristianismo; nesse caso, é a doutrina da Trindade que parece ser o alvo de Hume. Com suas três Pessoas da Trindade, mas apenas um Deus, essa doutrina pode ser pensada como estando em conflito com a verdade matemática evidente de que $1 + 1 + 1 = 3$ (em vez de 1).[150]

---

147 Ibid., 157.
148 Ibid., 212-213.
149 Ibid., 166.
150 Em sua obra de 1794, *A Era da Razão*, Thomas Paine critica esse aspecto do cristianismo, referindo-se, zombeteiramente, ao "sistema cristão de aritmética" (Thomas Paine, *The Age of Reason* [New York: Citadel Press, 1948], 79).

Podemos concluir, portanto, que Hume considera que o cristianismo reformado é um tipo de religião popular entre aquelas que consistem de "sonhos de homens doentes" ou de "esquisitas brincadeiras de macacos com forma humana".[151] A doutrina da Trindade é uma das muitas doutrinas amplamente aceitas que se situam além dos limites da racionalidade, mas que humanos são, entretanto, atraídos a acreditar. A concepção de Hume acerca do cristianismo é quase a mesma que a da adolescência de Lewis: "um tipo de tolice endêmica na qual a humanidade tende a tropeçar".[152]

4.2. Lewis e Russell: a verdadeira religião como o triunfo sobre o egoísmo

Os textos bastante conhecidos de Russell sobre a religião dão a impressão de que ele viu a religião, em todas as suas formas, como um mal com quase nenhum valor redentor. Recorde as linhas que abrem seu ensaio "Será que a religião fez contribuições úteis para a civilização?": "Minha própria concepção sobre religião é aquela de Lucrécio. Considero a religião como uma doença nascida do medo e como uma fonte de incalculável miséria para a espécie humana".[153] Russell admite apenas duas contribuições à civilização realizadas pela religião: a fixação do calendário e o registro de eclipses.[154] O ensaio conclui com o seguinte texto:

> A religião impede que nossas crianças tenham uma educação racional; a religião nos afasta da eliminação das causas fundamentais da guerra; a religião nos impede de ensinar a ética da cooperação científica em lugar das velhas doutrinas aterradoras sobre o pecado e o castigo. É possível que a humanidade esteja no limiar de uma idade de ouro; mas, nesse caso, será primeiro necessário matar o dragão que vigia a porta, e esse dragão é a religião.[155]

---

[151] Hume, *Natural Religion*, 184. Gaskin extrai a mesma conclusão; cf. Gaskin, *Hume's Philosophy of Religion*, 191.
[152] C. S. Lewis, *Surprised by Joy: The Shape of My Early Life* (New York: Harcourt, 1955), 63.
[153] Bertrand Russell, "Has Religion Made Useful Contributions to Civilization?", in *Not a Christian*, 24.
[154] Ibid.
[155] Ibid., 47.

Pode parecer surpreendente, então, descobrir que em alguns de seus textos iniciais, Russell sustentava que existem elementos da religião que merecem ser preservados. Seu ensaio de 1912, "A Essência da Religião", constitui uma cuidadosa tentativa para isolar aqueles elementos da religião que são benéficos e que podem sobreviver à "decadência das crenças religiosas tradicionais".[156] Russell argumenta que o que é bom e essencial para a religião não são os "dogmas" tradicionais (a crença em Deus, na imortalidade, na divindade de Cristo etc.), mas antes certa perspectiva sobre o universo e uma atitude emocional correspondente:

> Os dogmas têm sido avaliados não tanto por si mesmos, mas porque se acreditava que facilitariam uma determinada atitude em relação ao mundo, uma direção habitual de nossos pensamentos, uma vida completa, livre da finitude do eu, e que forneceria uma fuga da tirania do desejo e dos cuidados do dia a dia. Essa vida completa é possível sem dogmas e não deve perecer pela indiferença daqueles a quem as crenças das épocas passadas não são mais críveis.[157]

Russell distingue o eu finito e o eu infinito. O eu finito "vê o mundo em círculos concêntricos em torno do *aqui* e *agora* e a si mesmo como o Deus daquele céu desejado".[158] O eu infinito, por outro lado, "brilha desinteressadamente" e "almeja simplesmente o bem, sem considerar o bem como meu ou seu".[159] Esses dois caracteres estão naturalmente em conflito, e a essência da religião é a conquista do ego finito pelo eu infinito. Essa conquista "requer um momento de absoluta autoentrega", um momento "em que o eu finito aparece como morto".[160] Na "morte" do eu finito, "uma nova vida começa, com uma visão mais ampla, uma nova felicidade e maiores esperanças".[161]

---

[156] Bertrand Russell, "The Essence of Religion", in Greenspan and Anders-son (eds.), *Russell on Religion*, 57.
[157] Ibid.
[158] Ibid., 59.
[159] Ibid., 58.
[160] Ibid., 60.
[161] Ibid.

Assim, o autor do infame e mordaz "Por que não sou Cristão" tem o seguinte a dizer: "Existem três elementos no cristianismo que sua preservação, se possível, é desejável: veneração, aquiescência e amor".[162] A veneração é uma combinação de "contemplação com alegria, reverência e sentido de mistério".[163] Existem dois tipos de veneração que merecem ser preservados: a veneração da bondade ideal e a veneração do que existe realmente. Juntas, revelam um desejo de moldar ao bem ideal o que realmente existe – isto é, fazer o mundo tão bom quanto possível. A aquiescência é aceitação do "mal que não está ao alcance de nosso poder curá-lo".[164] Isso nos liberta da raiva estéril; "a realização da necessidade é a libertação da indignação".[165] Finalmente, existe o amor. De acordo com Cristo, os dois maiores mandamentos são "amar a Deus com todo o seu coração e com toda a sua alma, e "amar ao próximo como a si mesmo".[166] O primeiro tipo de amor depende de dogma. Desse modo, Russell sugere que, "em uma religião que não é teísta, o amor a Deus é substituído pela veneração do bem ideal".[167] Mas o amor aos seres humanos próximos pode e deve ser preservado, apesar da perda do dogma. Esse amor é "dado a todos indiferentemente" e não "exige que seu objeto seja encantador, belo ou bom".[168] Ele derruba "as paredes do eu que impedem sua união com o mundo" e, onde é forte, os deveres se tornam fáceis e toda ocupação é preenchida com alegria".[169]

O que temos aqui é o que se poderia descrever como uma explicação russelliana da verdadeira religião, uma religião que merece ser preservada. Essa verdadeira religião baseia-se na conquista do eu finito pelo momento infinito. Essa conquista revela um desejo para fazer o mundo tão bom quanto possível, uma aceitação tranquila dos males que não se pode eliminar e um amor universal pelos seres humanos próximos. Esses três elementos

[162] Ibid., 61.
[163] Ibid.
[164] Ibid., 64.
[165] Ibid., 65.
[166] Mateus 22,37-39.
[167] Russell, "Essence of Religion", 67.
[168] Ibid., 66.
[169] Ibid., p. 67.

da religião estão "intimamente interconectados"; cada um ajuda a produzir os outros, e todos os três formam conjuntamente uma unidade na qual é impossível dizer o que vem primeiro.[170] E "todos os três podem existir sem dogma".[171]

Em 20 de maio de 1946, Lewis proferiu uma conferência no Clube Socrático de Oxford, intitulada "Religião sem Dogma?". Na ocasião, disse ele: "A essência da religião [...] é a sede por um fim mais alto que os fins naturais; o desejo do eu finito por, e também a aquiescência em, e a autorrejeição em favor de, um objeto completamente bom e completamente bom para ele".[172]

Essa consideração sobre a essência da religião é notavelmente semelhante à de Russell. Até mesmo a linguagem que os dois utilizam é semelhante. Compare a observação de Lewis com esta de Russell: "A essência da religião [...] subjaz na subordinação da parte finita de nossa vida à parte infinita".[173] Além disso, um exame cuidadoso do entendimento de Lewis sobre o cristianismo revela que Lewis vê a luta contra o eu finito como situada no coração do cristianismo.

Uma ilustração disso é o interesse de Lewis sobre a Queda do Homem. Na descrição do Gênesis, a Queda é motivada por um desejo, por parte de humanos, de ser como Deus em relação ao *conhecimento*. A serpente seduz os humanos, dizendo-lhes que, se comerem a fruta da árvore proibida, "serão como Deus, conhecerão o bem e o mal".[174] Lewis desenvolve uma proposta diferente. Em sua versão da Queda, os humanos querem ser como Deus no que diz respeito ao *poder*, antes que ao conhecimento. Eles desejam um tipo de autossuficiência e independência: "Eles desejam ser por si mesmos, cuidar de seu próprio futuro [...]. Eles desejam algum canto do universo em que poderiam dizer a Deus: 'Isso é assunto nosso, não seu'".[175] (Compare isso

---

170 Ibid., 67-68. Poderíamos, talvez, chamar isso de uma "Santa Trindade russelliana"?
171 Ibid., 68.
172 C. S. Lewis, "Religion without Dogma?", in *God in the Dock*, 131.
173 Russell, "Essence of Religion", 68.
174 Gênesis, 3,5.
175 Lewis, *Problem of Pain*, 75.

com a consideração de Russell sobre o eu finito como o eu que "vê o mundo em círculos concêntricos em torno do *aqui* e *agora*, e a si mesmo como o Deus desse céu desejado".)[176] Lewis identifica o primeiro pecado humano como um ato de egoísmo – é um "retorno de Deus ao eu".[177] Esse ato fundamental altera a natureza humana: "Uma nova espécie, que jamais foi feita por Deus, havia pecado na existência".[178] Como resultado, "nós não somos meramente criaturas imperfeitas que devem ser melhoradas: nós somos [...] rebeldes que devem depor nossas armas.[179] Russell descreve a conquista do eu finito pelo eu infinito como um tipo de morte para o eu finito, observando que essa conquista "requer um momento de absoluta autoentrega", um momento que, para o eu finito, aparece como morte".[180] Lewis sugere, de modo similar, que "se render a uma obstinação inflamada e arrogante, com anos de usurpação, é um tipo de morte".[181] Além disso, é uma morte que se deve suportar não apenas uma vez, mas repetidas vezes: "Por isso a necessidade de morrer diariamente; entretanto, frequentemente pensamos ter rompido o eu rebelde que ainda encontramos vivo".[182]

Screwtape descreve do seguinte modo o resultado dessa autoconquista:

> O Inimigo [Deus] quer que [...] o homem [...] seja tão livre de qualquer inclinação em seu próprio favor, de tal modo que ele possa regozijar-se franca e agradecidamente de seus próprios talentos, assim como dos talentos de seu próximo – ou de um amanhecer, de um elefante ou de uma cachoeira [...]. Ele deseja matar seu amor-próprio animal tão logo quanto possível; mas Sua política é de longo prazo [...] restaurar-lhes um novo tipo de amor-próprio – uma caridade e gratidão por todos os eus, incluindo o eu de cada um.[183]

---

176 Russell, "Essence of Religion", 59.
177 Lewis, *Problem of Pain*, 76.
178 Ibid., 79.
179 Ibid., 88.
180 Russell, "Essence of Religion", 60.
181 Lewis, *Problem of Pain*, 89.
182 Ibid.
183 Lewis, *Screwtape Letters*, letter XIV, 59.

Esse é o amor imparcial por todos os seres humanos, ordenado por Cristo e elogiado por Russell. Apesar de suas discordâncias sobre o estatuto do dogma cristão, verifica-se que Russell e Lewis sustentam concepções semelhantes sobre a essência da religião. Lewis vê a aceitação dos dogmas cristãos na medida em que preservam essa essência, enquanto Russell procura abandonar o dogma, mas preservar a essência.

Vários escritores recentes têm endossado um retorno ao misticismo como um modo de preservar os benefícios das religiões monoteístas, como o cristianismo, evitando os ocasionais conflitos violentos que surgem a partir de discordâncias sobre a doutrina.[184] A essência desse movimento é o que propõe Russell: "Abandone o dogma dissentâneo e preserve os benefícios emocionais positivos, principalmente o triunfo sobre o egoísmo. Lewis, em contraposição, apoia o triunfo sobre o egoísmo por meio da aceitação do cristianismo. E Lewis estava ciente da desnecessária violência, intolerância e perseguição que frequentemente acompanham a crença religiosa, inclusive a crença cristã. Em uma carta escrita em 1961, ele refere-se ao "horrível registro da perseguição cristã" que "começou na época de Nosso Senhor".[185] E em *Os Quatro Amores* [*The Four Loves*], Lewis fala da "específica contribuição da Cristandade para a soma de deslealdade e crueldade humana", e observa que "temos clamado o nome de Cristo e aprovado o serviço de *Moloch*".[186] Lewis pensava que o modo para resolver o problema da violência religiosa não consistia em abandonar completamente o dogma cristão, mas antes entendê-lo corretamente e reconhecer as funções próprias do governo e da religião organizada. As concepções de Lewis sobre essa e outras questões relacionadas são o foco da próxima seção, que também é a seção final do livro.

---

[184] Cf., por exemplo, Karen Armstrong, *A History of God* (New York: Ballantine Books, 1994), 396-399; Andrew Newberg, Eugene D'Aquili, & Vince Rause, *Why God Won't Go Away: Brain Science and the Biology of Belief* (New York: Ballantine Books, 2001); e Samuel Harris, *The End of Faith: Religion, Terror, and the Future of Reason* (New York: Norton, 2004).

[185] Walter Hooper (ed.), *Letters of C. S. Lewis*, revised edition (Orlando, FL: Harcourt, 1993), 501.

[186] Lewis, *The Four Loves* (New York: Harcourt Brace, 1960), 30.

4.3. Lewis sobre as controvérsias acerca do dogma e da separação entre Igreja e Estado

No prefácio a *Mero Cristianismo*, Lewis compara o mero cristianismo (o cristianismo genuíno) a "um corredor do qual portas se abrem para vários quartos".[187] Os quartos representam as várias denominações no interior do cristianismo. O prefácio de Lewis termina com o seguinte parágrafo:

> Quando você alcançar seu próprio quarto, seja amável àqueles que escolheram portas diferentes e àqueles que ainda estão no corredor. Se eles estão errados, então precisam ainda mais de suas orações; e se forem seus inimigos, você está ordenado a orar por eles. Essa é uma das regras comuns que se estende à casa toda.[188]

Essa passagem captura a concepção de Lewis acerca da violência cristã entre suas distintas denominações: essa violência está em conflito com o mero cristianismo, com o que é comum a todas as denominações. A oração e a bondade devem tomar o lugar da violência. Em "Respostas a Questões sobre o Cristianismo", Lewis vai ainda mais longe, observando que "divisões entre cristãos são um pecado e um escândalo, e os cristãos deveriam sempre fazer contribuições para a re-união".[189]

E sobre a violência cristã contra não cristãos? Em uma carta de 1952, Lewis oferece quase a mesma prescrição em relação a como os cristãos deveriam tratar aqueles que residem completamente fora da morada do cristianismo:

> Penso que toda oração sinceramente realizada, mesmo a um falso deus ou a um Deus verdadeiro imperfeitamente concebido, é aceita pelo Deus verdadeiro e que Cristo salva muitos que não pensam que lhe conhecem [...]. Mas é claro que a ansiedade em torno dos incrédulos é empregada de

[187] Lewis, *Mere Christianity*, xv.
[188] Ibid., xvi.
[189] C. S. Lewis, "Answers to Questions on Christianity", in *God in the Dock*, 60.

modo mais proveitoso quando nos conduz não à especulação, mas à oração séria por eles e ao esforço para que, em nossas próprias vidas, as boas pregações do cristianismo o tornem atrativo.[190]

Uma fonte comum de violência e perseguição religiosa é a tentativa, por parte do Estado, de impor uma religião particular a seus cidadãos. Lewis se opõe a qualquer tentativa do Estado de impor o cristianismo. Isso não quer dizer que Lewis se oponha à existência de uma sociedade cristã; com efeito, em *Mero Cristianismo*, Lewis oferece algumas sugestões acerca de como essa sociedade poderia ser.[191] Mas ele crê que o modo apropriado de realizar essa sociedade é a partir de baixo para cima, em vez de cima para baixo. O caminho para se alcançar essa sociedade é o convencimento de todos os cidadãos da verdade do cristianismo e a realização dos princípios cristãos por si mesmo, antes que por um governo cristão a impor princípios cristãos sobre uma comunidade. Lewis rejeita, por exemplo, a ideia de que o clero deveria "desenvolver um programa político", descrevendo essa ideia como "tola".[192] Ele diz que o clero simplesmente não é qualificado para a política; "se pedíssemos que desenvolvessem um programa político, estaríamos pedindo-lhes que fizessem um [...] trabalho para o qual eles não foram treinados".[193] Embora defenda uma concepção tradicional sobre o matrimônio cristão, concepção na qual o marido é o "cabeça" e o divórcio somente é permitido em circunstâncias muito raras, ou nem mesmo isso, Lewis diz também o seguinte:[194]

> Um grande número de pessoas parece pensar que, se você é um cristão, você mesmo deveria tornar o divórcio árduo para todos. Eu não penso assim. Eu certamente ficaria, no mínimo, muito bravo se os maometanos tentassem impedir os demais de beber vinho. Minha própria concepção é que

[190] Hooper (ed.), *Letters*, 428. Na mesma carta, Lewis rejeita o pacifismo e endossa a pena de morte e o assassínio na guerra, de modo que sua recomendação aqui não se origina de uma proibição geral contra todos os tipos de violência; cf. também Lewis, "Not a Pacifist", 64-90.
[191] Lewis, *Mere Christianity*, 82-87.
[192] Ibid., 83.
[193] Ibid.
[194] Ibid., 104-114.

as Igrejas deveriam reconhecer abertamente que a maioria dos britânicos não é cristã e, portanto, que não se pode esperar que vivam vidas cristãs.[195]

Lewis prossegue com a sugestão de que deveriam existir dois tipos de matrimônio, um tipo governado pelo Estado e outro governado pela Igreja.[196]

Em "Sobre a Transmissão do Cristianismo", Lewis argumenta contra a noção de que o governo inglês deveria tentar instilar o cristianismo nos jovens por meio da educação. Muito do argumento de Lewis pretende mostrar que um programa como esse seria fútil e, disso, não fica claro se ele apoiaria esse programa caso pensasse que este pudesse ser bem-sucedido. Mas ele também diz o seguinte: "Onde a maré corre em direção ao crescente controle de Estado, o cristianismo, com suas asserções em uma conduta pessoal e em outra ecumênica, e ambas antitéticas ao governo todo competente, sempre será [...] tratado como um inimigo".[197] Isso sugere que Lewis vê o próprio cristianismo colocando limites definidos em torno do poder legítimo do Estado, e o contexto da observação sugere que ele vê a educação cristã dirigida pelo Estado como ultrapassando esses limites (embora ele mantenha o apoio ao estabelecimento de escolas cristãs privadas).[198]

Em uma carta de 1958, Lewis expressa, de modo bastante mais vigoroso, suas concepções sobre os limites legítimos do governo. O tópico é se comportamentos homossexuais deveriam ser considerados ilegais:

> Nenhum pecado, simplesmente enquanto tal, deveria ser considerado um crime. Que são nossas regras, raio, para nos impor suas opiniões sobre o pecado? – uma turba de políticos profissionais, muitas vezes oportunistas corruptos, cuja opinião sobre um problema moral na vida de alguém atribuiríamos muito pouco valor [...]. Ouvimos demasiadamente o Estado. O governo, quando muito, é um mal necessário. Mantenhamo-lo em seu lugar.[199]

[195] Ibid., 112.
[196] Ibid.
[197] C. S. Lewis, "On the Transmission of Christianity", in *God in the Dock*, 118.
[198] Ibid., 119. Dever-se-ia também apontar que a concepção de Lewis sobre a educação cristã é muito diferente da concepção de Demea. Ela consiste em contar aos jovens "aquilo que dizem os cristãos" e lhes proporcionar argumentos a favor do cristianismo (ibid., 115).
[199] Hooper (ed.), *Letters*, 473.

E, em "Respostas a Questões sobre o Cristianismo", ele diz: "detesto todo tipo de compulsão religiosa".[200]

Por fim, permita-nos considerar o ensaio de Lewis "Meditação sobre o Terceiro Mandamento". O terceiro mandamento diz: "Não tomarás o nome do Senhor teu Deus em vão".[201] O tema do ensaio é se deveria existir um partido político cristão. Lewis opõe-se a essa ideia. O principal perigo que ele vê em um partido cristão é que representará inevitavelmente a parte majoritária do cristianismo. O problema com isso é que "simplesmente não existirá uma *parte* da cristandade, mas uma parte que irá reivindicar ser o todo".[202] E isso, por sua vez, pode ter consequências muito ruins:

> Se alguma vez homens cristãos puderam ser levados a pensar a deslealdade e o assassínio como meios legais para o estabelecimento do *regime* que eles desejam, e julgamentos falsos, perseguição religiosa e vandalismo organizado como os meios legais de mantê-lo, que seja, seguramente, justo um processo como esse.[203]

O ensaio de Lewis tem o título que possui porque ele crê que um partido cristão violaria o terceiro mandamento. Seu entendimento desse mandamento torna-se claro nas seguintes linhas: "Cai sobre aqueles que acrescentam 'Assim disse o Senhor' em suas elocuções meramente humanas à destruição absoluta de uma consciência que parece cada vez mais iluminada quanto mais está carregada de pecado. Tudo isso vem da pretensão de que Deus falou, embora Ele não tenha falado".[204]

Se o desenvolvimento de um partido cristão constitui uma violação do terceiro mandamento, então como os cristãos poderiam exercer influência política? A resposta de Lewis para essa questão é a seguinte: "Aquele que converte seu vizinho realizou o ato político-cristão mais prático de todos".[205]

---

[200] Lewis, "Answers", 61.
[201] Êxodo 20,7.
[202] C. S. Lewis, "Meditation on the Third Commandment", in *God in the Dock*, 198.
[203] Ibid.
[204] Ibid., 198-199.
[205] Ibid., 199.

Apesar de seus diversos desacordos, vimos que existem importantes e, algumas vezes, surpreendentes áreas de acordo entre Lewis, Hume e Russell. Todos os três rejeitam a concepção de que podemos inferir racionalmente a existência de um Deus perfeito a partir da natureza do universo físico observável. Todos os três reconhecem o potencial da religião organizada para a violência explosiva e estão cientes dos pecados do cristianismo em relação a isso. Hume e Russell veem o cristianismo radicado em emoções irracionais, antes que na razão, um sonho de um homem doente do qual a civilização Ocidental deveria despertar, e consideram a rejeição de suas ridículas doutrinas como o modo de evitar a violência que ocasionalmente engendra. Lewis vê o cristianismo radicado na razão; ele pensa que podemos vir a conhecer Deus por nos conhecermos primeiro a nós mesmos. Ele vê o entendimento correto do cristianismo e a prevenção de seu abuso político como a chave para se evitar a violência cristã.

Uma das áreas mais importantes de acordo entre nossos três pensadores diz respeito ao modo como os humanos deveriam continuar a formar suas crenças. Todos os três pensadores compartilham uma prescrição comum: *Seguir a evidência!*[206] E todos os três veem que entre os muitos obstáculos para seguir essa prescrição está a interferência governamental. Se as pessoas são capazes de exercitar a virtude que Lewis denomina "fé" e Russell "veracidade", elas devem viver sob um sistema político que permita a seus cidadãos formarem suas crenças de acordo com a evidência. Lewis identifica a democracia com um sistema como esse: "Contanto que conservemos uma democracia, são os homens que dão ao Estado seus poderes. E sobre esses homens, até que toda a liberdade seja extinta, soprarão os ventos livres da opinião".[207] Mas a interferência política não é o único obstáculo para se seguir a evidência. A cultura também pode ser um obstáculo. Se alguém vive em uma cultura em que a atenção cuidadosa em relação à evidência e à honestidade

[206] De modo mais preciso, todos o três aceitam o evidencialismo qualificado, assim como descrito anteriormente no cap. 4, seção 2.3.
[207] Lewis, "Transmission of Christianity", 117.

intelectual é desvalorizada, o exercício da virtude da fé pode tornar-se difícil. Infelizmente, apenas o governo pode estabelecer uma estrutura que permita a honestidade intelectual; ele não pode fazer que seus cidadãos estimem essa honestidade. A preocupação com a honestidade deve vir de dentro.

No interior dos textos de Lewis, Hume e Russell, encontram-se argumentos, razões apresentadas em defesa de posições elaboradas e objeções reconhecidas. Encontrar-se-ão uma ardente paixão pela verdade e o respeito pela evidência – uma reverência, decerto. Essa paixão e reverência compartilhadas não somente unem esses três gigantes intelectuais, mas sim os tornam exemplos que todos devemos bem emular.

Referências bibliográficas

Adams, Douglas. 2002. *The Ultimate Hitchhiker's Guide to the Galaxy.* New York: Ballantine Books.

Adams, Marilyn McCord. 1990. "Horrendous Evils and the Goodness of God", in *The Problem of Evil*, ed. Marilyn McCord Adams and Robert Merrihew Adams. Oxford: Oxford University Press.

Adams, Robert. 1999. *Finite and Infinite Goods.* Oxford: Oxford University Press.

Alexander, Samuel. 1950. *Space, Time, and Deity.* Vol. II. New York: Macmillan.

Alston, William. 2002. "What Euthyphro Should Have Said", in *Philosophy of Religion: A Reader and Guide*, ed. William Lane Craig. New Brunswick, NJ: Rutgers University Press.

Anscombe, G. E. M. 1981. "A Reply to Mr. C. S. Lewis's Argument That 'Naturalism' Is Self-Refuting", in *The Collected Papers of G. E. M. Anscombe Volume II: Metaphyics and the Philosophy of Mind.* Oxford: Basil Blackwell.

Aquinas, Thomas. 1947. *Summa Theologica.* New York: Benziger Brothers Inc.

Armstrong, Karen. 1993. *A History of God.* New York: Ballantine Books.

Augustine. 1993. *Confessions*, revised edition, trad. de F. J Sheed. Indianapolis: Hackett.

_______. 1993. *On Free Choice of the Will*, trad. de T. Williams. Indianapolis: Hackett.

Ayer, A. J. 2000. *Hume: A Very Short Introduction.* Oxford: Oxford University Press.

Beilby, J. K., ed. 2002. *Naturalism Defeated? Essays on Plantinga's Evolutionary Argument Against Naturalism.* Ithaca, NY: Cornell University Press.

Bernstein, R. B. *Thomas Jefferson*. 2003. Oxford: Oxford University Press. Beversluis, John. 1985. *C. S. Lewis and the Search for Rational Religion*. Grand Rapids, MI: Eerdmans.

Buss, David M. 2004. *Evolutionary Psychology: The New Science of the Mind*, second edition Boston: Pearson Education, Inc.

Chessick, Richard. 1995. Who does he think he is: Remarks on the psychology of Jesus. *American Journal of Psychoanalysis* 55:1: 29-39.

Clarke, Samuel. 2000. "A Discourse Concerning the Unalterable Obligations of Natural Religion, and the Truth and Certainty of the Christian Revelations", in John Earman (ed.), *Hume's Abject Failure: The Argument against Miracles.* Oxford: Oxford University Press.

Craig, William Lane, and Sinnott-Armstrong, Walter. 2004. *God? A Debate between a Christian and an Atheist.* Oxford: Oxford University Press.

Cudworth, Ralph. 1996. *A Treatise Concerning Eternal and Immutable Morality*, ed. S. Hutton. Cambridge: Cambridge University Press.

Dawkins, Richard. 2006. *The God Delusion*. New York: Houghton Mifflin.

Dennett, Daniel. 1996. *Kinds of Minds.* New York: Basic Books.

Dostoevsky, Fyodor. 1981. *The Brothers Karamazov*, trad. de A. H. MacAndrew. New York: Bantam Books.

Draper, Paul. 1989. "Pain and pleasure: An evidential problem for theists", in *NOUS* 23: 331-50.

Dworkin, Ronald W. 2006. *Artificial Happiness: The Dark Side of the New Happy Class.* New York: Carroll & Graf Publishers.

Earman, John, ed. 2000. *Hume's Abject Failure: The Argument against Miracles.* Oxford: Oxford University Press.

Feldman, Richard. 2003. *Epistemology.* Upper Saddle River, NJ: Prentice Hall.

Fine, Cordelia. 2006. *A Mind of Its Own: How Your Brain Distorts and Deceives.* New York: Norton.

Fogelin, Robert. 2003. *A Defense of Hume on Miracles.* Princeton, NJ: Princeton University Press.

Freeman, Charles. 2005. *The Closing of the Western Mind: The Rise of Faith and the Fall of Reason*. New York: Vintage Books.

Gaskin, J. C. A. 1988. *Hume's Philosophy of Religion*, second edition Atlantic Highlands, NJ: Humanities Press International.

Glover, Jonathan. 2000. *Humanity: A Moral History of the Twentieth Century*. New Haven, CT and London: Yale University Press.

Goldie, Peter. 2004. *On Personality*. New York: Routledge.

Grayling, A. C. 2002. *Meditations for the Humanist: Ethics for a Secular Age*. Oxford: Oxford University Press.

Greene, Graham. 1986. "The Second Death", in *Collected Short Stories"*. New York: Penguin Books.

Hare, Robert D. 1999. *Without Conscience: The Disturbing World of the Psychopaths among Us*. New York: The Guilford Press.

Harris, Samuel. 2004. *The End of Faith: Religion, Terror, and the Future of Reason*. New York: Norton.

Hasker, William. 1999. *The Emergent Self*. Ithaca, NY: Cornell University Press.

Hauser, Marc. 2006. *Moral Minds: How Nature Designed Our Universal Sense of Right and Wrong*. New York: HarperCollins.

Heumer, Michael. 2005. *Ethical Intuitionism*. New York: Palgrave Macmillan.

Holyer, Robert. 1988. "The argument from desire", in *Faith and Philosophy* 5:1: 61-70.

_______. 1988. "C. S. Lewis – the rationalist?", in *Christian Scholar's Review* 18:2: 148-167.

Hooper, Walter, ed. 1993. *Letters of C. S. Lewis*, revised edition. Orlando, FL: Harcourt.

_______. ed. 2004. *The Collected Letters of C. S. Lewis, Volume II: Books, Broadcasts, and the War 1931-1949*. New York: HarperCollins.

Howard-Snyder, Daniel. 1996. *The Evidential Argument from Evil*. Blooming-ton and Indianapolis: Indiana University Press.

_______. 1999. "God, Evil, and Suffering", in *Reason for the Hope Within*, ed. Michael J. Murray. Grand Rapids, MI: Eerdmans.

Howard-Snyder, Daniel. 2004. "Was Jesus mad, bad, or God?" ... or merely mistaken.", in *Faith and Philosophy* 21:4: 456-79.

Hume, David. 1943. "My Own Life", in *The Forgotten Hume*, ed. E. C. Mossner. New York: Columbia University Press.

______. 1978. *A Treatise of Human Nature*, second edition Oxford: Oxford University Press.

______. 1990. *Enquiries Concerning Human Understanding and Concerning the Principles of Morals*, third edition. Oxford: Oxford University Press.

______. 1993. *Dialogues and Natural History of Religion.* Oxford: Oxford University Press.

______. 1998. "Of Superstition and Enthusiasm", in *Selected Essays.* Oxford: Oxford University Press.

______. 1998. *Dialogues Concerning Natural Religion*, second edition Indiana-polis: Hackett.

Hurka, Thomas. 2001. *Virtue, Vice, and Value.* Oxford: Oxford University Press.

Joshi, S. T. 2003. "Surprised by Folly: C. S. Lewis", in *God's Defenders: What They Believe and Why They Are Wrong.* Amherst, NY: Prometheus Books.

Kahane, Howard. 1990. *Logic and Philosophy: A Modern Introduction*, sixth edition. Belmont, CA: Wadsworth.

Kant, Immanuel. 1930. *Lectures on Ethics*, trad. de L. Infield. Indianapolis: Hackett.

______. 1996. *The Metaphysics of Morals*, trad. de M. Gregor. Cambridge: Cambridge University Press.

Koestler, Arthur. 1967. *The Ghost in the Machine.* New York: Macmillan.

Kreeft, Peter. 1989. "C. S. Lewis's Argument from Desire", in *G. K. Chesterton and C. S. Lewis: The Riddle of Joy*, ed. M. H. MacDonald and A. A. Tadie. Grand Rapids, MI: Eerdmans.

Leibniz, G. W. 1985. *Theodicy*, trad. de E. M. Huggard. LaSalle, IL: Open Court.

Lewis, C. S. 1955. "On Obstinacy in Belief", in *The World's Last Night and Other Essays.* New York: Harcourt.

_______. 1955. *Surprised by Joy: The Shape of My Early Life.* New York: Harcourt.

_______. 1960. *The Four Loves.* New York: Harcourt Brace.

_______. 1970. "Man or Rabbit", in *God in the Dock: Essays on Theology and Ethics.* Grand Rapids, MI: Eerdmans.

_______. 1970. "Meditation on the Third Commandment", in *God in the Dock.*

_______. 1970. "On the Transmission of Christianity", in *God in the Dock.*

_______. 1970. "Religion without Dogma?", in *God in the Dock.*

_______. 1984. *Till We Have Faces.* New York: Harcourt.

_______. 1995a. "The Poison of Subjectivism", in *Christian Reflections.* Grand Rapids, MI: Eerdmans.

_______. 1995b. "Religion: Reality or Substitute?", in *Christian Reflections.*

_______. 1996. *The Screwtape Letters.* New York: Touchstone.

_______. 2001. *The Abolition of Man.* New York: HarperCollins.

_______. 2001. *A Grief Observed.* New York: HarperCollins.

_______. 2001. *Mere Christianity.* New York: HarperCollins.

Lewis, C.S. 2001. *Miracles: A Preliminary Study.* New York: HarperCollins.

_______. 2001. *The Problem of Pain.* New York: HarperCollins.

_______. 2001. "The Weight of Glory", in *The Weight of Glory and Other Addresses.* New York: HarperCollins.

_______. 2001. "Why I Am Not a Pacifist", in *The Weight of Glory.*

_______. 2002. *All My Road before Me: The Diary of C. S. Lewis, 1922-1927.* New York: Harvest Books.

Lovell, Steve. 2003. "Philosophical Themes from C. S. Lewis." Ph.D. dissertation, University of Sheffield.

McGinn, Colin. 1997. *Ethics, Evil, and Fiction.* Oxford: Oxford University Press.

McGinn, Colin. 1999. *The Mysterious Flame: Conscious Minds in a Material World*. New York: Basic Books.

Mill, John Stuart. 1998. *Three Essays on Religion*. Amherst, NY: Prometheus Books.

Miller, Caleb. 1999. "Faith and Reason", in *Reason for the Hope Within*, ed. Michael J. Murray. Grand Rapids, MI: Eerdmans.

Montaigne, de, Michel. 1966. "That to Philosophize Is to Learn to Die", in *Essays*. Chicago: The Great Books Foundation.

Mounce, H. O. 1999. *Hume's Naturalism*. New York: Routledge.

Neiman, Susan. 2002. *Evil in Modern Thought: An Alternative History of Philosophy*. Princeton, NJ: Princeton University Press.

Newberg, Andrew, D'Aquili, Eugene, and Rause, Vince. 2001. *Why God Won't Go Away: Brain Science and the Biology of Belief*. New York: Ballantine Books.

Nisbett, R. E., and Wilson, T. D. 1977. "Telling more than we can know: Verbal reports on mental processes", in *Psychological Review* 84: 231-259.

______. & Ross, L. 1980. *Human Inference: Strategies and Shortcomings of Social Judgment*. Englewood Cliffs, NJ: Prentice-Hall.

O'Connor, David. 2001. *Hume on Religion*. New York: Routledge.

Paine, Thomas. 1948. *The Age of Reason*. New York: Citadel Press.

Penelhum, Terence. 2000. "Natural Belief and Religious Belief in Hume's Philosophy", in *Themes in Hume: The Self, the Will, Religion*. Oxford: Oxford University Press.

______. 2000. "Religion in the *Enquiry* and After", in *Themes in Hume*.

Peterson, Michael L., ed. 1992. *The Problem of Evil: Selected Readings*. Notre Dame, IN: University of Notre Dame Press.

Petrik, James. 1994. "In defense of C. S. Lewis's analysis of God's goodness", in *International Journal for Philosophy of Religion* 36: 45-56.

Pinker, Steven. 2002. *The Blank Slate: The Modern Denial of Human Nature*. New York: Viking.

______. 2006. "Evolution and Ethics", in *Intelligent Thought*, ed. J. Brockman. New York: Vintage Books.

Plantinga, Alvin. 1998. "The Free Will Defense", in *The Analytic Theist: An Alvin Plantinga Reader*, ed. J. F. Sennett. Grand Rapids, MI: Eerdmans.

______. 1998. "Reason and Belief in God", in *The Analytic Theist.*

Plato. 1977. *Phaedo*, trad. de G. M. A. Grube. Indianapolis: Hackett.

______. 2002. *Five Dialogues*, 2ª ed., trad. de G. M. A. Grube. Indianapolis: Hackett.

Reppert, Victor. 2003. *C. S. Lewis's Dangerous Idea: In Defense of the Argument from Reason*. Downers Grove, IL: InterVarsity Press.

______. 2005. "The Green Witch and the Great Debate: Freeing Narnia from the Spell of the Lewis-Anscombe Legend", in *The Chronicles of Narnia and Philosophy*, ed. Greg Bassham and Jerry Walls. Chicago: Open Court.

Rochefoucauld, François duc de La. 1959. *Maxims*, trad. de L. Kronenberger. New York: Random House.

Rowe, William. 1979. "The problem of evil and some varieties of atheism", in *American Philosophical Quarterly* 16: 335-341.

Russell, Bertrand. 1957. "A Free Man's Worship", in *Why I Am Not a Christian and Other Essays on Religion and Related Subjects.* New York: Simon & Schuster.

______. 1957. "Can Religion Cure Our Troubles?", in *Not a Christian.*

______. 1957. "What I Believe", in *Not a Christian.*

______. 1959. *The Problems of Philosophy.* Oxford: Oxford University Press.

______. 1965. "How to Grow Old", in *Portraits from Memory.* New York: Simon & Schuster.

______. 1986. "The Faith of a Rationalist", in *Bertrand Russell on God and Religion*, ed. A. Seckel. Amherst, NY: Prometheus.

______. 1986. "Has Religion Made Useful Contributions to Civilization?", in *Russell on God and Religion.*

______. 1986. "The Value of Free Thought", in *Russell on God and Religion.*

______. & Copleston, F. C. 1999. "A Debate on the Existence of God", in *Russell on Religion*, ed. L. Greenspan and S. Andersson. New York: Routledge.

Russell, Bertrand. 1999. "The Essence of Religion", in *Russell on Religion.*

_______. 1999. The Existence and Nature of God", in *Russell on Religion.* 1999. "From 'My Mental Development' and 'Reply to Criticisms'", in *Russell on Religion.*

_______. 1999. "Science and Religion", in *Russell on Religion.*

_______. 1999. "The Sense of Sin", in *Russell on Religion.*

_______. 1999. "Why I Am Not a Christian", in *Russell on Religion.*

_______. 2000. *Autobiography.* London: Routledge.

Sennett, James F., and Groothius, Douglas, eds. 2005. *In Defense of Natural Theology: A Post-Humean Assessment.* Downers Grove, IL: InterVarsity Press.

Senor, Thomas D. 2005. "Trusting Lucy: Believing the Incredible", in *The Chronicles of Narnia and Philosophy*, ed. Greg Bassham and Jerry Walls. Chicago: Open Court.

Sessions, William Lad. 2002. *Reading Hume's Dialogues: A Veneration for True Religion.* Bloomington: Indiana University Press.

Shafer-Landau, Russ. 2005. *Moral Realism: A Defence.* Oxford: Oxford University Press.

Sherlock, Thomas. 2000. *The Tryal of the Witnesses of the Resurrection of Jesus*, eleventh edition (1729), in John Earman (ed), *Hume's Abject Failure: The Argument against Miracles.* Oxford: Oxford University Press.

Shermer, Michael. 2004. *The Science of Good and Evil.* New York: Henry Holt & Co.

Singer, Peter. 1995. *How Are We to Live? Ethics in an Age of Self-Interest.* Amherst, NY: Prometheus Books.

Smith, Quentin. 1998. *Ethical and Religious Thought in Analytic Philosophy of Language.* New Haven, CT: Yale University Press.

Stout, Martha. 2005. *The Sociopath Next Door.* New York: Broadway Books. Sumption, Jonathan. 1978. *The Albigensian Crusade.* London: Faber and Faber.

Talbott, Thomas. 1987. "C. S. Lewis and the problem of evil", in *Christian Scholar's Review* 17: 36-51.

Taliaferro, Charles. 2005. *Evidence and Faith: Philosophy and Religion since the Seventeenth Century.* Cambridge: Cambridge University Press.

Tolstoy, Leo. 1981. *The Death of Ivan Ilich*, trad. de L. Solotaroff. New York: Bantam Books.

van Inwagen, Peter. 1993. *Metaphysics*. Boulder, CO: Westview Press.

______. 1994. "Quam Dilecta", in *God and the Philosophers: The Reconciliation of Faith and Reason*, ed. Thomas V. Morris. Oxford: Oxford University Press.

______. 1995. "The Magnitude, Duration, and Distribution of Evil: A Theodicy", in *God, Knowledge, and Mystery: Essays in Philosophical Theology*. Ithaca, NY: Cornell University Press.

Voltaire. 1959. *Candide*, trad. de L. Bair. New York: Bantam Books.

Vonnegut, Kurt. 1998. *The Sirens of Titan*. New York: Dell.

Wainwright, William. 2005. *Religion and Morality*. Burlington, VT: Ashgate.

Walls, Jerry. 1990. "Hume on divine amorality", in *Religious Studies* 26: 257-266.

Wielenberg, Erik. 2000. "Omnipotence again", in *Faith and Philosophy* 17:1: 26-47.

______. 2002. "How to be an alethically rational naturalist", in *Synthese* 131:1: 81-98.

______. 2005. "Asian the Terrible: Painful Encounters with Absolute Goodness", in *The Chronicles of Narnia and Philosophy*, ed. Greg Bassham and Jerry Walls. Chicago: Open Court.

______. 2005. *Value and Virtue in a Godless Universe*. Cambridge: Cambridge University Press.

______. 2006. "Response to Maria Antonaccio", in *Conversations in Religion and Theology* 4:2: 219-224.

Woodward, Kenneth L. 2005. "Countless Souls Cry Out to God", *Newsweek*, January 10.

Wright, Robert. 1994. "*The Moral Animal: Evolutionary Psychology and Everyday Life*. New York: Random House.

Wykstra, Stephen J. 1984. "The Humean obstacle to evidential arguments from suffering: On avoiding the evils of 'appearance'", in *International Journal for Philosophy of Religion* 16: 73-93.

Índice remissivo

Impressão e acabamento
Gráfica e Editora Santuário
Em Sistema CTcP
Rua Pe. Claro Monteiro, 342
Fone 012 3104-2000 / Fax 012 3104-2036
12570-000 Aparecida-SP